ed:m
아이엘츠
SPEAKING

ACADEMIC/GENERAL

ed:m 어학연구소

ed:m 아이엘츠 SPEAKING

초판 1쇄 발행 2019년 5월 27일

저자 ed:m 어학연구소 & Heather Cho

펴낸이 박민우
기획팀 송인성, 김선명, 박종인
편집팀 박우진, 김영주, 김정아, 최미라, 전혜련
관리팀 임선희, 정철호, 김성언, 권주련
펴낸곳 (주)도서출판 하우
주소 서울시 중랑구 망우로68길 48
전화 (02)922-7090
팩스 (02)922-7092
홈페이지 http://www.hawoo.co.kr
e-mail hawoo@hawoo.co.kr
등록번호 제475호

값 22,000원
ISBN 979-11-88568-81-9 13740

🎧 MP3 다운로드 www.edmclass.com 접속 후 '교재/MP3 메뉴'에서 다운로드

IELTS는 다른 영어 시험과는 다르게 실용적인 영어 사용을 평가하는 시험입니다. 단순하게 어려운 단어나 문장 구조를 늘어놓는 것보다는 짜임새 있는 답변 구성 및 자연스러운 표현을 지향하는 시험으로 영국, 호주, 미국 및 다양한 국가에서 영어 실력을 평가하는 시험으로 활용되고 있습니다.

IELTS Speaking 강의를 다년간 해오면서 많은 학생들이 영어로 말하기에 부담감을 느끼고 있다는 것을 알게 되었습니다. IELTS에서 고득점을 달성하려면 영어 문장을 매끄럽게 말하는 연습과 더불어 단계별 학습을 통해 IELTS Speaking에서 요구하는 득점 요소에 도달해야 합니다. 이 책은 여러분들이 다양한 주제의 아이디어를 얻고, 답변을 구성하는 연습 및 다양한 Sample Answer를 통해 충분한 연습을 하고 시험을 보실 수 있도록 구성했습니다. 오랜 유학생활을 하면서 제 자신도 영어로 말하는 것을 어려워했고, 많은 시행착오를 거쳤습니다.

꾸준하게 말하기 연습을 한다면 영어로 말하는 것에 자신감이 붙는 동시에 IELTS Speaking 시험에서도 편하게 말할 수 있을 겁니다.

이 책을 집필하는 데 도움을 주신 모든 분들께 감사드리며, 여러분들이 이 책을 통해 즐겁게 학습하시고 목표 점수를 꼭 얻으시기를 바랍니다.

Heather Cho

목차

Part 1

IELTS
시험 소개

IELTS(International English Language Testing System)란?

캠브리지 ESOL과 영국문화원, 호주 IDP가 공동 주체하는 국제공인인증 영어시험으로서
매년 백만 명이 넘는 수험생들이 영연방 국가(영국, 호주, 뉴질랜드 등)로의 이민과 유학을
위해서 응시하는 영어시험입니다.
IELTS는 대학, 대학원 과정 지원 시 필요한 Academic 모듈과 이민 준비 시 필요한
General Training 모듈이 있습니다.

온라인 접수 방법

응시료 | 260,000원 (IELTS for UKVI는 305,000원) – 2019년 4월 기준
　　　　※ 신용카드, 온라인 결제 가능 접수 완료 후 시험 날짜 및 장소를 확인합니다.

방　법 | 인터넷 접수는 영국문화원 또는 IDP에듀케이션 사이트에 방문(회원가입 필요)
　　　　※ 연기 및 취소는 지원하신 문화원에서만 가능하고 5주 안에 해야 합니다.
　　　　※ 시험 당일 준비물은 신분증과 연필(샤프, 연필 가능), 지우개 – 반드시 신분증 지참하여야 합니다.

방문 접수방법 및 준비물

방문 시 준비물 | 여권 사진 2매, 신분증(원서에 기재한 신분증), 신분증 복사본 1장,
　　　　　　　　응시료 카드 결제 가능
　　　　※ Acacemic, General Training 모듈을 확인 후 정확한 시험 일정을 확인합니다.
　　　　※ 선착순 접수이므로 마감 현황을 잘 확인합니다.

Listening (40문항, 30분+10분)

- 총 40분(30분 시험과 10분 답안지 적을 시간을 줌)
- SECTION 1, 2, 3, 4로 나누어진다.

문제 유형

① Multiple Choice(객관식)
② Short-Answer(단답형)
③ Sentence-Completion(문장완성)
④ Summary(요약:Blank 채우기)
⑤ Labeling a diagram(도형 빈칸 채우기)
⑥ Matching(연결하기)

Reading (40문항, 60분)

- Academic의 경우 총 3 passages 구성되어 있으며, 각 passages당 13~14개 문제가 있다. 총 1시간 동안 40문제를 풀어야 한다.
- General의 경우 4~7개 passages 나뉘며, 총 40문제를 한 시간 안에 풀어야 한다. 2009년 5월 이후 바뀐 형태의 경우 Academic module과 비슷한 형태이다.

문제 유형

① Multiple Choice(객관식)
② Gap-filling(빈칸 채우기: 보통 3단어 이하로 쓰임)
③ Short-Answer(단답형)
④ True/False/Not-given(사실, 오류, 내용 없음 문제)
⑤ Summary(요약: 빈칸 채우기)

Writing (Task1+Task2, 60분)

- 1시간 안에 Writing Task 1(150자), Task 2(250자) 작성한다.

Task 1

- Academic module : line, pie, bar, table, diagram 분석
- General module : writing letters

Task 2

- Write an essay on academic topics
- 문제 유형 : 장/단점, 찬/반, 문제점/해결책 (크게 3가지 유형)

Speaking (1:1인터뷰, 녹음, 10~15분)

- 총 3파트로 구성되어 있으며 총 12~15분 가량 examiner과 함께 One to One 형식으로 진행된다.
- Part 1에서는 간단한 일상생활의 정보를 물어본다. (직업, 날씨 등)
- Part 2에서는 examiner가 topic이 적혀 있는 쪽지를 건네주며 약 1분간 생각할 시간을 주고 1분 30초에서 2분 가량 그 Topic에 대해 이야기한다. (좋아하는 영화, 친구, 재미있는 법 등의 다양한 주제)

IELTS Speaking 소개

개요

시험 시간 | 12-15분
시험 문제 | 3파트
평가 방법 | 말하기 시험은 시험관과 응시자가 1:1로 진행하는 인터뷰 형식으로 12-15분간 진행됩니다. 시험관은 응시자와의 상호 커뮤니케이션을 통해 질문에 대해 단순히 답변하는 능력보다 응시자가 얼마나 효과적으로 대화하고 자신의 의견을 나타낼 수 있는지를 평가합니다.

Speaking 시험 구성

- **Part 1 |** 5-6분
  시험관이 자기소개를 하고, 응시자의 신분증을 확인한 후 신상 등에 대한 친숙한 주제로 질문합니다.
- **Part 2 |** 3-4분
  응시자는 주어진 주제에 관하여 1-2분간 발표한 후, 시험관이 발표한 주제에 대해 몇 가지 사항을 질문하면 이에 대답합니다.
- **Part 3 |** 5-6분
  시험관과 함께 Part 2에서 주어졌던 주제에 관하여 좀 더 심층적인 토론을 진행합니다.

점수 체계

IELTS Speaking 시험은 IELTS 전문 시험관에 의해서 채점되며, 유창함, 주제와의 긴밀성, 어휘능력, 문법, 발음을 각각 평가하여 9점 만점, 0.5점 단위의 Band Score로 주어집니다.

IELTS 시험관

IELTS는 말하기와 쓰기 시험의 정확하고 일관된 시험평가를 위해 채용에서부터 훈련, 모니터링, 재인증 절차까지 엄격하고 철저한 시스템으로 시험관(Examiner)을 관리하고 있습니다.
전 세계에서 약 4,000명의 말하기, 쓰기 시험관이 활동하고 있으며 이들은 풍부한 영어교육관련 경험과 일정 수준 이상의 자격을 갖춘 영어 교육 전문가들입니다. 이들의 주요 역할은 정해진 매뉴얼에 따라 응시자의 말하기, 쓰기 능력을 정확하고 일관되게 평가하는 것입니다. 또한 말하기 시험의 경우, 응시자들이 자신의 말하기 능력을 최대한 발휘할 수 있도록 인터뷰를 진행하는 일을 맡고 있습니다.

**교재의
특징**

1 | 파트별 구성

Speaking 시험의 구성과 동일하게 Part 1-3까지 파트별로 집중해서 공부할 수 있게
구성되어 있습니다. 파트별로 자주 출제되는 문제를 확인하고 문제별로 고득점을 받을
수 있는 Sample Answer도 같이 공부해 보세요!

2 | 체계적인 5단계 학습

본 교재는 총 5단계로 체계적으로 구성되어 차근차근 스스로 학습하기에 편리하게 구성
되어 있습니다.
- **Preview:** 자주 출제되는 문제 확인
- **Pre-Speaking:** 답변에 활용할 수 있는 단어, 어휘, 표현 학습
- **Speaking:** 가이드에 따라 실제 문제의 Ideation 및 답변 훈련
- **Post-Speaking:** 실전처럼 스스로 답변 연습
- **Review:** 복습용 Quiz나 배운 표현 정리

3 | 파트별/주제별 어휘 제공

파트별, 주제별 필수 어휘 및 표현을 다양하게 제공합니다. 어휘, 표현마다 예문을 제시
해 문맥을 통해 조금 더 쉽게 학습할 수 있습니다. MP3를 활용하여 반복해서 학습해 보
세요!

4 | Good Answer/Bad Answer로 답안 비교

Speaking 학습에는 완벽한 답변을 확인하는 것도 중요하지만, 부족한 답변들을 함께
비교하면 자주 실수하는 패턴이나 유형을 함께 공부할 수 있어서 고득점을 받기에 효과
적입니다. Bad Answer도 함께 학습하면서 자신이 자주 틀리는 패턴은 없는지, 잘못
생각하고 있는 부분은 없는지 확인하고 더 나은 답변으로 바꿔 보세요.

5 | Self-Check

과연 내 답변은 몇 점일까? IELTS 주관사에서 제시하는 평가 항목에 맞춰 자신의 답변
을 채점하고 예상 Overall 점수도 매겨 보세요. 자신의 부족한 항목을 채우려 노력하다
보면 어느새 실력이 향상되어 있을 거예요!

6 | 유학 정보 및 유학 생활 소개

영국, 호주, 미국의 기본적인 학제 정보와 간단한 가이드를 제공합니다. 아울러, ed:m
을 통해 전 세계에 곳곳에서 유학하고 있는 유학 선배들의 살아있는 리얼 유학 생활을 소
개합니다.

Band 4.0	짧은 문장이라도 정확하게 구성하고 답변을 소리내서 읽어보는 연습이 필요합니다. 필요한 어휘는 암기하시고, 문장 배열을 신경 쓰면서 답변을 구성하세요.
Band 5.0	내가 가장 편하게 쓸 수 있는 문장의 서두 표현을 익혀 두세요. 쉽게 문장을 시작하면 머뭇거림이 줄어들고 답변도 직관적으로 할 수 있습니다. 정확한 문법의 사용도 필요합니다.
Band 6.0	책을 통해서 다양한 주제들, 문제에서 필요한 표현들과 아이디어들을 같이 습득하세요. IELTS는 하나의 주제에서는 공통적인 또는 비슷한 아이디어들이 많이 활용되니, 주어진 아이디어 또는 본인의 아이디어로 문장을 끊이지 않게 말하는 연습을 해보세요.
Band 7.0+	매끄럽게 말하는 동시에 자연스러운 영어 표현들을 사용해야 하는 단계입니다. Idiom 및 Phrasal Verb들을 자연스럽게 사용할 수 있게 연습하시고 머뭇거림을 최대한 없애세요.

Part 1

시간 | 5-6분
문제 개수 | 6-12개/2-3개 주제에서 출제
진행 형식 | 시험관이 문제를 출제하고 응시자가 답변을 하는 방식

>>> 자주하는 질문

1   Part 1에서 답변의 분량은 어느 정도가 되어야 하나요?

⊙ 한 문제당 두 문장 정도의 분량이 적당합니다. 문제 출제 의도를 파악하고 답변을 구성해야 합니다.

2   Part 1을 논리적으로 말하려면 어떻게 해야 하나요?

⊙ 나의 취향을 물어보는 문제에서는 Yes/No로 답변 후 이유를 붙여 주시고, 경향을 물어보는 문제에서는 2,3개의 아이디어를 논리적으로 배열해서 말하는 것이 논리입니다. IELTS는 전문지식을 요하는 시험이 아니므로 학술적인 예시는 들지 않아도 되며, 특히 Speaking은 내 의견을 물어보는 영역이므로 개인적인 예시를 드는 것이 중요합니다.

3   시험관이 왜 자꾸 Why를 더 물어보는 건가요?

⊙ 시험관이 느끼기에 답변이 불충분하다고 판단될 때 Why? 또는 Why not? 같은 질문을 더할 수 있습니다. 이를 방지하기 위하여 적절한 이유 또는 예시를 덧붙여 답변을 구성하는 습관을 들여야 합니다.

Part 2

시간 | 3-4분

문제 개수 | 주제 1개, 세부 문제 4개

진행 형식 | 시험관이 문제가 적혀진 cue card를 주고 1분의 준비 시간을 준 뒤 응시자가 2분 동안 혼자서 말하는 방식

주의 사항 | 답변이 충분하지 않다고 시험관이 판단할 경우 part 3 문제들과 유사한 추가 문제를 출제할 수 있음

>>> 자주하는 질문

1 Part 2에서 답변의 분량은 어느 정도가 되어야 하나요?

○ 2분의 시간이 주어지기 때문에 2분을 최대한 채우셔야 합니다. 실제 시험에서는 시간을 확인할 수 없으므로 문장을 몇 개 말해야 2분을 채울 수 있을지 꾸준한 개인 연습이 필요합니다.

2 Part 2 답변 구성은 어떻게 하나요?

○ 일반적으로 part 2 문제들은 3개의 사실적인 내용을 말해야 하는 문제들과 1개의 내 의견을 말하는 문제로 구성되어 있습니다. 3개의 사실적인 문제들은 각 항목 당 2-3 문장 정도로 구성해 주시고, 의견을 말하는 문제에서는 이유를 2개 정도 생각해서 7-8 문장 정도로 구성해 주세요.

3 답변이 2분을 넘기게 되면 어떻게 되나요?

○ 응시자의 답변이 2분을 넘어가면 시험관이 답변을 끝내게 합니다. 2분 안에 세부 문제들을 전부 다루지 못했다면 감점요소가 될 수 있습니다.

Part 3

시간 | 5-6분
문제 개수 | 3-6개/part 2 주제와 연관된 문제 출제
진행 형식 | 시험관이 문제를 출제하고 응시자가 답변을 하는 방식

>>> 자주하는 질문

1   Part 3에서 답변의 분량은 어느 정도가 되어야 하나요?

◐ 한 문제당 두 문장에서 세 문장 정도의 분량이 적당합니다. 문제 출제 의도를 파악하고 답변을 구성해야 합니다.

2   Part 3에서 질문을 못 알아들었을 때 다시 요청해도 되나요?

◐ 문제를 못 들었거나 설명이 필요할 때 요청하실 수 있습니다. 다만, 다시 말해 주지 않는 시험관도 있습니다.

3   Part 3는 무조건 많이 말해야 하나요?

◐ 무조건 많이 말하는 것보다는 질문에 관련한 답을 하는 것이 중요합니다. 문제당 아이디어는 두 개 정도를 말한다고 생각하시고, 첫 번째 문장을 말한 뒤, 두 번째 문장으로 넘어가기 전에 Also/But과 같은 linker를 붙여서 논리성을 높여 보세요.

4   Part 3에서 답변을 할 때 시험관이 자꾸 말을 끊는 이유는 뭔가요?

◐ 시험관이 응시자의 답변을 충분하게 들었다고 생각할 경우 답변을 끝까지 듣지 않는 경우가 있습니다. 이럴 경우 당황하지 마시고 다음 문항 답변을 해주시면 됩니다.

영국/미국/호주 대학 진학 안내

01

영국대학 진학 안내

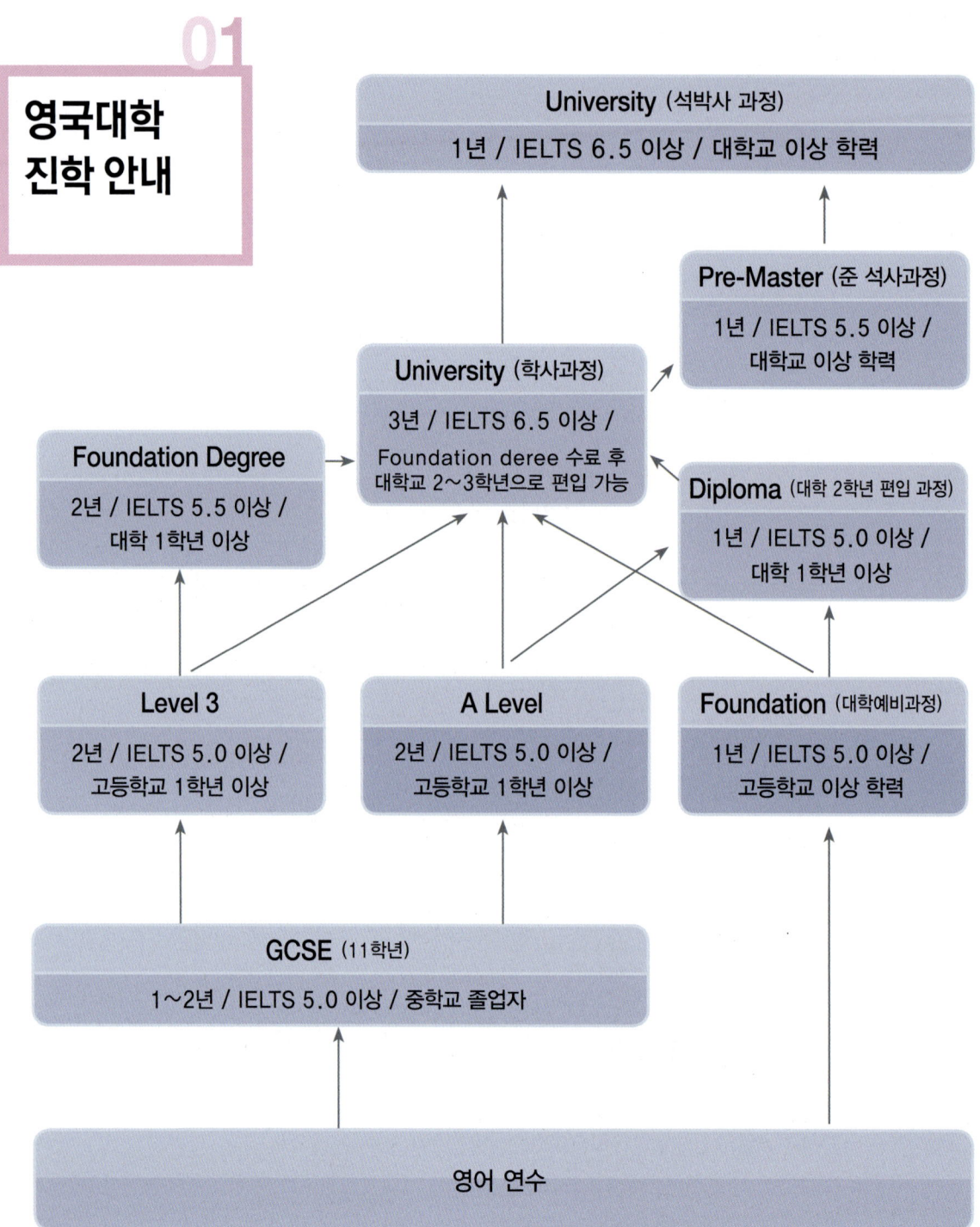

University (석박사 과정)
1년 / IELTS 6.5 이상 / 대학교 이상 학력

Pre-Master (준 석사과정)
1년 / IELTS 5.5 이상 / 대학교 이상 학력

University (학사과정)
3년 / IELTS 6.5 이상 / Foundation deree 수료 후 대학교 2~3학년으로 편입 가능

Foundation Degree
2년 / IELTS 5.5 이상 / 대학 1학년 이상

Diploma (대학 2학년 편입 과정)
1년 / IELTS 5.0 이상 / 대학 1학년 이상

Level 3
2년 / IELTS 5.0 이상 / 고등학교 1학년 이상

A Level
2년 / IELTS 5.0 이상 / 고등학교 1학년 이상

Foundation (대학예비과정)
1년 / IELTS 5.0 이상 / 고등학교 이상 학력

GCSE (11학년)
1~2년 / IELTS 5.0 이상 / 중학교 졸업자

영어 연수

미국
커뮤니티 칼리지를
Community College
통한 대학진학
프로그램

커뮤니티 칼리지란?

저렴한 학비, 4년제 대학으로의 편입 기회

미국에서 100여 년의 역사를 가지고 각 주의 제정으로 운영되는 2년제 대학교입니다. 커뮤니티 컬리지의 설립 목적은 미국인들이 고등학교 졸업 후, 근처 가까운 대학교에서 저렴한 학비로 공부하고, 학사학위를 취득하고자 하는 학생들에게는 2년 동안 수료 후, 4년제 대학으로 편입 기회를 주고자 하는 것입니다. 그러나 요즘은 국제 학생들이 미국의 비싼 학비를 절감하려는 목적과 고등학교 성적이 좋지 않은 국제학생들이 명문 주립대 편입을 목표로 하기 위한 첫 번째 단계로 많이 선택합니다. 영어로 Community College, 약자로 CC라고 합니다.

커뮤니티 컬리지 현황
- 미국에 등록된 커뮤니티 컬리지 수: 1,177개교
- 약 10만여 명의 유학생들이 컬리지에 재학 중: 미국 총 유학생 수의 39% 해당
- 재학생 수: 약 1,170만 명
- 미국인 재학생: 약 52%
- 아시아계 재학생: 약 45%

커뮤니티 컬리지의 장점
- 4년제 대학에서 이수할 수 있는 대부분의 교양과목을 컬리지에서 이수 후, 4년제 대학으로 편입 가능 (편입 이후에는 전공 과목 이수)
- 4년제 편입 시, SAT 점수 요구 없음 (편입 시, 컬리지 내신성적과 토플 점수 요구)
- 토플 성적이 없는 경우 부설 어학연수 조건으로 입학 가능 (가장 높은 레벨 이수 시, 토플 시험 면제가 대다수)
- 4년제 대학과 비교할 때 학비가 저렴 (보통 주립 및 공립 4년제 대학 학비의 50%, 4년제 대학의 학비의 10~20% 수준, 국내 명문대 1년 등록금의 60% 수준)
- 대부분 봄/여름/가을 학기 어느 때나 입학 가능
- 4년제 대학에 비해 까다롭지 않은 입학 요건
- 같은 주에 위치한 4년제 대학 편입 지원 시, 편입학 유리

03

미국 패스웨이
Pathway를 통한
대학진학 프로그램

패스웨이란(University Pathway Program)?

미국 4년제 대학에서 제공하는 해외학생(International Student)을 위한 대학 편입 과정으로 미국 대학 진학을 목표로 하지만 내신성적, 영어 성적이 낮아 입학이 어려운 경우, 패스웨이 프로그램을 통해 4년제 대학 2학년으로 진학할 수 있습니다.

패스웨이를 통한 대학 진학 프로세스

토플, IELTS와 같은 영어 성적이 있는지, 학부에서 수업을 받을 정도의 영어 실력이 있는지 여부에 따라 패스웨이 프로그램 이전에, 아카데믹 영어프로그램을 이수하는 경우도 있습니다. 패스웨이 프로그램을 성공적으로 이수하게 되면, 4년제 2학년(옵션 다양)으로 진학이 가능합니다.

패스웨이의 장점

• 낮은 내신과 영어 성적으로도 미국 대학 진학 가능
• 영어 성적이 없을 경우, 아카데믹 영어과정 및 학교 영어 테스트를 통해 입학 가능
• 성공적인 패스웨이 과정 이수 후, 해당 파트너 대학 2학년으로 입학

분류	내용
지원 자격	만 17세 이상 고졸자 및 동등자격 소지자
과정 시작	9월, 1월, 5월
지원 조건	토플 iBT 45~69 이상 또는 동등한 영어 실력(학교마다 다름) ※영어 성적이 없을 경우, 자체 테스트도 가능
지원 서류	• 입학지원서 • 고등학교 성적증명서 • 고등학교 졸업증명서 • 학업계획서 • 추천서

호주 대입제도

- 호주와 한국 학제 차이로 고등학교 졸업 후 바로 호주 대학 입학 불가능하다. 고3 졸업 후 반드시 파운데이션 과정 혹은 디플로마 과정 이수를 해야 학사 학위 진학이 가능하다.
- G8과 같은 상위 랭킹의 학교 진학을 희망할 경우 '1년 파운데이션' + '3년 학위과정'을 이수한다. (한국과 동일한 시간 소요)

Foundation Course (대학예비과정 – 파운데이션) 이란?

- 유학생 대상 졸업 후 Certificate IV와 동일 자격증 수여
- 학문 중심, 영어 능력 향상, 호주 문화 이해 초점, 12학년 수준 기준, 1년 과정, 소규모
- 대학 교육에서 유학생 선호 과목에 중점
- G8의 경우, 각 연계 교육기관에서만 파운데이션 인정 경우도 있음 (12학년 이수와 차이)

예 Monash University – Monash college 이수 인정 → 패키지(타 파운데이션 이수할 경우, 심사기간이 길어지거나 추가 요청 과목이 있을 수도 있음)
학생 지원 성적과 영어 실력에 따라 Express or Accelerated program (기간이 1년보다 짧음) / Extended program (1년보다 약간 긴 과정)

Diploma (준학사 과정) 란?

- 직업 기술 교육에 속했으나 유학생들을 위한 편입 방편으로 이용
- 비즈니스나 IT 등 인기 학과에 제한적 (파운데이션보다 선택 학과 폭이 좁음)
- 이수 후 연계 대학 2학년 편입 가능 (학점 모두 인정)

예 Deakin College → Deakin University /
Griffith College → Griffith University

- 연계 대학 대학 1년 수업과 비슷하나 소규모, 집중적, 학습 Skill, 영어 실력 향상 초점
- G8은 디플로마 인정을 안 하는 경우가 있기에 대학 설정 이후 파운데이션 혹은 디플로마 결정

뉴질랜드 대입제도

NCEA(National Certificate of Educational Achievement)란?

2002년부터 뉴질랜드 고등학교 과정에 도입된 대학입시제도이다.
NCEA에서는 한 과목 내에서 여러 가지 평가 항목을 세분화하여 이에 따른 학점을 부여함으로써 학생들의 지식과 능력을 보다 정확히 반영할 수 있다.

NCEA는 뉴질랜드의 대학은 물론 호주, 영국을 비롯한 다른 나라의 대학에 진학하기 위한 고교졸업증명 및 성적증명의 기초 자료로 활용되게 된다.

CHAPTER 1

Self-Introduction

IELTS Speaking 시험에서 가장 기본이 되는 자기소개! 평소에 가장 쉽게 할 수 있는 자기소개도 시험장에서는 긴장돼서 잘 안될 수가 있어. 그래서 이번 Unit에서는 자기소개와 관련된 예상 질문을 배우고 인상적인 자기소개 방법을 배워 보자.

01 SELF-INTRODUCTION

 PREVIEW

시험장에 들어가면 시험관의 안내에 따라 맨 먼저 자기소개를 하고, 개인적인 질문 몇 가지를 받게 돼. 주로 어떤 질문들을 하는지 알아볼까?

Self-introduction 예상 질문

 Part1_Chapter01_1

일반

Q1 **Can you introduce yourself?**
당신을 소개해 주시겠습니까?

직업

Q2 **Why did you choose to do that job?**
당신은 왜 그 직업을 선택하셨습니까?

Q3 **Do you like your job? [Why? Why not?]**
당신은 직업에 만족하십니까? [왜 그런가요? 왜 그렇지 않은가요?]

Q4 **Will you continue doing the job in the future?**
당신은 미래에도 이 일을 하실 겁니까?

전공

Q5 **Why did you choose that subject to study?**
왜 당신은 그 전공을 고르셨나요?

Q6 **Do you enjoy studying that subject?**
당신은 지금 전공을 즐기고 있나요?

Q7 **Do you prefer studying in the morning or in the evening?**
당신은 오전에 공부하는 것을 선호하나요? 저녁에 하는 것을 선호하나요?

Q8 **Are you looking forward to working?**
당신은 일하는 것을 기대하나요?

Tip! 요즘의 IELTS 시험 경향은 Self-introduction을 생략하는 경우도 있어. 시험관이 먼저 소개를 해달라고 물어보면 일반적으로 이름 – 국적 – 현재 직업 순으로 대답하면 돼. 많은 얘기를 한다고 해서 이부분에서 점수가 많이 나오는 게 아니니, 최대한 간략하고 인상적으로 대답해 봐~

PRE-SPEAKING

나에 대해서 자신있게 대답하려면 관련된 영어표현을 많이 알아야겠지? MP3를 들으면서 각 단어의 발음, 뜻, 예문을 따라 읽어봐. 꾸준히 하다 보면 자연스럽게 사용할 수 있을 거야.

1 Vocabulary

❶ introduce [ɪn.trəˈdʒuːs] (v) 소개하다

> 예문 I'll **introduce** myself.
> 제 소개를 해보겠습니다.

❷ occupation [ɒk.jəˈpeɪ.ʃən] (n) 직업

> 예문 Could you tell me what your **occupation** is?
> 당신의 직업이 무엇인지 알려주시겠어요?

❸ attend [əˈtend] (v) ~에 다니다

> 예문 I'm **attending** a secondary school in Seoul.
> 저는 서울에 있는 고등학교에 다니고 있습니다.

❹ career [kəˈrɪər] (n) 직업, 사회생활

> 예문 I started my **career** as a teacher 10 years ago.
> 저는 10년 전에 선생님으로 일을 시작했습니다.

❺ major [ˈmeɪ.dʒər/] (n) (대학생의) 전공

> 예문 Her **major** is Philosophy.
> 그녀의 전공은 철학입니다.

❻ fascinating [ˈfæsɪneɪtɪŋ] (adj) 대단히 흥미로운

> 예문 I think my major subject is **fascinating**.
> 제 전공 과목은 대단히 흥미로워요.

❼ motivate [ˈməʊtɪveɪt] (v) 동기부여를 하다

> 예문 My colleagues **motivate** me every time.
> 제 동료들은 항상 내게 동기부여를 합니다.

❽ enjoyable [ɪnˈdʒɔɪəbl] (adj) 즐거운

> 예문 I find my job very **enjoyable**. I learn a lot while I work with others.
> 제 직업은 정말 즐겁습니다. 다른 사람들과 일을 할 때 많이 배우게 됩니다.

⑨ workplace [ˈwɜːkpleɪs]   (n) 직장

예문 My **workplace** is near here, it's just round the corner.
제 직장은 여기에서 가까워요, 모퉁이만 돌면 됩니다.

⑩ public officer   (n) 공무원

예문 Lots of Korean people want to be a **public officer** due to its stability.
많은 한국인들이 안정성 때문에 공무원을 하고 싶어합니다.

⑪ colleague [ˈkɒliːg]   (n) 동료

예문 My **colleague** and I are on an important project.
제 동료와 저는 중요한 프로젝트를 하는 중입니다.

⑫ schoolmate   (n) 학교친구, 동기

예문 One of my **schoolmates** got into a very famous company.
저희 학교 친구 중 하나는 굉장히 유명한 회사에 들어갔어요.

⑬ organisation [ɔːrgənaɪzeɪʃən]   (n) 회사, 기업, 기구

예문 He works in a large **organisation** as a marketer.
그는 대기업에서 마케터로 일합니다.

⑭ firm [fɜːm]   (n) 회사

예문 My **firm** is holding an event called 'Coffee Morning'.
저희 회사에서는 'Coffee Morning'으로 불리는 중요한 행사를 합니다.

⑮ graduate (n) [ˈgrædʒuət]   (n) 졸업생
              (v) [ˈgrædʒueɪt]   (v) 졸업하다

예문 I'm a university **graduate**.
저는 대학 졸업생입니다.

예문 I **graduated** from university this spring.
저는 이번 봄에 대학을 졸업했습니다.

Pop Quiz!

다음 빈칸에 들어가기에 알맞은 단어를 고르시오.

I really like my job because there are lots to learn. It _____s me a lot.

① graduate   ② motivate   ③ attend

정답 ② (해석 확인 P. 258)

2 Key Expressions

❶ look forward to   기대하다

> 예문 I'm **looking forward to** working in a company.
> 저는 회사에서 일하는 것을 기대하고 있습니다.

❷ prefer A to B   B보다 A를 선호하다

> 예문 I **prefer** mornings **to** evenings when I study.
> 저는 공부할 때 저녁보다는 아침을 선호합니다.

❸ be between jobs   구직 또는 실직 상태인, 일을 쉬고 있는

> 예문 I'**m between jobs** now because of IELTS exam.
> 저는 IELTS 시험 때문에 현재 일을 쉬고 있습니다.

❹ take a break   쉬고 있는 상태인

> 예문 She's currently **taking a break** to bring up her son.
> 그녀는 현재 아들을 돌보느라 쉬고 있는 중입니다.

❺ fall into a job/career   어쩌다 보니 ~한 일을 하게 된

> 예문 He said he **fell into his job**, but he enjoys it a lot now.
> 그는 어쩌다 보니 그 직업을 하게 됐다고 하는데, 지금은 굉장히 즐기고 있다고 해요.

❻ work overtime   야근하다, 초과 근무를 하다

> 예문 Sometimes I want to change my career because I often **work overtime**.
> 가끔 저는 이직을 하고 싶어요, 왜냐하면 종종 야근을 하기 때문이죠.

❼ cup of tea   딱 맞는   ★idiom

> 예문 I enjoy studying my major. It's definitely my **cup of tea**.
> 저는 제 전공 공부를 하는 것을 즐깁니다. 저에게 딱이에요.

❽ major in   전공하다   ★collocation

> 예문 My friend, Lisa, **majors in** Chemistry at Oxford University.
> 제 친구 Lisa는 옥스포드 대학교에서 화학을 전공합니다.

❾ have sth in mind   마음에 두고 있는, 관심이 있는

> 예문 I **have some companies in my mind** and hope I can get a job there.
> 관심이 있는 회사가 몇 개 있는데 그곳들에서 일을 하고 싶어요.

⑩ **do a job**　할 수 있다

　　예문 She's so good at managing her team. I'm sure she can **do a** great **job** at work.
　　그녀는 팀 관리를 굉장히 잘합니다. 저는 그녀가 정말 일을 잘 한다고 확신할 수 있어요.

⑪ **be fond of**　～을 좋아하다

　　예문 I'm so **fond of** travelling to other countries.
　　저는 해외 여행을 하는 것을 굉장히 좋아합니다.

⑫ **be into sth**　～에 관심이 있다

　　예문 I'm very **into** watching films nowadays.
　　저는 요즘 영화 보는 것에 굉장히 관심이 많아요.

⑬ **be interested in**　～에 관심이 있다

　　예문 **I'm interested in** learning languages.
　　저는 언어를 배우는 것에 관심이 있습니다.

⑭ **study in depth**　심도 있게 공부하다

　　예문 I chose to study Mathematics as my major subject because I wanted to **study in depth**.
　　저는 수학을 전공으로 선택했는데, 그 분야에서 더 심도 있게 공부하고 싶었기 때문입니다.

⑮ **hang out with sb**　～와 시간을 보내다

　　예문 When I finish work, I usually **hang out with** my friends. We usually go for a drink.
　　저는 일이 끝나면, 친구들과 시간을 보냅니다. 우리는 대부분 술을 마시러 가요.

★ IDIOM & COLLOCATION?

idiom은 "관용구" 또는 "숙어"라고도 불려. 반면, collocation은 "연어"라고 불리지. idiom은 collocation과 다르게 **단어의 조합이 완전히 다른 뜻을 만들어 내**. 예를 들어, 'cup of tea'는 직역하면 '한 잔의 차'가 되지만 주로 사람들은 '딱 맞다'란 의미로 많이 사용하지. 이렇게 idiom과 collocation의 예를 많이 알아두는 것은 Speaking에서 7점 이상을 받는 데는 필수적이야! Writing에서도 자주 쓰이니 꼭 외워 두자～

Pop Quiz!

다음 빈칸에 들어가기에 알맞은 단어를 고르시오.

I _____ watching movies nowadays. I go to a cinema every weekend.

① look forward to　　　　　　② major in　　　　　　③ am into

정답 ③ (해석 확인 P. 258)

3 Sample Sentences

1 이름을 소개할 때

1-1, I am ~   나는 ~ 입니다

> ex I am Heather.
> 저는 Heather입니다.
> 유사표현 My name is Heather.

1-2, Please feel free to call me~   ~라고 불러주세요

> ex Please feel free to call me Heather.
> Heather 라고 불러주세요.
> 유사표현 You can call me Heather.

1-3, My friends call me~   제 친구들은 저를 ~라고 부릅니다

> ex My friends call me Heather.
> 제 친구들은 저를 Heather라고 부릅니다.
> 유사표현 Others around me usually call me Heather.

2 직업/전공을 소개할 때

2-1, I am ~   나는 ~입니다

> ex I am a high school/a university student.
> 저는 고등학생/대학생입니다.
> 유사표현 I am studying at a high school/ a university.

2-2, I am working as~   저는 ~입니다(직업 소개)

> ex I am working as a teacher.
> 저는 선생님입니다.
> 유사표현 My job is a teacher.

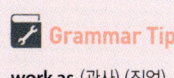 **Grammar Tip!**

work as (관사) (직업)

이 구문을 사용하게 되면 My job is~ 하는 표현보다 더 자연스러운 문장을 구사할 수 있어.

2-3, My major subject is~   제 전공은 ~입니다

> ex My major subject is Business studies.
> 저는 경영학을 전공합니다.
> 유사표현 I major in Business studies.

2-4/ I am in charge of~ at work.   회사에서 저는 ~을 담당합니다

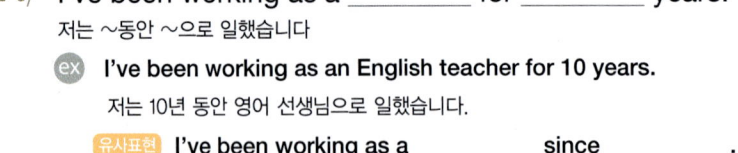

  ex I am in charge of delivering lectures at work.

  저의 주 업무는 수업을 하는 것입니다.

  유사표현 I am responsible for delivering lecutures at work.

2-5/ I've been working as a _____ for _____ years.

저는 ~동안 ~으로 일했습니다

  ex I've been working as an English teacher for 10 years.

  저는 10년 동안 영어 선생님으로 일했습니다.

  유사표현 I've been working as a _____ since _____.

🔧 **Grammar Tip!**

I'm responsible for (동명사)

(업무를 주로 하는 분야) 업무를 설명할 때 쓸 수 있는 구문 중 하나! 직업을 설명할 때 사용할 수 있어.

❸ 취미를 소개할 때

3-1/ I like ~   저는 ~를 좋아합니다

  ex I like watching films on weekends.

  저는 주말에 영화 보는 것을 좋아합니다.

  유사표현 I enjoy watching films on weekends.

🔧 **Grammar Tip!**

Like/enjoy + 동명사

다들 알고 있지만 많이 틀리는 문법이야. 다시 한 번 숙지하고 시험에서 사용해보자.

3-2/ I usually ~ when I have spare time.   저는 여가시간에 주로 ~을 합니다

  ex I usually listen to music when I have spare time.

  저는 여가시간이 있을 때 주로 음악을 듣습니다.

  유사표현 I usually listen to music when I'm free.

3-3/ I'm into + 동명사   저는 ~에 관심이 있습니다

  ex I'm into watching movies nowadays.

  저는 요즘 영화보는 것에 관심이 있습니다.

  유사표현 I'm fond of watching movies nowadays.

Pop Quiz!

다음 빈칸에 들어가기에 알맞은 단어를 고르시오.

I really enjoy _____. I usually go to Han river park after work.

① jogging   ② to jog   ③ jogged

정답 ① (해석 확인 P. 258)

다음 문장을 듣고 따라 읽어 봅시다.

🔍 이름

❶ My name is Steve.
제 이름은 Steve입니다.

❷ Please feel free to call me Steve.
편하게 Steve라고 불러주세요.

🔍 직업 / 전공

❸ I'm working as an English teacher.
저는 영어 강사로 일하고 있습니다.

❹ I'm studying at Cambridge.
저는 캠브리지에서 공부하고 있습니다.

❺ I'm studying Chemistry.
저는 화학을 공부하고 있습니다.

❻ I enjoy my job because I don't need to work on weekends.
저는 제 직업을 좋아합니다. 왜냐하면 주말에 일을 하지 않아도 되기 때문입니다.

❼ I like studying my major subject because I always wanted to learn about this field.
저는 제 전공 과목을 공부하는 것을 좋아합니다. 왜냐하면 이 분야를 항상 배우고 싶었기 때문입니다.

🔍 취미 / 여가생활

❽ I usually watch movies **on weekends**.
저는 주말에 주로 영화를 봅니다.

❾ I usually listen to music **when I have spare time**.
저는 여가 시간에 주로 음악을 듣습니다.

❿ I like hanging out with friends after work.
저는 퇴근 후에 친구들을 만나는 것을 좋아합니다.

Tip! 영어를 유창하게 하려면 단어의 **강세를 살려서** 발음해 봐~ intonation을 가장 쉽게 잡는 방법이야. 발음기호를 참고해서 강세를 신경 쓰면 시험관에게 더 정확하게 내가 말하고자 하는 의도를 전달할 수 있을 거야~

SPEAKING

여러 가지 표현을 배웠으니 말하는 연습을 해보자. 자기소개를 할 때는 주저리주저리 많은 얘기를 하기보다 최대한 간결하고 명료하게 답을 하는 게 중요해. 시험관에게 첫인상을 주는 것이니 만큼 살짝 미소를 보이는 것도 꿀팁!

Hi, Tell me about yourself.
안녕하세요. 자기소개를 해주세요.

STEP 1	Brainstorming

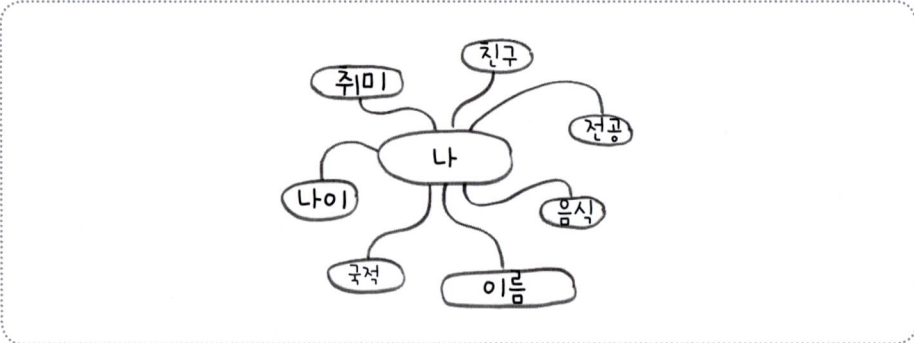

STEP 2	Your Answer

답안을 작성하고 나면 꼭 소리 내어 읽어봐! 녹음을 하면 더 좋겠지?

 Part1_Chapter01_6

Hi, I am Heather and I'm from Korea. I'm a university student, majoring in Marketing. I'm a bit busy since I'm in my second year, but university life is very enjoyable for me.

안녕하세요, 저는 Heather고 한국 사람입니다. 저는 마케팅을 전공하는 대학생입니다. 지금 2학년이라 좀 바쁘긴 하지만, 대학 생활이 정말 즐겁습니다.

IELTS 시험에서는 시험관이 물어보는 질문에 직관적인 대답을 하는 것이 굉장히 중요해! 나에 대한 소개를 해보라고 했다면, 나에 대한 것만 간략하게 소개하는 것이 가장 좋아. 이름, 직업 정도를 얘기하는 것이 적당해.

Hello…. I'm Sean… I'm Korean…. My family is consisted of 4 members. I like exercising… I go to company every day… Yeah…

안녕하세요… 저는 Sean 입니다…. 한국 사람이고요… 제 가족은 4명으로 구성되어 있습니다… 운동 하는 것을 좋아하고요… 회사에 매일 갑니다…

Speaking 시험에서 머뭇거린다면 가장 큰 감점 요소가 돼. 위 답변은 부자연스러운 표현이 몇 가지가 있어. be consisted of 라는 표현은 가족에는 쓰기 굉장히 부자연스러워. 그리고 이 답안을 보면 연관성이 없어. 그냥 하고 싶은 말을 하다가 더 말을 못해서 얼버무리며 끝나는 느낌이 들어.

POST-SPEAKING

자, 이제는 실전처럼 면접관의 질문에 답해 볼까?

What do you usually do on weekends?
당신은 주말에 주로 무엇을 합니까?

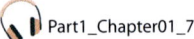 Part1_Chapter01_7

STEP 1	Brainstorming

STEP 2	Your Answer	Sample Answer P. 258

REVIEW

정답 정답 및 해석 P. 258

오늘 배운 내용과 관련된 간단한 퀴즈를 풀어보자!

Vocabulary

다음 빈칸에 들어가기에 알맞은 단어를 찾아 쓰세요.

working	study	graduated	into	interesting	enjoy

❶ I _____ from a university last year.

❷ I am _____ as a doctor for five years.

❸ I _____ my job because it is very _____.

Expressions

다음 빈칸에 들어가기에 알맞은 단어를 찾아 쓰세요.

working	between	experience	interested	interesting

❶ I'm _____ jobs right now because I'm studying for IELTS.

❷ I enjoy working because I want to _____ many things.

❸ I'm _____ in listening to K-pop music.

SELF-CHECK

본인의 답변을 Good Example과 비교해서 영역별로 자신의 점수를 체크해 보자.

유창성	문법	어휘	발음
• 질문에 대한 답을 했는가? • 망설임 없이 말했는가? • 적당한 속도로 말했는가? • 답변에 추가적인 설명을 제시했는가?	• 주어 동사를 포함한 완전한 문장을 말하였는가? • 접속사, 관계대명사 등을 사용한 문장을 말하였는가? • 올바른 시제를 사용했는가? • 수일치가 되도록 말하였는가?	• 한 단어를 반복 사용하지 않고 동의어를 사용했는가? • 다양한 어휘를 사용했는가? • 문맥상 정확한 어휘를 사용했는가? • Paraphrasing한 문장을 사용했는가?	• 틀린 발음 없이 정확히 발음했는가? • 정확한 억양을 사용하여 말하였는가? • 강세를 잘 살려 말하였는가? • 본인의 답변을 알아듣기 쉬웠는가?
1 2 3 4 5	1 2 3 4 5	1 2 3 4 5	1 2 3 4 5

1~5	6~10	11~15	16~20	Overall Grade
Limited	**Modest**	**Competent**	**Good**	

리버풀 먹부림

안녕하세요? 리버풀 ed:m 통신원 노유미입니다. 리버풀은 아침 저녁 기온차도 많이 나고 바람도 많이 불어서 나무에 있던 나뭇잎도 다 떨어져 버린 계절이 되어버렸어요. 찬바람이 많이 불어서 요즘 먹부림을 부리면서 살고 있어요! 사실 리버풀에서는 외식을 하는 것보다 직접 해먹는 요리들이 더 저렴하고 맛있는 경우가 더 많아서 외식을 한 경우가 별로 없지만 지금까지 성공한 맛집들을 소개해 볼게요.

리버풀에서 이탈리아 핏짜를! CRUST

이곳은 이탈리안식 나폴리 피자를 파는 곳인데요, 리버풀 맛집을 생각하면 1등으로 생각할 정도로 유명한 곳입니다. 에피타이저와 메인 메뉴, 디저트까지 다양한 음식을 팔아요. 저는 갈 때마다 항상 해산물 피자(pescatore)를 주문하는데요, 새우, 오징어, 참치, 홍합, 얇은 도우와 치즈의 조합은 정말 최고입니다. 말로만 들어보면 난생 처음 들어보는 피자지만 한 번 맛보고 나면 계속 생각나는 피자입니다. 그리고 라자냐, 바질 페스토 파스타도 정말 맛있어요. 이탈리아 친구들도 인정한 영국에 있는 이탈리아 피자 레스토랑입니다. (+누텔라 피자도 있답니다. 근데 정말 달아요.) 가격도 부담스럽지 않게 피자는 대체적으로 8파운드에서 12파운드 정도해요. 아. . 쓰고 나니 또 먹고 싶네요.

주소: 25boldst, Liverpool, l14dn

리버풀에서 일본 벤또를! ESTU

리버풀 도시의 상징, Liver Building 앞에 있는 일본 레스토랑입니다. 주방장님도 일본인이시고, 가게 내부도 일본 분위기가 물씬 느껴지는 곳이예요. 저는 점심특선으로 가라아게 벤또를 주문 했었는데요, 정말 맛있는 가라아게와 덴뿌라를 먹었답니다. 점심특선으로 10파운드 안쪽이었어요. 찬바람 불 때는 우동을 먹으러 가볼 거예요!

주소: 25 the strand, Liverpool, l20xj

리버풀에서 두꺼운 패티의 햄버거를!! ALMOST FAMOUS BURGER

제가 제일 좋아하는 음식은 버거예요. 고기와 빵과 샐러드를 한꺼번에 먹을 수 있어서 그럴까요. 저는 점심특선으로 파운드에 햄버거고구마튀김, 음료까지 10파운드로 먹었어요. 제가 버거를 고르는 기준은 더블패티와 치즈거든요. 여기 버거의 더블패티와 치즈와 바베큐 소스의 조합이 딱 제 입맛에 맞았습니다. 화요일마다 학생들에게 50퍼센트 할인행사도 진행한다고 하니 꼭 가보셔야겠죠? 또 친구가 시킨 오레오 밀크쉐이크도 먹었었는데 여기는 밀크쉐이크의 숨은 맛집인 것 같아요. 수업 끝나고 당 떨어진 상태로 밀크쉐이크 한 입하니까 뇌에서 전기를 느낄 수 있더라구요! ! 햄버거 밀크쉐이크 좋아하시는 분 꼭 가보세요!

주소: 11-13 parrasT liverpool l14jn

CHAPTER 2

Hometown & Accommo-dation

자기소개가 끝나면 시험관이 내가 살고 있는 장소에 대해 물어볼 가능성이 커. 그래서 이번 Chapter에서는 내가 사는 곳을 어떻게 설명해야 하는지에 대해서 배워 볼 거야.

02 HOMETOWN & ACCOMMODATION

 PREVIEW

내가 사는 집, 살고 있는 지역에 대해서 설명을 하려면 어떤 문제들이 출제되고 어떤 표현들을 써야 하는지 알아야겠지? 자, 함께 살펴보자!

Hometown & Accommodation 예상 질문

 Part1_Chapter02_1

현재 거주지

Q1 Can you describe the place where you live?
당신이 살고 있는 곳에 대해 묘사해 주겠어요?

Q2 What's the name of your hometown?
당신이 사는 곳의 이름이 뭐죠?

Q3 Do you like your hometown?
당신이 사는 곳을 좋아하나요?

Q4 How long have you lived there?
그곳에 얼마나 오래 살았습니까?

Q5 What do you like most about your hometown?
당신이 사는 곳에서 가장 좋은 부분이 뭔가요?

Q6 Is there anything you dislike about your hometown?
당신이 사는 곳에 대해 좋아하지 않는 부분이 있나요?

선호 거주지

Q7 Do you prefer living in a house or a flat?
당신은 주택에 사는 것을 선호합니까? 또는 아파트에 사는 것을 선호합니까?

Q8 In the future, what type of place would you like to live in?
미래에는 어떤 형태의 주거지에 살고 싶습니까?

Tip! 요즘 시험에서는 Hometown & Accommodation 주제가 굉장히 자주 출제돼. 많은 응시생들이 Hometown을 고향이라고 해석하는데, IELTS에서는 고향 얘기를 하기보다 내가 살고 있는 도시에 대해서 이야기하는 게 더 센스 있는 답변이 될 거야.

자, 이제 내가 사는 도시나 집에 대해서 얘기할 때 꼭 필요한 표현들을 배워 보자. 각 표현의 발음을 정확하게 듣고, 꼭 맞는 발음을 할 수 있도록 계속 따라해봐.

1 Vocabulary

Part1_Chapter02_2

❶ house [haʊz]　(n) 집, 주택

> 예문 I used to live in a **house** when I was little.
> 제가 어렸을 때는 주택에 살았었습니다.

❷ flat [flæt]　(n) 아파트식 주거지 (B. E, British English)

> 예문 I live in a **flat** which is located in Seoul.
> 저는 서울에 있는 아파트에 삽니다.

❸ apartment [əˈpɑːtmənt]　(n) 아파트

> 예문 It is very common to live in a tall **apartment** in Korea.
> 한국에서는 높은 아파트에 사는 것이 흔합니다.

❹ story (미국) [ˈstɔːri]　(n) 건물의 층
storey (영국)

> 예문 My apartment is a 20-**storey** building.
> 제가 사는 아파트는 20층짜리 건물입니다.

❺ floor [flɔː(r)]　(n) 건물의 층

> 예문 His office is on the 7th **floor**.
> 그의 사무실은 7층에 있습니다.

❻ convenient [kənˈviːniənt]　(adj) 편리한

> 예문 There are lots of **convenient** facilities in my hometown.
> 제가 사는 곳에는 편리한 시설이 많습니다.

❼ rooftop [ˈruːftɒp]　(n) 건물의 옥상

> 예문 There's a **rooftop** garden in my apartment.
> 제가 사는 아파트에는 옥상정원이 있습니다.

❽ suburb [ˈsʌbɜːb]　(n) 도심지역을 벗어난 교외

> 예문 My friend lives in a quiet suburb of London.
> 제 친구는 조용한 런던 교외지역에 삽니다.

⑨ outskirt [áutskə̀:rt]　(n) 교외, 변두리

　예문　My hometown is on the **outskirt** of Seoul.
　　　제 고향은 서울 근처(변두리)입니다.

⑩ crowded [ˈkraʊdɪd]　(adj) 사람들이 붐비는, 복잡한

　예문　My hometown is usually **crowded** with lots of people.
　　　제 고향은 대부분 많은 사람들로 붐빕니다.

⑪ packed [pækt]　(adj) 사람들이 꽉 들어찬

　예문　We can't go to the restaurant, it's **packed**.
　　　우린 저 식당에 갈 수 없어요. 사람이 꽉 찼거든요.

⑫ spacious [ˈspeɪʃəs]　(adj) 널찍한

　예문　My bedroom is so **spacious** so I can have enough room for myself.
　　　제 침실은 상당히 널찍해서 제가 쓸 수 있는 공간이 충분합니다.

⑬ noisy [ˈnɔɪzi]　(adj) 소란스러운, 시끄러운

　예문　My neighbour is really **noisy** every day. It's really irritating.
　　　제 이웃은 매일 정말 시끄러워요. 정말 짜증나요.

⑭ refurbish [ˌriːˈfɜːbɪʃ]　(v) (집, 건물등을)재단장하다, 새로꾸미다

　예문　My younger brother **refurbished** his house recently.
　　　제 남동생이 최근에 그의 집을 새로 꾸몄습니다.

⑮ furnished [ˈfɜːnɪʃt]　(adj) 가구가 비치된

　예문　Emily's studio flat is fully **furnished**.
　　　에밀리의 원룸 아파트는 가구들이 완전히 갖추어져 있습니다.

Pop Quiz!

다음 빈칸에 들어가기에 알맞은 단어를 고르시오.

My house is on the 7th floor in a 20-_____ apartment.

① house　　　　　② flat　　　　　③ storey

정답 ③ (해석 확인 P. 258)

❶ move in 이사를 오다 ★ Phrasal Verb

예문 It's been about five years since I **moved in** this apartment.
제가 이 아파트에 이사온 지 약 5년이 되었습니다.

❷ move out 이사를 가다 ★ Phrasal Verb

예문 I'm thinking about **moving out** when my house contract ends.
집 계약이 끝나면 이사를 가는 것을 생각 중입니다.

❸ the heart of the city 도시 중심부

예문 My town is located in **the heart of the city**.
제가 사는 동네는 도시 중심부에 위치해 있습니다.

❹ rural area 시골 지역

예문 My family used to live in a **rural area**.
제 가족은 시골 지역에 살았습니다.

❺ urban area 도심 지역

예문 There are lots of convenient facilities in **urban areas**.
도심 지역에는 편리한 시설들이 많습니다.

❻ studio flat 원룸 아파트

예문 Renting a **studio flat** in London is ridiculously expensive.
런던에서 원룸 아파트를 빌리는 것은 말도 안 되게 비쌉니다.

❼ newly-built apartment 새로 지어진 아파트

예문 My older sister recently bought a **newly-built apartment**.
제 언니는 최근에 새로 지어진 아파트를 샀습니다.

❽ residential area 주거지역

예문 A new **residential area** is designated in Seoul.
서울에 새로운 주거 지역이 지정되었습니다.

❾ house-warming party 집들이 (파티)

예문 I hope you'll invite me to your **house-warming party**.
당신의 집들이 파티에 저를 초대해 줬으면 좋겠어요.

⑩ **dream home** 살고 싶은 집

예문 My husband and I moved into our **dream home** two weeks ago.
제 남편과 저는 2주 전에 꿈꾸던 집으로 이사 왔습니다.

⑪ **settle down** 정착하다 ★Phrasal Verb

예문 One of my best friends is **settling down** in Brisbane.
저의 제일 친한 친구 중 한 명은 브리즈번에 정착 중입니다.

⑫ **go for** 선호하다/선택하다/좋아하다 ★Phrasal Verb

예문 I think I will go for a sci-fi movie.
저는 과학공상영화를 보는게 낫겠어요.

⑬ **have dreamed of** 소망하다, 원하다

예문 I **have dreamed of** living in England since I was a child.
저는 어렸을 때부터 영국에 사는 것을 소망해 왔습니다.

★ **PHRASAL VERB?**

Phrasal verb는 우리 나라 말로 **구동사**라고 불리는 <u>동사+부사 형태의 표현</u>이야. 영어를 자연스럽게 쓰려면 꼭 알아야 하는 필수적인 표현들이지. 우리가 흔히 쓰는 동사에 전치사를 더해 동사의 의미를 더 생동감 있고 풍성하게 해주는 역할을 하지. 예를 들어, move out(이사[나]가다)의 경우, out의 '밖으로'의 의미가 move에 더해져 단순히 '이사하다'에서 '이사[나]가다'는 방향성을 가진 표현으로 바뀌게 되었어. Phrasal verb와 익숙해질수록 IELTS 뿐만 아니라 영어 고수가 될 수 있으니 주제에 맞는 표현들을 외워 보자!

Pop Quiz!

다음 빈칸에 들어가기에 알맞은 단어를 고르시오.

I'm going to have a(n) _____ next weekend. Hope you can make it!

① house-warming party   ② urban area   ③ studio flat

정답 ① (해석 확인 P. 258)

3 Sample Sentences

1 집에 대한 소개를 할 때

1-1, I live in ~   저는 ~에 삽니다

> ex I live in an apartment which is located in Seoul.
> 저는 서울에 있는 아파트에 삽니다.
> 유사표현 My apartment is in Seoul.

1-2, My house is on _____ floor.   저희 집은 ~층입니다

> ex My house is on the 7th floor.
> 저희 집은 7층입니다.
> 유사표현 I live on _____ floor.

1-3, There are ~ in my house.   저희 집에는 ~이 있습니다

> ex There are 2 bedrooms, a bathroom, and a large kitchen in my house.
> 저희 집에는 침실 2개, 욕실, 그리고 큰 주방이 있습니다.

2 집이나 지역에 살았던 기간을 얘기할 때

2-1, I have lived in ~ for ~ years.   저는 ~동안 ~에 살고 있습니다

> ex I have lived in Seoul for 20 years.
> 저는 서울에 산 지 20년이 되었습니다.
> 유사표현 I've been living in ~ since ~

2-2, It's been ~ years since ~   ~에 산 지 ~년 째 입니다

> ex It's been 4 years since I moved to Seoul.
> 제가 서울로 이사온 지 4년째입니다.
> 유사표현 I lived in ~ for ~ years.

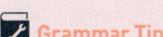 **Grammar Tip!**

기간을 말할 때는 전치사를 잘 활용하는 것이 중요해. **"~부터"**를 표현할 때는 since/from, **"~전"**을 표현할 때는 ago, "총 기간"을 말할 때는 for를 사용해서 정확하게 말해 보자구~

2-3, I moved out ~ ago   ~전에 ~로 이사 갔습니다

> ex I moved out 2 weeks ago when my previous house contract finished.
> 이전 집 계약이 끝나서 저는 2주 전에 이사를 했습니다.
> 유사표현 I moved to (지역) (기간) ago

❸ 사는 지역에 대한 묘사를 할 때

3-1/ It's convenient to live in ~ because ~   ~ 때문에 ~에 살기 편합니다

> ex It's convenient to live in Seoul because of good transportation system.
> 교통이 편리하기 때문에 서울에 사는 건 편리합니다.
>
> 유사표현 Living in (지역) is very convenient due to ~

3-2/ I like/dislike living in my town because ~   ~ 때문에 우리 동네에 사는 것을 좋아합니다

> ex I like living in my town because there is a big shopping mall.
> 저는 우리 동네에 사는 것을 좋아합니다. 왜냐하면 큰 쇼핑몰이 있기 때문입니다.

> ex I dislike living in my town because of heavy traffic.
> 저는 심한 교통체증 때문에 우리 동네에 사는 것을 별로 안 좋아합니다.
>
> 유사표현 It's (not) nice to live in my town because ~

❹ 취향을 묘사할 때

4-1/ I'd like to live in ~ in the future.   미래에 ~에 살고 싶습니다

> ex I'd like to live in a detached house in a suburb in the future.
> 저는 미래에 도시 외곽에 위치한 단독주택에 살고 싶습니다.
>
> 유사표현 I wish to live in ~ later.

4-2/ I prefer to live in ~ because ~   ~ 때문에 ~ 사는 것을 선호합니다

> ex I prefer to live in an apartment because of safety.
> 저는 안전 때문에 아파트에 사는 것을 선호합니다.
>
> 유사표현 I would choose to live in ~ because ~

4-3/ I'd go for living in ~ because ~   ~ 때문에 ~ 사는 것을 선호합니다

> ex I'd go for living in a big city because of convenience.
> 저는 편리성 때문에 대도시에 사는 것을 선호합니다.
>
> 유사표현 I prefer to live in ~ because ~

 **Grammar Tip!**

집이라는 주제에서는 미래 시제도 종종 등장해. 미래 시제는 실제 시험에서 굉장히 실수가 많이 나와! would like to/ want/ wish/ will 등을 사용해서 미래 시제를 정확하게 말해주자.

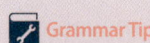 **Grammar Tip!**

점수를 올리기 위한 표현들 몇 가지 배웠었지? Phrasal verb 중에 또 쉽게 활용할 수 있는 것이 'go for'야.
'선호하다, 좋아하다'라는 뜻이 있으니 **prefer/like/choose** 등을 대체해서 써보자!

4 Speaking Practice

다음 문장을 듣고 따라 읽어 봅시다.

🔵 현재 거주지

❶ I am living in an apartment **which is located in** Seoul.
저는 서울에 위치한 아파트에 살고 있습니다.

❷ It has been more than 10 years **since I moved in**.
제가 이사를 온 지 10년 이상이 지났습니다.

❸ There are lots of convenient facilities **in my town**.
제가 사는 동네에는 편리한 시설들이 굉장히 많습니다.

❹ I like having 2 cinemas **near my** apartment.
제가 사는 아파트 근처에 영화관 2개가 있는 것이 좋습니다.

❺ There is a big park **in my town so** I can go and work out **in my spare time**.
저희 동네에는 큰 공원이 있어서 여가 시간에 가서 운동도 할 수 있습니다.

❻ I live in a studio flat. **Although it's** not that big, **it's very** comfortable.
저는 원룸 아파트에 삽니다. 별로 크진 않지만 굉장히 편안해요.

❼ I plan to live in my town **for some more years**.
저는 지금 사는 동네에 몇 년 정도 더 살 예정입니다.

❽ The only thing I dislike about my hometown is the heavy traffic.
저희 동네에 대해서 제가 유일하게 안 좋아하는 것은 심한 교통체증입니다.

🔵 과거/미래 거주지

❾ I used to live in the countryside and had lots of pets **when I was a child**.
저는 어렸을 때 시골에 살면서 애완 동물을 많이 키웠었습니다.

❿ In the future, I'd like to live in a spacious apartment in a big city.
미래에는 대도시에 있는 넓은 아파트에 살고 싶습니다.

> **Tip!** 〈Intonation〉 문장이 길어질수록 매끄럽게 말하는 것이 쉽지 않지? 단어와 단어 사이를 띄어 말하는 것은 자연스럽게 들리지 않아. 자신이 말하고 싶은 핵심 단어(내용어)에 힘을 실어서 조금 더 크고 정확하게 말하려고 노력해 보자. 그리고 짧은 문장이라도 매끄럽게 말하는 연습을 반복해 보고, 그 이후에 문장을 더 붙여서 말하는 연습을 해보자.

SPEAKING

자, 이제 앞에서 배운 표현들을 활용해서 실전처럼 말해 볼까? 거주지에 대한 질문을 받으면 머릿속에 그림을 그려가면서 무엇을 말할지 정리해 보자. 그러면 훨씬 더 아이디어가 잘 떠오를 거야.

 PRACTICE 1

Can you describe where you live?
당신이 살 곳을 설명해 주시겠어요?

STEP 1   Brainstorming

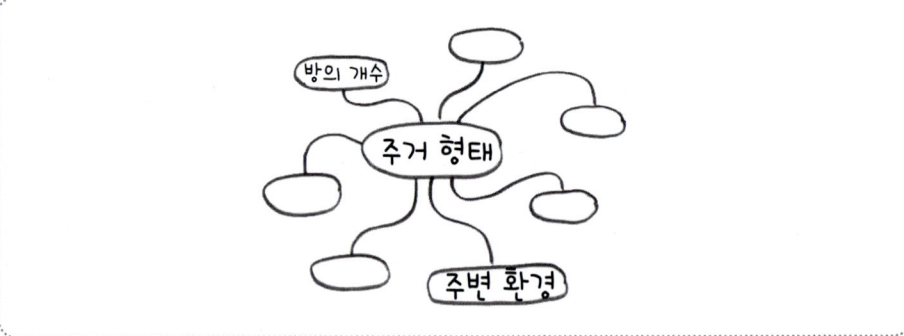

방의 개수

주거 형태

주변 환경

STEP 2   Your Answer

답안을 작성하고 나면 꼭 소리 내어 읽어봐! 녹음을 하면 더 좋겠지?

Part1_Chapter02_6

I live in an apartment which is located in Seoul. I live on the 11th floor of a 30-storey building. There're three bedrooms, a kitchen, and two bathrooms. Also there are many supermarkets and cafés near where I live.

저는 서울에 있는 아파트에 삽니다. 30층 건물에서 11층에 살아요. 방은 세 개고 주방, 그리고 두 개의 욕실이 있습니다. 또 제가 사는 곳 주변에 슈퍼마켓들과 카페들이 많습니다.

이 답변은 문장들이 논리적으로 잘 배열되어 있어. 처음 아파트의 대략적인 위치를 말한 후에 집과 관련된 세부적인 내용으로 넘어가는 것이 좋아. 두 번째 문장을 이어 읽어 보면 층수, 방 개수, 주변 환경까지 얘기를 하면서 질문에 대한 다양한 내용을 답하고 있지? 집과 관련된 전반적인 내용부터 세부적인 내용까지 최소 두 문장은 말할 수 있도록 노력해 봐.

I live in Seoul… Apartment… it's big. My family is living with me. My town has two supermarkets, a cinema, and several shops. Many people live in my town.

저는 서울에 살아… 아파트에… 큽니다. 제 가족들이 저랑 같이 살아요. 저희 동네에는 슈퍼마켓 두 개, 영화관, 그리고 가게 몇 개가 있습니다. 우리 동네에는 많은 사람들이 삽니다.

문장이 이어지지 않게 말하게 된다면 fluency 영역에서 감점을 크게 받게 될 거야. 거기에 장소를 묘사할 때 나와서는 안 될 "My town has~" 이런 식의 구문이 나왔지. **"어디에 무엇이 있다~"**는 표현을 할 때는 <u>There is/are~</u> 를 사용해 봐. 그리고 이 답변은 전반적으로 내용이 부족하니 "내가 사는 곳"에 대한 아이디어를 미리 준비해서 조금 더 많은 내용을 담으면 좋겠지?

 **PRACTICE 2**

Do you like your hometown?
당신은 당신이 사는 곳을 좋아합니까?

STEP 1   Brainstorming

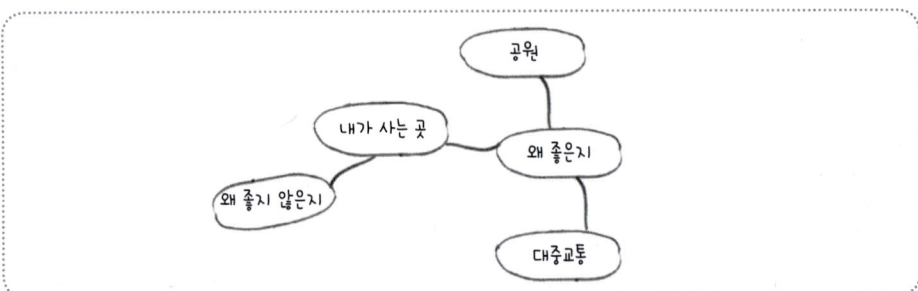

공원

내가 사는 곳

왜 좋은지

왜 좋지 않은지

대중교통

STEP 2   Your Answer

답안을 작성하고 나면 꼭 소리 내어 읽어봐! 녹음을 하면 더 좋겠지?

Yes, very much actually. I particularly like the parks in my city as I can just go and relax when I have some spare time. Also it's really convenient to use public transports in my town.

네, 정말 좋아합니다. 저는 특히 제가 사는 도시의 공원들을 좋아합니다. 왜냐하면 여가시간이 좀 있을 때 가서 쉴 수 있기 때문이죠. 또한 저희 동네는 대중교통을 사용하는 것도 굉장히 편리합니다.

IELTS Speaking의 핵심은 내 주장을 명확하게 하고 그에 대한 이유를 정확하게 명시하는 거야. "당신은 당신이 사는 곳을 좋아하나요?"라는 질문에 이 답변에서는 '좋아한다'라는 내 의견이 명확하게 들어가 있고, 이유도 두 가지가 나왔지. "나는 나의 동네를 좋아한다"라는 의견의 뒷받침이 정확하게 되어 있기 때문에 좋은 점수를 받을 수 있어.

I like my hometown. It's the capital city of Korea. The reason why people like living there is because it's really convenient.

저는 제가 사는 동네를 좋아합니다. 한국의 수도예요. 사람들이 거기 사는 것을 좋아하는 이유는 굉장히 편리하기 때문이죠.

IELTS Speaking에서 머뭇거림(hesitation)만큼 점수가 감점되는 요소가 **반복(repetition)**이야. 문제를 반복해서 말하는 것은 시험관으로 하여금 할 말이 없어서 문제를 반복한다고 생각하게 하거든. 그리고 The reason why~ 로 시작하는 구문은 그만큼 시간을 벌려고 하는 **fillerwords(허사, 虛辭)**로 간주가 돼. 물론 그냥 말을 안하는 것보다는 점수에 도움이 되겠지만, 이 답변에는 내용이 전혀 없으니 좋은 점수를 받기는 어려울 거야.

In the future, what type of accommodation would you like to live in?
미래에 당신은 어떤 주거타입에 살고 싶나요?

STEP 1   Brainstorming

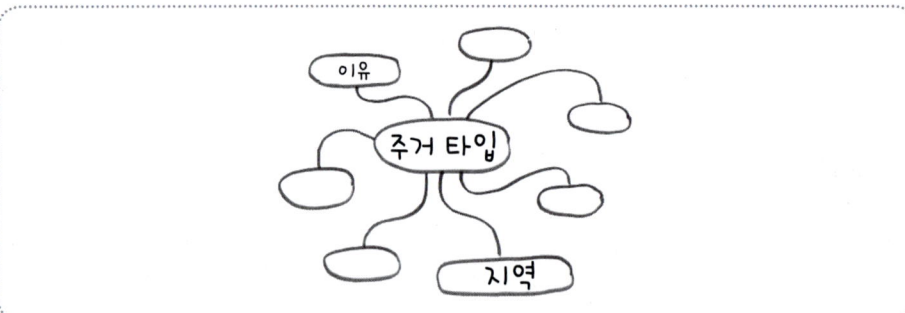

이유

주거 타입

지역

STEP 2   Your Answer

답안을 작성하고 나면 꼭 소리 내어 읽어봐! 녹음을 하면 더 좋겠지?

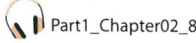

Well, I personally want to live in a house in the countryside. I've dreamed of living in a house for a long time and want to have lots of animals there. It's actually on my bucket list.

음, 저는 시골에 있는 주택에 살고 싶습니다. 저는 주택에 사는 것을 오랫동안 소망해 왔고, 거기에서 많은 동물들을 키우고 싶습니다. 사실 이건 내 버킷리스트 중 하나입니다.

문제에서 'in the future'라고 미래 시제가 나오면 무조건 답변에는 미래 시제를 써줘야 해. 시제는 실수가 굉장히 많이 나오는 문법 요소라서 말할 때 많은 신경을 써야 해. 이 부분에서는 "Type of Accommodation"이 문제에 직접적으로 출제가 되었으니 주거 형태를 꼭 말해 줘야만 점수를 잘 얻을 수 있어. IELTS에서 중요한 이유까지 대줬으니 좋은 답변이라고 말할 수 있지.

I live in an apartment and I want to live in Seoul. It's very convenient and I only want to live in Seoul.

저는 아파트에 살고 있고 서울에 살고 싶습니다. 굉장히 편리한데다 전 서울에만 살고 싶거든요.

문제에 대한 답변을 정확하게 하는 것이 IELTS Speaking에서의 채점 요소인데 이 답변에서는 미래에 살고 싶은 주거 형태가 나오지 않았고, 문제와는 관계가 없는 살고 싶은 지역 이름을 언급했어. 살고 싶은 곳을 뒷받침 해주는 이유도 명확하게 나오지 않았지. 항상 시험관의 말을 정확하게 듣고 출제 의도를 파악해서 말할 수 있도록 노력하자!

POST-SPEAKING

자, 이제는 실전처럼 면접관의 질문에 답해 볼까?

What do you dislike about your hometown?

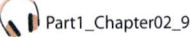 Part1_Chapter02_9

STEP 1 Brainstorming

STEP 2 Your Answer   Sample Answer P. 258

답인을 작성하고 나면 꼭 소리 내어 읽어봐! 녹음을 하면 더 좋겠지?

REVIEW

정답 정답 및 해석 P. 259

오늘의 30분 IELTS 어땠어? 오늘 배운 내용과 관련된 간단한 퀴즈를 풀어보자!

Vocabulary

다음 빈칸에 들어가기에 알맞은 단어를 찾아 쓰세요.

storey	floor	spacious	rooftop	convenient	flat

❶ I live on the 7th floor of a 20 _____ building.

❷ My room is very _____ so I have enough room for myself.

❸ There are so many _____ facilities like shopping malls in my town.

Expressions

다음 빈칸에 들어가기에 알맞은 단어를 찾아 쓰세요.

in	out	settle	dream	party

❶ I moved _____ from my previous house about 2 years ago.

❷ I plan to _____ down in Melbourne.

❸ My _____ home is a spacious house in the countryside.

SELF-CHECK

본인의 답변을 Good Example과 비교해서 영역별로 자신의 점수를 체크해 보자.

유창성	문법	어휘	발음
• 질문에 대한 답을 했는가? • 망설임 없이 말했는가? • 적당한 속도로 말했는가? • 답변에 추가적인 설명을 제시했는가?	• 주어 동사를 포함한 완전한 문장을 말하였는가? • 접속사, 관계대명사 등을 사용한 문장을 말하였는가? • 올바른 시제를 사용했는가? • 수일치가 되도록 말하였는가?	• 한 단어를 반복 사용하지 않고 동의어를 사용했는가? • 다양한 어휘를 사용했는가? • 문맥상 정확한 어휘를 사용했는가? • Paraphrasing한 문장을 사용했는가?	• 틀린 발음 없이 정확히 발음했는가? • 정확한 억양을 사용하여 말하였는가? • 강세를 잘 살려 말하였는가? • 본인의 답변을 알아듣기 쉬웠는가?
1 2 3 4 5	1 2 3 4 5	1 2 3 4 5	1 2 3 4 5

1~5	6~10	11~15	16~20	Overall Grade
Limited	**Modest**	**Competent**	**Good**	

수업 마치고 나왔는데 갑자기 비가 온다면?!

안녕하세요? 샌디에고 ed:m 통신원 장경수입니다. 저는 오늘 San Diego와 몇몇 일부 지역에서 사용할 수 있는 어플을 추천해 드리려고 합니다. 어플 이름은 바로 "The Free Ride"인데요. Uber나 Lyft처럼 현재 위치와 도착 위치를 입력해서 픽업과 드랍을 해주는 서비스인데 무료예요! 아쉽게도 간혹 매칭시간이 오래 걸릴 때가 있다는 점과 다운타운 밖에서는 이용이 불가하지만 사용지역이 San Diego와 LA의 Long Beach, South Florida의 Palm Beach, The Gardens Mall, NY의 West Village, Williamsburg, Colorado의 Denver지역 이렇게 다양해서 이용하는데 큰 불편함은 없답니다.

어떤 식으로 회사가 운영되는지는 모르지만 전기차로 시범운행을 하는 것 같아요. 매칭이 성사되면 이렇게 골프장에서나 볼법한 작은 차가 온답니다. 탑승전, 운전사가 이름을 물어보고 맞으면 탑승하시면 됩니다. 총 5명까지 탈수있고 작은 전기차라 그런지 속력은 느린 편이에요. 급할 때는 빨리 오는 우버를 사용하시면 되지만 학교 끝났는데 비가올 때, 장을 보고 무거운 짐을 들고 돌아갈 때 이용하시면 좋을 거예요.

The Free Ride는 정식 차라고 하기는 좀 그래요. 보시다시피 창문이 없으며 문여는 손잡이도 잠금 장치로 수동으로 밀어서 하는 방식이고 조립차 같은 느낌이 나죠. 탑승시 문에 있는 저 구슬 달린 스틱을 옆으로 밀어서 잠금 걸린 걸 열고 탑승 후 문을 닫으시면 됩니다. 그래도 안전벨트도 있어서 나름 안전하답니다. 빠른 속도로 달리지 않기 때문에 위험하지도 않구요.

오늘 아침에는 맑았는데 수업 후 갑작스럽게 비가 와서 The free ride를 불렀어요. 같이 수업을 듣는 학생들이 대부분 Vantaggio State St.에 살고 있어서 같이 타고 왔죠! 설명 드린 것 처럼 창문이 없어서 의자 사이드에 물이 좀 묻었지만 펑펑 비맞고 가는 것보단 훨씬 좌석도 큰편이라 살짝 젖은 부분 옆으로 해서 앉아도 괜찮았어요. 무료이긴 하지만 매칭 후 취소하는 행동을 자주 하면 다음에 정말 필요할 때 매칭이 잘 안 될 수도 있으니 이 부분은 꼭 기억해 주세요! 그럼 다음에 또 다른 San Diego 정보 알려드릴게요!

CHAPTER 3

Transpor- tation

자동차, 버스, 기차, 비행기 등 일상생활에서 교통수단은 매우 중요한 역할을 하기 때문에 IELTS에서도 종종 대중교통에 대한 문제들을 시험관이 물어봐. 그래서 이번 Chapter에서는 교통수단과 관련된 전반적인 질문뿐만 아니라, 출퇴근과 같은 개인적인 질문에 답하는 방법을 알아볼 거야.

03 TRANSPORTATION

PREVIEW

교통수단에 관련된 문제에서는 주로 사용하는(또는 선호하는) 교통수단, 사용빈도, 출퇴근 방법 등을 묻는 문제들이 출제되고 있어. 아래의 문제 유형을 같이 살펴보자~

Transportation 예상 질문

Part1_Chapter03_1

일반 질문

Q1 **What's the most popular means of transportation in your country?**
당신의 나라에서 가장 유명한 교통수단이 무엇입니까?

Q2 **Is driving to work popular in your country?**
당신의 나라에서 운전해서 출퇴근 하는 것이 흔합니까?

Q3 **What will become the most popular means of transportation in your country?**
당신의 나라에서 어떤 교통수단이 가장 유명해질 것 같습니까?

Q4 **Do you think people will drive more in the future?**
당신 생각엔 미래에 사람들이 더 운전을 많이 할 것 같습니까?

개인 질문

Q5 **How did you get here today?**
오늘 여기에 어떻게 왔습니까?

Q6 **How often do you take buses?**
얼마나 자주 버스를 탑니까?

Q7 **Would you ride bikes to work in the future?**
나중에 출근할 때 자전거를 탈 생각 있습니까?

Q8 **Do you prefer public transportation or private cars?**
당신은 대중교통을 선호합니까? 자가용을 선호합니까?

Tip! 교통수단에 관련한 주제는 단순하게 대중교통에 관련한 것뿐만 아니라, 자가용, 운전하는 것 등에 대해서도 출제돼. 문제를 잘 들어야 정확한 답을 할 수 있어.

PRE-SPEAKING

교통수단에 대한 다양한 어휘와 표현들을 학습해 볼까? 여기에 나온 단어들을 꼭 외워 놓고 실제 시험에서 활용해 봐~

1 Vocabulary

Part1_Chapter03_2

❶ public transport [ˈpʌblɪkˈtrænspɔːt] (n) 대중교통

> 예문 Using **public transport** is very convenient.
> 대중교통을 사용하는 것은 굉장히 편리합니다.

❷ destination [ˌdestɪˈneɪʃn] (n) 목적지

> 예문 My **destination** is Croatia, I'm transferring in Paris.
> 제 목적지는 크로아티아입니다. 저는 파리에서 비행기를 환승합니다.

❸ fare [feə] (n) (교통)요금

> 예문 The bus **fare** in Korea is quite cheap.
> 한국의 버스 요금은 꽤 저렴합니다.

❹ stop [stɒp] (n) 정류장. 정거장

> 예문 There are lots of bus **stops** in my town.
> 저희 동네에는 버스 정류장이 많습니다.

❺ station [ˈsteɪʃn] (n) (기차)역

> 예문 King's Cross **station** in London became famous after it appeared in a fantasy novel called 'Harry Potter'.
> 런던의 킹스크로스기차역은 해리 포터라는 판타지 소설에 나온 뒤에 유명해졌습니다.

❻ punctual [ˈpʌŋktʃuəl] (adj) 시간을 지키는, 시간을 엄수하는

> 예문 Trains in Korea are very **punctual**. There are never delayed!
> 한국의 기차들은 시간을 정말 잘 지킵니다. 절대 연착이 되지 않습니다!

❼ coach [kəutʃ] (n) (장거리용) 대형 버스

> 예문 I went to Busan last weekend on a **coach** tour.
> 지난 주말에 저는 버스 여행으로 부산에 갔다 왔습니다.

❽ private car [ˈpraɪvətkɑː(r)] (n) 자가용

> 예문 My friend always drives his **private car**. He hates taking public transports.
> 제 친구는 항상 자가용을 운전합니다. 그는 대중교통 타는 것을 싫어합니다.

9 commute [kəˈmjuːt] (v) 통근하다

예문 I **commute** from Oxford to London by train.
저는 옥스포드에서 런던까지 기차로 통근합니다.

10 route [raut] (n) (버스, 기차 등의) 노선

예문 There's a new bus **route** which passes my school.
저희 학교를 지나가는 새로운 버스 노선이 생겼습니다.

11 transfer [trænsˈfɜː(r)] (v) 환승하다 (특히 비행기 여행에서)

예문 You don't have to pay when you **transfer** to other public transport in Korea.
한국에서 대중교통 환승을 할 땐 당신은 돈을 또 낼 필요가 없습니다.

Pop Quiz!

다음 빈칸에 들어가기에 알맞은 단어를 고르시오.

The subway _____ is really cheap in Korea.

① cost　　　　② fare　　　　③ price

정답 ② (해석 확인 P. 259)

2 Key Expressions

❶ on a daily-basis   매일, 일상적으로

> 예문 I work out **on a daily-basis**.
> 저는 매일 운동을 합니다.

❷ rush hour   혼잡한 시간대

> 예문 I wouldn't go to city centre during **rush hour** if I were you.
> 제가 당신이었다면 혼잡한 시간대에 시내에 가진 않을 겁니다.

❸ traffic jam   교통체증

> 예문 There's always heavy **traffic jam** in the morning.
> 아침에는 항상 교통체증이 심합니다.

❹ stuck in traffic   교통이 막힌, 정체된

> 예문 We are **stuck in traffic**, we will be late.
> 여기 교통이 정체되어서 저희는 늦을 것 같습니다.

❺ get on   (교통수단에)타다 ★phrasal verb

> 예문 OK, let's **get on** the bus now.
> 자, 이제 버스에 타세요.

❻ get off   (교통수단에서) 내리다 ★phrasal verb

> 예문 I need to **get off** near the post office.
> 저는 우체국 근처에서 내려야 합니다.

❼ pick up speed   속도를 올리다 ★phrasal verb

> 예문 Drivers are allowed to **pick up speed** in the highway.
> 운전자들은 고속도로에서 속도를 올릴 수 있습니다.

❽ beat the traffic   교통혼잡을 피하다 ★idiom

> 예문 I usually leave for work before 8 am to **beat the traffic**.
> 전 교통혼잡을 피하기 위해서 8시 전에 출근을 합니다.

Pop Quiz!

다음 빈칸에 들어가기에 알맞은 단어를 고르시오.

He was caught in a _____ traffic jam yesterday.

① rush hour   ② trouble   ③ private

정답 ① (해석 확인 P. 259)

① 일상생활 속 교통수단을 표현할 때

1-1, I usually take ~   저는 주로 ~을 탑니다

> ex I usually take a bus when I go to work.
> 저는 출근할 때 대부분 버스를 탑니다.
> 유사표현 I take a bus almost every day.

1-2, I don't like taking ~   저는 ~타는 것을 좋아하지 않습니다

> ex I don't like taking the subway because it's always very crowded.
> 저는 지하철이 항상 붐비기 때문에 지하철 타는 것을 좋아하지 않습니다.
> 유사표현 I hate using ~ because ~

1-3, I tend to take ~ when I ~   ~할 때 ~를 타는 편입니다

> ex I tend to take a taxi when I'm in a hurry.
> 저는 서둘러야 할 땐 택시를 타는 편입니다.
> 유사표현 When I ~, I usually take ~

> **🔧 Grammar Tip!**
> '(교통수단을)타다'는 표현을 할 때
> 우리는 take/use/ride를 많이써.
> take와 use는 take a bus/use the
> subway처럼 대부분의 모든 교통수
> 단과 함께 사용돼. 하지만 ride는 자
> 전거처럼 "탈 것의 위"에 올라타는
> 경우에만 사용되니 이 점 잊지 않도
> 록 하자.

② 비교를 할 때

2-1, I prefer taking ~ because ~   ~ 때문에 ~타는 것을 선호합니다

> ex I prefer taking private cars because they're more comfortable.
> 저는 자가용을 더 선호해요. 왜냐하면 더 편하기 때문입니다.
> 유사표현 I find ~ more ~ because ~

2-2, I think ~ is better than ~.   ~보다 ~가 더 낫다고 생각합니다

> ex I think taking a car is better than taking public transportation.
> 제 생각엔 대중교통을 타는 것보다 차를 타는 게 더 나은 것 같습니다.
> 유사표현 It seems like A is better than B.

2-3, Compared to A, B is ~   A에 비하면 B는 ~ 합니다

> ex Compared to a coach, a train is much faster when travelling a great distance.
> 고속버스에 비하면, 기차가 먼 거리를 가기엔 훨씬 빠릅니다.
> 유사표현 A is a lot [비교급] than B.

❸ 전반적인 경향을 말할 때

3-1/ A is the most popular means of transportation in B.
A는 B에서 가장 유명한 교통수단입니다

ex **The subway is the most popular means of transportation in Korea.**
한국에서 가장 유명한 교통수단은 지하철입니다.

유사표현 Most people use ~ in my country.

3-2/ Everyone takes ~ on a daily-basis. 모두 일상적으로 ~을 탑니다

ex **Everyone takes the subway on a daily-basis.**
모두가 일상적으로 지하철을 탑니다.

유사표현 Lots of people use ~ every day.

3-2/ Roads are really busy with ~ during ~ ~에 도로는 ~로 붐빕니다

ex **Roads are really busy with lots of private cars during rush hour.**
혼잡한 시간대에는 자가용이 많아서 도로들이 정말 붐빕니다.

유사표현 There are lots of ~

❹ 미래의 경향에 대해 얘기할 때

4-1/ A is going to be more popular in the future. A는 미래에 더 유명해 질 겁니다

ex **The subway is going to be more popular in the future.**
지하철은 미래에 더 유명해질 겁니다.

유사표현 A will remain as popular type of transportation in the future.

4-2/ More people will use ~ 더 많은 사람들이 ~을 사용할 것입니다

ex **More people will use private cars in the future.**
더 많은 사람들이 미래에 자가용을 사용할 것입니다.

유사표현 More people will take ~

4-3/ A is not going to be as popular as now. 지금처럼 A는 유명해지지 않을 겁니다

ex **Driving a private car is not going to be as popular as now.**
자가용을 운전하는 것은 지금처럼 유명하지는 않을 겁니다.

유사표현 A won't be that popular in the future.

다음 문장을 듣고 따라 읽어 봅시다.

개인

❶ I usually take a bus when I go to work.
저는 출근할 때 대부분 버스를 탑니다.

❷ Sometimes I use the subway to move around quickly.
가끔 빨리 돌아다녀야 할 땐 지하철을 탑니다.

❸ There are lots of bus stops in my town.
저희 동네에는 버스 정류장이 많습니다.

❹ I think taking the subway is really convenient and punctual.
제 생각엔 지하철을 타는 것은 굉장히 편리하고 시간을 엄수할 수 있습니다.

❺ I don't want to ride a bike to get to work.
저는 출근할 때 자전거를 타고 싶지 않습니다.

❻ I like taking public transport as I can easily get to my destination.
저는 대중교통을 타는 것을 좋아합니다, 왜냐하면 목적지에 쉽게 갈 수 있어서입니다.

미래

❼ Because of convenience, many people use a taxi.
편리하기 때문에 많은 사람들은 택시를 탑니다.

❽ Many people commute by driving their own cars so there's always heavy traffic.
많은 사람들이 자가용으로 출퇴근을 해서 항상 교통체증이 심합니다.

❾ It seems like more people will drive cars in the future.
미래에는 더 많은 사람들이 자동차를 운전할 것 같아 보입니다.

❿ There will be more subway lines and stations in Seoul in the future.
미래에는 서울에 더 많은 지하철 노선들과 역들이 생길 것입니다.

Tip! Speaking 시험에서 고득점을 받기 위해선 **Answer Expansion**이 아주 중요해. Answer Expansion 은 자신의 답변의 주제를 계속 이어 설명하는 것을 말하는데 맥락에 맞는 다양한 문장을 연결시켜서 내 답변을 좀 더 논리적이게 만들어 보는 연습을 많이 해두는 것이 좋아.

IELTS Speaking에서 시험관이 말하는 문제를 잘 듣는 것보다 중요한 건 없어. 시험관이 물어보는 문제의 의도를 정확하게 듣고 파악해서 답변을 할 수 있도록 연습해 보자.

PRACTICE 1

What type of public transports do you usually take?
당신은 주로 어떤 종류의 대중교통을 이용합니까?

STEP 1 Brainstorming

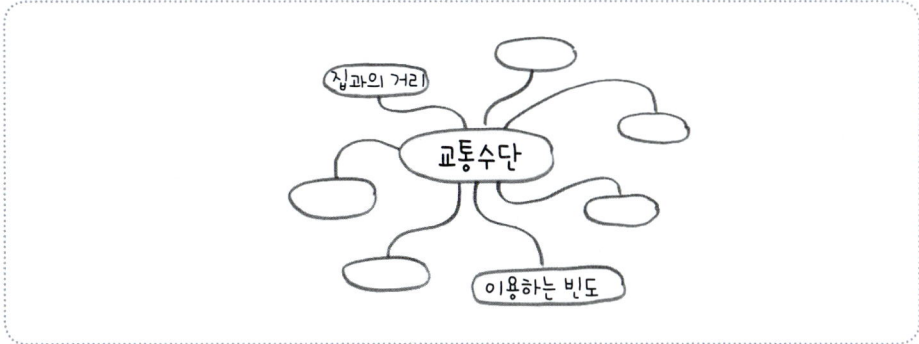

집과의 거리

교통수단

이용하는 빈도

STEP 2 Your Answer

답안을 작성하고 나면 꼭 소리 내어 읽어봐! 녹음을 하면 더 좋겠지?

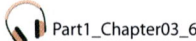
I usually take the subway whenever I need to go somewhere. There's a station near my apartment, and it's really punctual.

어딘가에 가야 할 때마다 저는 지하철을 탑니다. 제 아파트 근처에 역도 있고 시간을 엄수할 수 있습니다.

이 문제의 답변 포인트는 Type of Public Transports와 usually야. 그래서 답변에는 무조건 교통수단과 이용하는 빈도가 나와줘야 하지. 위 답변은 이 두 부분이 충족이 되었을 뿐만 아니라 왜 사용하는지 이유까지 언급했어. 시험관이 듣기에 충분한 답변이라고 생각할 거야.

I like using the subway because there are many subway stations in Seoul. And I think it's good.

나는 지하철 타는 것을 좋아합니다. 왜냐하면 서울에는 지하철 역이 많거든요. 그리고 제 생각엔 그건 좋은 것 같습니다.

이 답변은 교통수단에 대해서 언급은 하지만 얼마나 자주(빈도)에 대한 내용이 나오지 않았고, 주로 사용하는 교통수단의 사용 이유가 충분하지 않아. 그냥 서울에 지하철 역이 많아서 좋다는 건지, 아니면 내가 지하철 타는 것이 좋다고 느끼는 건지 명확하게 나오지 않았어. 이런 식의 불분명한 답변은 감점 요인이 될 수 있으니 주의해.

 **PRACTICE 2**

 Can you tell me the advantages of airplanes?
비행기의 장점에 대해 이야기해 주시겠어요?

STEP 1   Brainstorming

STEP 2   Your Answer

답안을 작성하고 나면 꼭 소리 내어 읽어봐! 녹음을 하면 더 좋겠지?

I think it's really quick and convenient when people travel overseas. It's actually almost impossible to go abroad without planes. Also seats are quite comfortable as well.

제 생각엔 사람들이 해외 여행을 할 때 빠르고 편리하게 이용할 수 있는 거라고 생각합니다. 사실 비행기 없이 해외여행은 거의 불가능하죠. 또한 좌석이 꽤 편안한 것 같습니다.

이 문제의 핵심 단어는 advantages(장점들)이야. 그렇다면 우리는 답변을 할 때 굳이 다른 내용을 언급할 필요 없이 비행기의 장점만 얘기해 주면 되는 거지. 많은 사람을 한 번에 태울 수 있는 점, 해외 여행이 편안한 점, 서비스가 좋은 점 등의 많은 장점들 중 두 가지를 골라 얘기를 해줬어. 문제에서 요구하는 조건을 다 맞춘 셈이지.

The benefit is that it's comfortable to travel abroad. But it causes air pollution and airplanes are very noisy.

장점은 해외로 여행하는 것이 편안합니다. 그러나 대기 오염을 일으키고 비행기들은 굉장히 시끄럽습니다.

먼저 이 답변은 advantages를 benefit이란 동의어로 바꿔 말한 부분은 좋아. 하지만 무엇의 장점인지 정확하게 나오지는 않았지. 우리가 많이 혼동하는 표현들 중 하나가 comfortable과 convenient인데, 교통수단의 개념으로는 comfortable(편안한)보다는 convenient(편리한다)가 더 잘 어울려. 비슷한 단어처럼 보여도 분명히 다르다는 점을 꼭 인지해야 해. 그리고 질문에서 단점을 말하라고 하지도 않았는데 굳이 단점을 말하는 건 점수에 그다지 도움이 되진 않으니 주의해.

How did you travel today?
오늘 어떻게 오셨나요?

STEP 1 Brainstorming

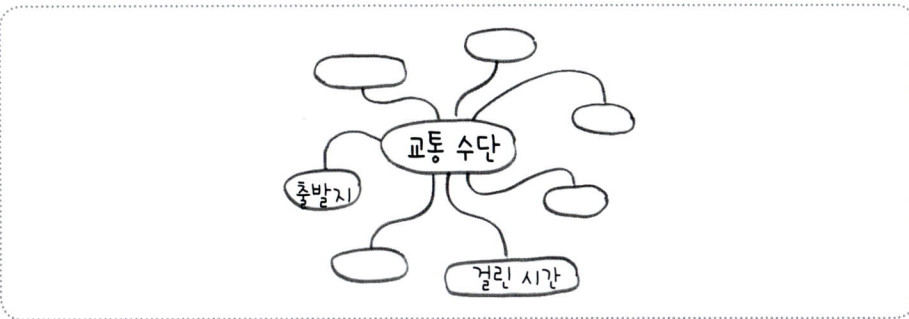

교통 수단

출발지

걸린 시간

STEP 2 Your Answer

답안을 작성하고 나면 꼭 소리 내어 읽어봐! 녹음을 하면 더 좋겠지?

I got here by bus. I always take buses when I need to go somewhere. It took me about an hour and a half from where I live.

전 오늘 버스로 여기 왔습니다. 저는 어딘가를 가야 할 때 항상 버스를 탑니다. 제가 사는 곳에서부터 약 1시간 30분 정도 걸린 것 같습니다.

Travel이라는 어휘는 '여행하다'라는 의미도 있지만 '이동하다'라는 뜻도 있어. 그래서 이번 문제는 '여기 오늘 어떻게 왔니?'라는 뜻이 되겠지. 이 답변은 문제 의도를 정확하게 인지하고 교통수단과 시간이 얼마나 걸렸는지까지 정확하게 잘 이야기했어. 실제로 travel이라는 어휘는 교통수단 주제에서 종종 시험관들이 함정으로 쓰는 어휘이니 주의하도록 해.

Today, I didn't travel but I sometimes travel by train. Some weeks ago, I went to Busan by KTX.

저는 오늘 여행을 하진 않았지만 가끔 저는 기차를 타고 여행을 합니다. 몇 주 전에 저는 KTX를 타고 부산에 다녀왔습니다.

Travel이라는 어휘를 '여행하다'라는 의미로 해석해서 이렇게 실수하는 경우가 있어. 전혀 시험관의 의도와는 다른 답변이 나왔지. IELTS에서는 답변이 주제에서 벗어나면 아무리 완벽한 문장을 표현했다 하더라도 감점이 크게 되니 주의해.

POST-SPEAKING

자, 이제는 실전처럼 면접관의 질문에 답해 볼까?

 What will become the most popular means of transportation in your country in the future?

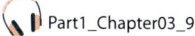 Part1_Chapter03_9

STEP 1 **Brainstorming**

STEP 2 **Your Answer** Sample Answer P. 259

 답안을 작성하고 나면 꼭 소리 내어 읽어봐! 녹음을 하면 더 좋겠지?

REVIEW

정답 정답 및 해석 P. 259

오늘 배운 내용과 관련된 간단한 퀴즈를 풀어보자!

Vocabulary

다음 빈칸에 들어가기에 알맞은 단어를 찾아 쓰세요.

> destination   coach   punctual   commute   route

① Buses always go by their designated _____.

② I travelled by a _____ when I went to Oxford.

③ It's difficult for me to _____ by the subway.

Expressions

다음 빈칸에 들어가기에 알맞은 단어를 찾아 쓰세요.

> rush hour   traffic jam   stuck in traffic

① I hate getting _____, it's a waste of time.

② _____ in Seoul is normally at around 7 in the morning.

SELF-CHECK

본인의 답변을 Good Example과 비교해서 영역별로 자신의 점수를 체크해 보자.

유창성	문법	어휘	발음
• 질문에 대한 답을 했는가? • 망설임 없이 말했는가? • 적당한 속도로 말했는가? • 답변에 추가적인 설명을 제시했는가?	• 주어 동사를 포함한 완전한 문장을 말하였는가? • 접속사, 관계대명사 등을 사용한 문장을 말하였는가? • 올바른 시제를 사용했는가? • 수일치가 되도록 말하였는가?	• 한 단어를 반복 사용하지 않고 동의어를 사용했는가? • 다양한 어휘를 사용했는가? • 문맥상 정확한 어휘를 사용했는가? • Paraphrasing한 문장을 사용했는가?	• 틀린 발음 없이 정확히 발음했는가? • 정확한 억양을 사용하여 말하였는가? • 강세를 잘 살려 말하였는가? • 본인의 답변을 알아듣기 쉬웠는가?
1 2 3 4 5	1 2 3 4 5	1 2 3 4 5	1 2 3 4 5

1~5	6~10	11~15	16~20	Overall Grade
Limited	**Modest**	**Competent**	**Good**	

뉴욕의 야경 즐기기

안녕하세요, 뉴욕 ed:m 통신원 이지혜입니다. 한국은 폭염으로 고생하고 있다고 들었는데 뉴욕은 덥지만 지칠 정도의 더위는 아닙니다. 저는 요즘도 맨하탄을 하루에 1시간 정도는 걸어다니고 있어요. 익숙해져서 시간대별로 그림자가 있는 시원한 길을 잘 파악하고 있거든요. 오늘의 포스팅 주제는 더운 날씨를 피해 시원한 뉴욕의 밤을 즐기는 방법입니다. 뉴욕야경은 아름답고 화려하기로 유명해서 다양한 볼거리들이 있는데요, 그중에 대표적인 3가지를 소개할게요.

1. 버스투어

뉴욕시티 버스투어는 다양하지만 많은 분들에게 알려진 대표적인 투어는 버스를 타고 뉴욕을 돌며 공연도 보는 투어입니다. 그리고 오픈된 2층 버스에서 뉴욕 거리를 보며 오디오로 설명을 들을 수 있는 버스투어도 있습니다. 주의하실 점은 비오는 날, 햇빛이 너무 뜨거운 낮 시간을 피하셔야 해요. 저와 친구들은 뉴욕 야경을 볼 겸 시원한 밤을 택했습니다. 가격은 45불, 저녁 8시쯤 갔는데 줄이 길어서 30분쯤 기다렸어요. 맨하탄 브로드웨이에서 출발해 화려한 타임스스퀘어를 지나 야경을 흠뻑 맞으며 출발했습니다. 많이 와본 타임스스퀘어지만 2층 버스에서 바라보니 더 흥미롭더라구요. 일상이 지겨울 때 다른 시각으로 바라보는 시도를 계속 해봐야겠어요.

그리고 맨하탄 5번가를 지나 대표적인 건물들을 지나갑니다. 로어맨하탄, 월스트리트를 지나 브루클린브리지를 건너게 되는데요. 이때가 젤 신났습니다. 맨하탄 야경은 볼 때마다 예쁘더라구요. 브루크린으로 잠시 들른 버스는 로어맨하탄, 그리니치빌리지를 지나 다시 타임스스퀘어로 돌아오게 됩니다. 친구의 생일을 맞아 갔던 버스투어였기 때문에 어느 때보다 행복하고 만족스러운 투어였습니다. 뉴욕버스투어, 추천합니다!

2. 루프탑바

뉴욕에는 유명한 루프탑바가 많이 있어요. 그중에서도 엠파이어스테이트 빌딩이 보이는 230루프탑 바를 가보았습니다. 230루프탑바는 소문대로 아름다웠습니다. 피치칵테일을 시키고 자리를 잡아서 앉았는데요, 시원한 여름 밤에 아름다운 엠파이어스테이트 빌딩의 야경을 즐기며 마시는 칵테일 한 잔은 정말이지 너무나도 좋았습니다. 야경 사진도 찍고 정말 행복한 시간을 보냈네요.

3. 자유의 여신상

뉴욕하면 자유의 여신상을 뺄 수가 없겠죠? 자유의 여신상을 볼 수 있는 무료 페리는 24시간 운행된 답니다. 낮에 가 본 적이 있어서 이번에는 밤에 가봤는데요. 스태튼아일랜드 역에 가시면 페리를 탈 수 있어요. 해가 질 때쯤 탔더니 바다 색깔이 짙은 에메랄드 빛이 났어요. 돌아올 때는 해가 다 져서 깜깜한 바다와 하늘 속에 자유의 여신상이 빛을 발하는 모습과 맨하탄 야경은 정말 잊지 못할 추억이 되었습니다.

CHAPTER 4

Habits

Part 1에서는 주로 자신에 관한 주제들을 많이 물어보기 때문에 생활 습관에 연관된 문제가 많이 출제 돼. 나에게 익숙한 부분이라 쉬운 주제처럼 보이지만 미리 아이디어를 정리해 두지 않는다면 시험장에서 당황하게 될 테니 지금부터 같이 살펴보고 준비하자.

04 HABITS

PREVIEW

자신의 습관을 묻는 주제에서는 내가 자주 하는 행동이나 나의 생활 패턴 등을 물어보는 경우가 많아. 습관을 물어보는 문제들은 어떻게 출제가 되었는지 살펴보자.

Habits 예상 질문

Part1_Chapter04_1

Sleep

Q1 **What time do you usually go to bed?**
대부분 몇 시에 당신은 잠을 잡니까?

Q2 **Do you always have a good sleep?**
당신은 항상 숙면을 취합니까?

Q3 **Is it necessary to take a nap every day?**
매일 낮잠을 자는 건 필요합니까?

Q4 **Do old people sleep a lot?**
나이가 많은 사람들은 잠을 많이 잡니까?

Daily Routine

Q5 **Can you describe your daily routine?**
당신의 일과를 설명해 줄래요?

Q6 **What do you usually do in your spare time?**
여가 시간에 대부분 뭘 합니까?

Q7 **Do you like to spend time with your family?**
가족이랑 시간 보내는 것을 좋아합니까?

Q8 **What is the best time for you to study?**
언제가 당신에게 공부하기 가장 좋은 시간입니까?

Tip! 내 생활 습관에 대해서 물어보는 문제들이 대부분이니 어떤 것을 물어보는지 정확하게 듣고, 답변하는 것이 중요해. 시험관이 묻는 문제의 키워드를 잘 파악하자!

PRE-SPEAKING

내 습관에 대해서 말할 때 필요한 어휘 및 표현들이야. 여러 번 반복해서 말하면서 표현들이 익숙해지게 한 후, 적절하게 사용하도록 하자.

1 Vocabulary

❶ sleep [sli:p] (v) 잠을 자다

> 예문 I usually **sleep** for about 6 hours every day.
> 저는 매일 대략 6시간 정도 잠을 잡니다.

❷ nap [næp] (n) 낮잠

> 예문 Taking a **nap** is a good way of relaxing.
> 낮잠을 자는 것은 휴식을 취하는 좋은 방법입니다.

❸ daily [ˈdeɪli] (adv) 매일 일어나는, 나날의

> 예문 Let me tell you about my **daily** schedule.
> 제 하루 일과에 대해서 말씀 드리겠습니다.

❹ routine [ruːˈtiːn] (n) 일상

> 예문 I like having a daily **routine**, it makes me diligent.
> 저는 일과를 가지는 걸 좋아해요, 부지런하게 해주거든요.

❺ relax [rɪˈlæks] (v) 휴식을 취하다

> 예문 In the evening, I can **relax** for a while.
> 저녁에는 제가 어느 정도 휴식을 취할 수 있습니다.

❻ break [breɪk] (n) 휴식 시간/ 휴가

> 예문 You can take a **break** after you finish your homework.
> 당신은 숙제를 끝내면 휴식 시간을 가질 수 있습니다.

❼ tired [ˈtaɪəd] (adj) 피곤한, 지친

> 예문 You look really **tired** today, what's going on with you?
> 당신은 오늘 정말 지쳐 보이네요, 무슨 일 있어요?

❽ exhausted [ɪɡˈzɔːstɪd] (adj) 기진맥진한, 진이 다 빠진

> 예문 I can sleep well when I'm **exhausted.**
> 제가 기진맥진할 땐 숙면을 취할 수 있습니다.

⑨ fun [fʌn]　(adj) 재미있는, 즐거운

예문 Hanging out with friends is really **fun**.
친구들과 시간을 보내는 건 정말 즐겁습니다.

⑨ close [kləʊs]　(adj) 사이가 가까운, 친한

예문 I always spend my spare time with my family since we are very **close** to each other.
저는 항상 여가 시간을 가족이랑 보냅니다. 우리는 서로 굉장히 친합니다.

Pop Quiz!

다음 빈칸에 들어가기에 알맞은 단어를 고르시오.

I really like shopping because it's _____.

① fun　　　　② exhausted　　　　③ excited

정답 ① (해석 확인 P. 259)

② Key Expressions

❶ fall asleep   잠이 들다 ★phrasal verb

예문 I can **fall asleep** quite easily.
저는 잠이 쉽게 드는 편입니다.

❷ wake up   잠에서 깨다 ★phrasal verb

예문 I usually **wake up** at around 6 in the morning.
저는 대부분 아침 6시경에 잠에서 깹니다.

❸ get up   잠에서 깨서 침대에서 일어나다 ★phrasal verb

예문 Although I wake up at around 5, I **get up** at 6.
저는 잠에서 깨는 것이 5시 정도여도 6시쯤 침대에서 나옵니다.

❹ stay up   평소보다 늦게까지 깨어 있다 ★phrasal verb

예문 I **stayed up** until late night yesterday to finish my work.
저는 어제 일을 끝내려고 늦게까지 깨어 있었습니다.

❺ wrap up   끝내다, 마무리를 하다 ★phrasal verb

예문 I **wrap up** my work at about 6 in the evening.
저는 저녁 6시쯤에 일을 마무리 합니다.

❻ work out   운동을 하다 (동의어 :exercise) ★phrasal verb

예문 My friend and I **work out** together in a park.
나와 내 친구는 공원에서 같이 운동합니다.

❼ hang out   (누군가와) 시간을 보내다 ★phrasal verb

예문 I sometimes **hang out** with friends on weekends.
저는 가끔 주말에 친구들과 시간을 보냅니다.

❽ spare time   여가 시간

예문 I tend to go somewhere when I have **spare time**.
저는 여가 시간이 있을 때 어딘가에 가려는 경향이 있습니다.

❾ work overtime   일을 정해진 시간보다 더 하다, 야근하다

예문 Christine never **works overtime**.
크리스틴은 절대 야근을 하지 않습니다.

⑩ **get dressed** 옷을 입다 ★ phrasal verb

예문 I **get dressed** after I take a shower.
저는 샤워한 뒤에 옷을 입어요.

⑪ **keep fit** 건강을 유지하다 ★ collocation

예문 Taking regular exercise is crucial for people to **keep** themselves **fit**.
운동을 규칙적으로 하는 것은 사람들의 건강을 유지하는 데 중요합니다.

★ PHRASAL VERB?

Phrasal Verb은 우리 나라 말로 구동사야. 동사+소사(particle) 형태의 표현이지. 동사 뒤에 전치사, 부사, 형용사 등의 단어를 붙임으로써 동사의 의미를 더 풍성하게 해주거나 새로운 의미로 탄생하기도 하는 구동사는 자연스러운 영어 구사에는 필수적이야. 위에서 공부한 fall asleep을 보면 '잠에 푹 빠진' 의미를 담고 있어서 단순히 '잠든'이란 의미보다 조금 더 생동감 있는 느낌을 주지? 주제에 맞는 다양한 구동사들을 외워 높은 점수를 받아보자구!

Pop Quiz!

다음 빈칸에 들어가기에 알맞은 단어를 고르시오.

I _____ every day to keep myself fit.

① stay up   ② work overtime   ③ work out

정답 ③ (해석 확인 P. 259)

❶ 잠에 관련된 문장을 만들 때

1-1/ I usually sleep at ~   저는 주로 ~에 잠듭니다

ex I usually sleep at around 11.
저는 대부분 11시쯤에 잠듭니다.
유사표현 I usually go to bed at 시각~

1-2/ I sleep well when I'm ~   ~때 저는 잠을 잘 잡니다

ex I sleep well when I'm really tired.
저는 정말 피곤할 땐 숙면을 취하는 편입니다.
유사표현 I can sleep tight when I'm ~

1-3/ I sleep ~ hours every day.   매일 ~시간 잡니다

ex I sleep about 5 hours every day.
저는 매일 5시간 정도 잠을 잡니다.
유사표현 I'm asleep for ~ hours every day.

❷ 일상을 이야기할 때

2-1/ I usually wake up at ~   저는 ~시에 주로 일어납니다

ex I usually wake up at 5:30 in the morning.
저는 대부분 아침 5시 30분에 일어납니다.
유사표현 I usually get up at 시각

2-2/ I get ready for ~   ~할 준비를 합니다

ex I get ready for work.
저는 출근 준비를 합니다.
유사표현 I do ~ for ~

2-3/ I work / study for ~ hours until ~   ~까지 ~동안 일/공부 합니다

ex I work for 8 hours until 6:30 in the evening.
저는 오후 6시 30분까지 8시간 동안 일을 합니다.
유사표현 I usually spend ~ hours on 동명사 (working / studying)

> 🔧 **Grammar Tip!**
> '잠에 들다'라는 뜻으로 sleep 또는 go to bed라는 표현도 쓸 수 있어. 하지만 asleep은 '잠을 자고 있는 상태'를 표현하기 때문에 '몇 시간 동안 잔다'를 표현할 때는 be동사 +asleep을 써주면 돼.

> 🔧 **Grammar Tip!**
> 일과를 얘기할 때는 시제를 주의해야 해. 매일 반복하는 일이기 때문에 항상 현재 시제를 쓰는 걸 유의해서 문장을 만들자!

❸ 여가시간에 대해 이야기할 때

3-1/ I usually ~ when I have spare time.　여가시간에 주로 ~합니다

> ex I usually watch movies when I have spare time.
> 여가 시간이 있을 땐 저는 대부분 영화를 봅니다.
>
> 유사표현 I usually go for ~ in my spare time.

3-2/ I sometimes meet my friends and we ~　저는 가끔 친구들을 만나 ~합니다

> ex I sometimes meet my friends and we eat out and talk together.
> 저는 가끔 친구들을 만나서 같이 밥 먹고 얘기 합니다.
>
> 유사표현 When I meet my friends, we usually ~

3-3/ I like ~ so when I'm free, I tend to do it.
저는 여가시간에 ~을 좋아해서 그렇게 하려는 경향이 있습니다

> ex I like reading books so when I'm free, I tend to do it.
> 저는 책 읽는 것을 좋아해서 여가 시간에 그렇게 하려는 경향이 있습니다.
>
> 유사표현 I tend to ~ because I like it.

❹ 공부 습관에 대해서 이야기할 때

4-1/ I prefer ~ to ~ when I study.　공부할 때 ~보다 ~을 선호합니다

> ex I prefer mornings to evenings when I study.
> 저는 공부할 때 저녁보다는 아침을 선호합니다.
>
> 유사표현 I usually study in the ~

4-2/ I can concentrate better in the ~　~에 저는 더 집중을 잘합니다

> ex I can concentrate better in the mornings.
> 저는 아침에 더 집중이 잘 됩니다.
>
> 유사표현 It's easy for me to focus in the ~

4-3/ I tend to ~ because ~　~때문에 ~하려는 경향이 있습니다

> ex I tend to study on my own because I can do my tasks quickly.
> 할 일을 빨리 할 수 있기 때문에 저는 혼자 공부하는 경향이 있습니다.
>
> 유사표현 I normally study with ~ / study alone because ~

다음 문장을 듣고 따라 읽어 봅시다.

🔵 Sleep

❶ **I usually go to bed** at midnight.
저는 대부분 자정에 잠을 잡니다.

❷ **I always** sleep well **because** my pillow is really comfortable.
저는 항상 숙면을 취합니다. 왜냐하면 제 베개가 굉장히 편하니까요.

🔵 Daily Routine

❸ **I usually get up** at 5 **in the morning**.
저는 대부분 아침 5시에 일어납니다.

❹ **After that**, I take a shower then have breakfast.
그 다음엔 샤워를 하고 아침을 먹습니다.

❺ **It takes me** an hour **to get to work** by bus.
직장까지 버스로 한 시간 정도 걸립니다.

❻ **I work for about** 8 hours **from** 9 **to** 6.
저는 9시부터 6시까지 약 8시간 정도 일 합니다.

❼ **When I finish** work, **I** go to the gym to work out.
일이 끝나면, 저는 운동하러 헬스장에 갑니다.

❽ **I usually start studying in the** morning, **at** around 10 am.
저는 대부분 아침에 공부하기 시작하는데 대략 10시 정도입니다.

🔵 Preference

❾ **I prefer** evenings **because** it's much quieter **at that time**.
저는 저녁을 선호해요. 왜냐하면 그때가 훨씬 조용하니까요.

❿ **I can concentrate better in the** mornings **as I'm a** morning **person**.
저는 아침형 인간이라 아침에 집중을 더 잘 할 수 있습니다.

Tip! 습관에 대해서 말할 때는 꼭 현재 시제를 써서 말하도록 하자. 지금 현재에도 계속 하고 있는 행동이나 습관이기 때문이야. 시제 때문에 감점이 많이 되는 주제이니 꼭 기억하도록 하자!

SPEAKING

자, Habits 관련 문제가 나오면 **시제를 주의**해야 한다는 점과, 나의 습관을 묻는 유형이기 때문에 **평소 가지고 있는 생활 패턴**을 이야기하면 돼. 물론 시험관이 이유를 물을 수 있으니 이유도 함께 미리 준비해 둘 필요가 있겠지?

 PRACTICE 1

What time do you usually go to bed?
당신은 주로 몇 시에 잠에 듭니까?

STEP 1	Brainstorming

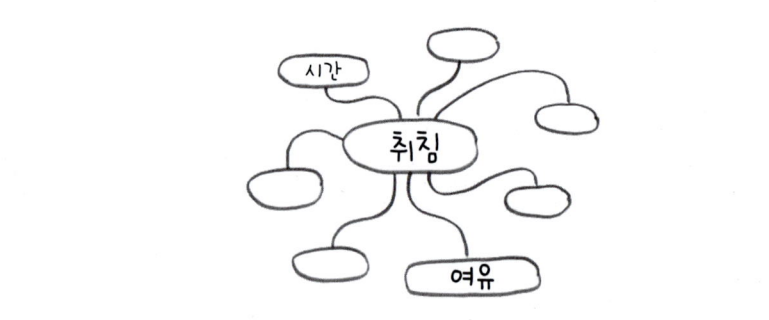

STEP 2	Your Answer

답안을 작성하고 나면 꼭 소리 내어 읽어봐! 녹음을 하면 더 좋겠지?

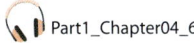 Part1_Chapter04_6

I usually go to bed at around 1 a.m. After I get back home from work, it's around 10 in the evening, so after I take a shower and get some rest, that's the earliest hour I can sleep.

저는 대부분 새벽 1시쯤 잡니다. 일이 끝나고 집에 오면 저녁 10시쯤이 됩니다. 그래서 샤워하고 좀 쉬면 그때가 가장 빨리 제가 잘 수 있는 시간입니다.

'주로 몇 시에 잠을 자는가?'라고 물어봤기 때문에 이 문제의 키워드는 **what time**과 **go to bed**가 되겠지. 그렇기 때문에, 꼭 **얘기해야 하는 정보**는 시간이야. 이 답안에서는 'around 1 a.m.'이라고 이야기 했기 때문에 그 부분이 충족됐고, 내 생활 습관을 얘기하면서 'that's the earliest hour I can sleep'이라고 이유까지 포함시켜 줬으니 상당히 논리적인 답변으로 보여져.

I usually go to bed at 11 p.m. I sleep a lot and then I wake up at 7 a.m. I like sleeping because it makes me rest.

저는 11시쯤에 잡니다. 저는 잠을 많이 자고 7시쯤에 일어납니다. 저는 자는 것을 좋아하는데 저를 쉬게 해주기 때문입니다.

이 답안에서는 언제 잠을 자는지에 대한 답변(11 p.m.)은 나왔지만 **문제에서 요구하지 않은 정보가 너무 많이 나왔어**. 시험관은 '언제 잠드는가'에 대해서만 물었는데 '내가 자는 것을 왜 좋아하는지', '몇 시에 일어나는지' 등 필요 없는 정보를 덧붙여 대답하고 있어. 조금 더 나은 점수를 받기 위해서는 문제에서 요구하는 내용만 답할 수 있도록 연습해 봐.

 **PRACTICE 2**

 Can you describe your daily routine?
당신의 일상에 대해 설명해 주시겠어요?

STEP 1 Brainstorming

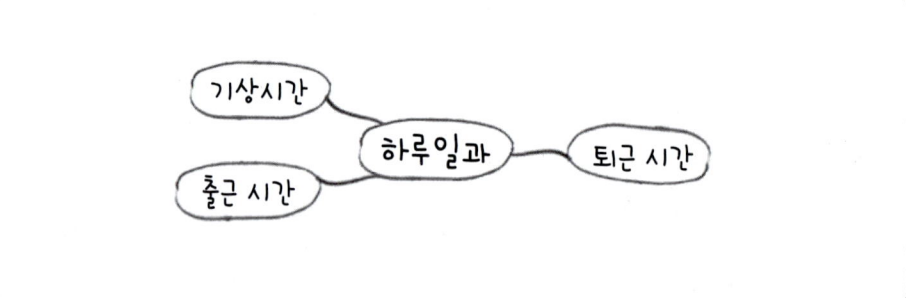

기상시간

하루일과

출근 시간

퇴근 시간

STEP 2 Your Answer

 답안을 작성하고 나면 꼭 소리 내어 읽어봐! 녹음을 하면 더 좋겠지?

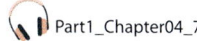

I usually get up at around 6 in the morning. I have breakfast then get ready for work. I work from 9 to 6, for 8 hours. When I finish work, I come back home and take some rest.

저는 대부분 아침 6시쯤에 일어납니다. 아침을 먹고 출근할 준비를 합니다. 저는 9시부터 6시까지 8시간 근무를 합니다. 일이 끝나면 집에 돌아와서 쉽니다.

앞에서도 계속 언급했듯이 일과를 얘기할 때는 무조건 현재 시제를 써줘야 해. 매일 반복해서 하는 행동이기 때문이지. 이 답안에서는 매일 하는 행동에 대한 묘사가 잘 되어 있고, **전반적인 시간의 흐름(아침-출근-일-퇴근)**에 따라서 질문에서 묻는 이야기에 대해 잘 대답해 줬어.

Today, I got up at about 7 in the morning and came here to take the IELTS test. After I finish, I will meet my friends and have dinner together.

오늘 저는 7시쯤에 일어나 IELTS 시험을 보러 여기 왔습니다. 끝난 다음에는 친구들 만나서 저녁 같이 먹을 겁니다.

이 답변은 Daily Routine이라는 주제에 전혀 말이 안맞는 문장들뿐이야. 매일 반복해서 하는 행동인데, 여기에서는 오늘 한 일과 앞으로 할 일만 나열했지. '일과'라는 것은 오늘뿐만 아니라 계속해서 반복적으로 하는 것을 말해. 그렇기 때문에 **이 답변은 문제를 잘못 이해한 것으로 간주되어서 높은 점수를 받기 힘들어.** 매일 내가 하는 행동들에 대해서 '현재 시제'를 사용해서 이야기해 줘야 해.

 **PRACTICE 3**

 Do you prefer studying alone or with friends?
당신은 혼자 공부하는 것을 선호합니까? 친구들과 함께 하는 것을 선호합니까?

STEP 1 Brainstorming

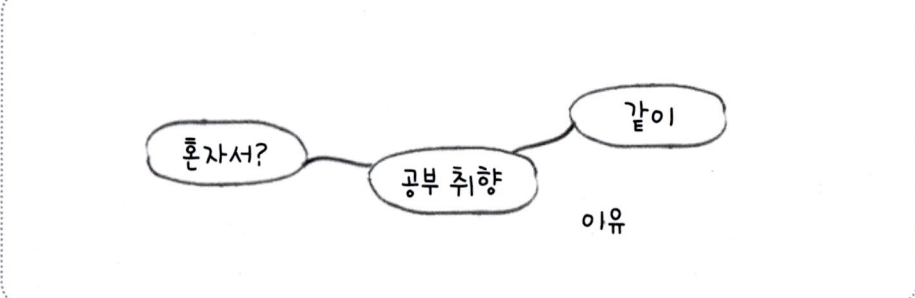

STEP 2 Your Answer

 답안을 작성하고 나면 꼭 소리 내어 읽어봐! 녹음을 하면 더 좋겠지?

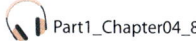
I prefer studying alone because I can concentrate better on my own. When I'm with my friends, I just chat with them and can't really study much.

저는 혼자 공부하는 것을 선호합니다. 왜냐하면 저 혼자 있을 때 집중을 더 잘할 수 있습니다. 친구들이랑 있으면 친구들이랑 떠들게 되고, 공부를 별로 할 수 없습니다.

문제에서 'prefer'가 나왔을 땐 답변에도 prefer를 넣어주는 것이 제일 쉽게 답안을 완성할 수 **있는 방법이야**. 이 답변에서는 개인의 취향(studying alone)에 대해서 얘기해 줬고, 친구들이랑 공부할 때는 내 습관이 어떻다는 부분을 추가로 언급해서 이유를 더욱 정확하게 명시해 줬기 때문에 높은 점수를 받을 수 있는 답변이 되었어.

I like studying with friends. Actually we don't study much and we just chat together so it's nice.

저는 친구들이랑 공부하는 것을 좋아합니다. 사실 우리는 별로 공부는 안하고 같이 떠들어서 좋습니다.

문제의 키워드를 다시 생각해 보자. 혼자 공부하는 것과 친구와 공부하는 것 중에 뭘 선호하냐는 문제였지? 그런데 이 **답변에서는 친구랑 공부하는 것이 좋다고는 했지만 왜 그런지 이유가 명확하게 나오지 않았어**. 친구들이랑 같이 있으면 좋다는 말로밖에 안 보이지? 이럴 경우 시험관이 **문제에 대한 연관성이 없다고 판단해서 감점 요소가 되니 주의해**.

POST-SPEAKING

자, 이제는 실전처럼 면접관의 질문에 답해 볼까?

 Is it necessary to take a nap every day?

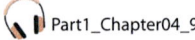 Part1_Chapter04_9

STEP 1 **Brainstorming**

STEP 2 **Your Answer** Sample Answer P. 259

 답안을 작성하고 나면 꼭 소리 내어 읽어봐! 녹음을 하면 더 좋겠지?

오늘 배운 내용과 관련된 간단한 퀴즈를 풀어보자!

Vocabulary 다음 빈칸에 들어가기에 알맞은 단어를 찾아 쓰세요.

nap	sleep	daily	exhausted	fun

❶ Having a good _____ is important.

❷ I get really _____ after work.

❸ My mother always takes a _____ at around 1 in the afternoons.

Expressions 다음 빈칸에 들어가기에 알맞은 단어를 찾아 쓰세요.

work out	wake up	get up	hang out	wrap up

❶ I _____ with my friends on weekends to keep ourselves fit.

❷ OK, let's _____ this meeting now, it's already 6:30.

SELF-CHECK 본인의 답변을 Good Example과 비교해서 영역별로 자신의 점수를 체크해 보자.

유창성	문법	어휘	발음
• 질문에 대한 답을 했는가? • 망설임 없이 말했는가? • 적당한 속도로 말했는가? • 답변에 추가적인 설명을 제시했는가?	• 주어 동사를 포함한 완전한 문장을 말하였는가? • 접속사, 관계대명사 등을 사용한 문장을 말하였는가? • 올바른 시제를 사용했는가? • 수일치가 되도록 말하였는가?	• 한 단어를 반복 사용하지 않고 동의어를 사용했는가? • 다양한 어휘를 사용했는가? • 문맥상 정확한 어휘를 사용했는가? • Paraphrasing한 문장을 사용했는가?	• 틀린 발음 없이 정확히 발음했는가? • 정확한 억양을 사용하여 말하였는가? • 강세를 잘 살려 말하였는가? • 본인의 답변을 알아듣기 쉬웠는가?
1 2 3 4 5	1 2 3 4 5	1 2 3 4 5	1 2 3 4 5

1~5	6~10	11~15	16~20	Overall Grade
Limited	**Modest**	**Competent**	**Good**	

영국과 한걸음 더 친해지기,
셜록홈즈 박물관

안녕하세요. 영국 본머스의 ed:m 통신원 우지연입니다. 오늘은 영국의 런던에 있는 셜록 홈즈 박물관에 대해 소개해 드리려고 합니다. 셜록은 책으로 가장 유명하죠. 최근에는 베네딕트 컴버비치가 나온 드라마가 큰 인기를 끌면서 많은 분들께 영국에 오면 꼭 들러야 하는 관광명소가 되었어요! 저와 제 친구는 주말을 맞아 셜록홈즈 박물관을 다녀왔답니다. 버스를 타고 BAKER STREET역에 내려서 7분 정도 걸어가면 나오는 셜록홈즈의 집! 정말 다른 집들과 크게 특이한 점 없이 그냥 평범한 집처럼 되어 있어요!

저는 셜록 홈즈의 엄청난 광팬이어서 베네딕트가 나오는 드라마 셜록 홈즈를 전 시즌을 적어도 4번씩은 봤답니다. 그중에서도 특히 소시오패스인 셜록 홈즈의 영원한 LOVER 아이린애들러의 편을 무척 좋아했어요. 셜록의 인간적인 면모와 은근한 로맨티스트적 감성을 엿볼 수 있었던 편이었거든요. 셜록 홈즈 박물관에 도착하면 박물관과 기념품 샵이 있어요. 굳이 박물관에 안 들어가겠다 하시면 그냥 기념품 샵만 구경하셔도 됩니다.

티켓을 기념품 샵에서 사야하기 때문에 저희는 기념품 샵 안으로 들어갔어요. 모든 직원 분들이 코스튬을 입고 계세요. 진짜 셜록 홈즈가 있던 시대로 들어온 듯한 기분이 들어요. 기념품샵 안에는 기념품의 종류가 굉장히 다양하게 있어요! 연필, 인형, 포스터, 펜 등등.. 종류가 다양해요. 기념품 구경만 해도 재미있을 거예요.

그렇지만 이왕 이곳까지 왔다면 기념품만 보고 돌아갈 수 는 없으니, 저희는 셜록의 집으로 들어가는 표를 구매했습니다. 가격은 인당 £15. 생각보다 비싸서 놀랐어요. £10 정도 할 줄 알았는데, 깜짝 놀랐답니다. 티켓을 구매하고 다시 밖으로 나와서 줄을 서 있으면 차례로 박물관으로 들어갈 수 있답니다.

입구로 들어가기 전부터 두근두근 했어요! 드라마에서 보던 것이 실제로 존재하다니! 설레는 마음을 가지고 드디어 셜록의 집으로 입성! 안으로 들어가면 전체적으로 집의 구조를 설명을 해주시는 분이 계세요. 정말 기계적으로 존 왓슨과 셜록의 작업실, 침대, 허드슨 부인의 방을 차근히 설명해 주십니다. 왓슨과 셜록이 앉아서 많은 이야기를 나눴던 방도 있고 드라마에서 봤던 'VR' 흔적. (이것이 무엇인지 드라마 보신 분들은 아시겠죠?) 사실 모든 곳을 둘러

보는데 30분 정도면 충분한 것 같아요. 특히나 셜록에 대해 아시는 부분이 없다면 그냥 지루하다고 느낄 것 같아요. 하지만 셜록 책이나 드라마를 미리 보고 방문하신다면 소품 하나하나가 더욱 흥미롭게 다가올 거예요. 미술관을 갔을 때 미술 작품에 대해 알고 간다면 더 감동이 크듯 말이죠. 영국의 국민배우 베네딕트컴버비치와 그가 열연한 셜록을 접한다면 영국을 한 걸음 더 알게 된다고 생각하셔도 과언이 아닐거예요. 셜록 홈즈 박물관, 꼭 한번 들러보세요!

CHAPTER 5

Technology

최근 자주 출제되는 주제 중 하나는 인터넷, 컴퓨터, 앱 등 Technology에 관련된 주제야. 이번 챕터에서는 IT 기술에 대해서 말하는 방법을 배워 보자. 우리 일상생활에서도 매일 쓰는 것들 이니까 IELTS 시험에서도 잘 말해 보자!

TECHNOLOGY

05

PREVIEW

IT기술은 우리 일상생활에서도 매우 중요한 부분이지? 주로 이 주제에 대해 어떤 문제들이 출제되는 지 예상 질문들을 살펴볼까? 문제의 키워드들을 잘 생각해 보면서 준비해 보자.

Technology 예상 질문

Part1_Chapter05_1

Computers

Q1 **How often do you use computers?**
당신은 얼마나 자주 컴퓨터를 사용합니까?

Q2 **What do you usually use your computer for?**
당신은 대부분 어떤 용도로 컴퓨터를 사용합니까?

Q3 **What kinds of computers are popular in your country?**
어떤 종류의 컴퓨터들이 당신의 나라에서 인기 있습니까?

Q4 **Do you think computers have changed your life a lot?**
당신 생각에는 컴퓨터가 당신의 삶을 많이 바꿔 놓은 것 같습니까?

Apps

Q5 **What kinds of apps do you often use?**
어떤 종류의 앱을 대부분 이용합니까?

Q6 **What's the most popular app in your country?**
어떤 앱이 당신의 나라에서 가장 인기 있습니까?

Q7 **Do old people in your country like to use apps?**
당신 나라의 노인들은 앱을 사용하는 것을 좋아합니까?

Q8 **What kinds of apps do you want to use in the future?**
미래에는 어떤 종류의 앱을 사용해보고 싶습니까?

Tip! Technology 주제에서는 주로 컴퓨터나 앱에 관련한 문제들이 많이 출제돼. 그중에서도 **나의 선호 도에 대한 문제**들을 많이 물어보니 자신이 평소에 인터넷이나 전자기기를 사용하는 습관이나 의견에 대해서 미리 아이디어를 정리해 두자.

Technology 주제에서 사용하면 좋은 어휘들과 표현들을 같이 공부해 볼까? 직접 입으로 여러 번 발음 연습을 해보면서 스피킹 시험에 대비해 보자구!

1 Vocabulary

Part1_Chapter05_2

❶ technology [tekˈnɒlədʒi]　(n) (과학)기술/기계, 장비 ★셀 수 없는 명사

　예문 I like trying new **technology** out.
　저는 새로운 기술을 시도하는 것을 좋아합니다.

❷ development [dɪˈveləpmənt]　(n) 개발, 신 개발품

　예문 Technological **development** has changed the lives of modern people.
　기술 개발은 현대인들의 삶을 바꾸었습니다.

❸ advancement [ədˈvɑːnsmənt]　(n) 발전, 진보

　예문 There was a rapid **advancement** in the mobile phone industry.
　핸드폰 산업에 빠른 발전이 있었습니다.

❹ online [ˌɒnˈlaɪn]　(adj) 온라인의 (adv) 온라인

　예문 People can communicate **online** without leaving their homes.
　사람들은 집에서 나갈 필요 없이 온라인으로 소통할 수 있습니다.

❺ breakthrough [ˈbreɪkθruː]　(n) 돌파구, 혁신

　예문 Driverless cars can be a **breakthrough** in the car industry.
　무인 자동차는 자동차 산업의 돌파구가 될 수 있을 것입니다.

❻ innovative [ˈɪnəvətɪv]　(adj) 획기적인, 혁신적인

　예문 Steve jobs was an **innovative** leader.
　스티브 잡스는 혁신적인 리더였습니다.

❼ the Internet [ˈɪntənet]　(n) 인터넷 ★정관사 the를 붙인다.

　예문 There are lots of useful articles on **the Internet**.
　인터넷에는 유용한 기사들이 많습니다.

❽ equipment [ɪˈkwɪpmənt]　(n) 장비, 설비, 용품 ★셀 수 없는 명사

　예문 I need a piece of **equipment** for the kitchen.
　저는 주방에 용품이 하나 필요합니다.

⑨ **device** [dɪˈvaɪs] (n) 장치

예문 You can buy electronic **devices** online.
당신은 온라인으로 전자 제품들을 살 수 있습니다.

⑩ **electronic** [ɪˌlekˈtrɒnɪk] (adj) 전자의

예문 This **electronic** dictionary is so convenient.
이 전자 사전은 굉장히 편리합니다.

⑪ **efficient** [ɪˈfɪʃnt] (adj) 효율적인

예문 Using e-mails is very **efficient** at workplaces.
직장에서 이메일을 사용하는 것은 굉장히 효율적입니다.

⑫ **handy** [ˈhændi] (adj) 편리한

예문 It's really **handy** to use apps.
앱을 사용하는 것은 정말 편리합니다.

Pop Quiz!

다음 빈칸에 들어가기에 알맞은 단어를 고르시오.

People can communicate instantly by using _____.

① handy　　　　　② the Internet　　　　　③ electronic

정답 ② (해석 확인 P. 260)

❶ social media　소셜미디어

예문 Communication through **social media** websites is very common.
소셜미디어를 통한 소통은 굉장히 흔합니다.

❷ Social Networking Service (SNS)　온라인 인맥 형성/강화 서비스

예문 Everyone uses **social networking services** like Facebook nowadays.
요즘은 모두가 페이스북과 같은 온라인 인맥형성 서비스를 사용합니다.

❸ online communication　온라인 대화/소통

예문 **Online communication** has enabled people to talk to others regardless of regions.
온라인 소통은 사람들이 다른 지역에 사는 이들과 말할 수 있게 만들었습니다.

❹ cyberbullying　사이버폭력

예문 **Cyberbullying** is one of the social issues these days.
사이버 폭력은 요즘 사회적 문제 중 하나입니다.

❺ look up sth　~을 검색하다 ★ phrasal verb

예문 I **looked up** some information about IELTS.
저는 IELTS에 관한 정보를 검색했습니다.

❻ up-to-date　최신의

예문 All the information she provides is very **up-to-date**.
그녀가 제공하는 모든 정보는 최신 정보입니다.

❼ cutting edge　최첨단의

예문 My friend is working in a **cutting edge** IT industry.
제 친구는 최첨단의 IT산업에서 일하고 있습니다.

❽ download　(데이터를)다운로드 하다/내려 받다

예문 I **downloaded** some songs yesterday.
저는 어제 노래 몇 개 다운로드 했습니다.

❾ upload　(데이터를)업로드 하다

예문 My friend **uploaded** this hilarious picture, I was laughing a lot!
제 친구가 이 웃긴 사진을 업로드해서 엄청 웃었어요!

⑩ silver surfer 인터넷을 즐기는 노년층 ★ idiom

예문 My grandmother is a **silver surfer**.
저희 할머니는 인터넷 사용을 즐기십니다.

⑪ old-fashioned 구식의, 오래된

예문 My mobile phone is so **old-fashioned**. I want to replace it.
제 핸드폰은 정말 구식이라 바꾸고 싶습니다.

다른 주제들과 다르게 Technology 주제에서는 사회적 흐름에 따라 새로 생긴 표현들이 많아. SNS, cyberbullying, silver surfer 등과 같은 표현이 바로 그 예지. 생소한 표현들 때문에 너무 막막하게 생각하지 말고, 평소에 우리 주변에 일어나고 있는 이슈들에 대해서 평소에 관심을 가지고 영어로 표현하는 연습을 해두자. 위에 정리해 준 표현만 알아도 얼마든지 고득점을 받을 수 있으니 꼭 외워봐!

Pop Quiz!

다음 빈칸에 들어가기에 알맞은 단어를 고르시오.

_____ technology has led people to do everything conveniently.

① Cutting edge   ② Social Networking Service   ③ Old-fashioned

 정답 ① (해석 확인 P. 260)

❶ 사용 빈도를 말할 때

1-1/ I often use ~ for ~   저는 ~을 위해 ~을 종종 사용합니다

> ⓔⓧ I often use apps for playing games.
> 저는 게임을 하려고 앱을 사용합니다.
> 유사표현 I normally use ~ for ~

1-2/ Usually, I do ~ on my ~   대부분 제 ~으로 ~을 합니다

> ⓔⓧ Usually, I watch films on my laptop.
> 대부분 저는 노트북으로 영화를 봅니다.
> 유사표현 I usually do ~ on my ~

1-3/ Nowadays, I seldom do ~   요즘 저는 거의 ~하지 않습니다

> ⓔⓧ Nowadays, I seldom use apps.
> 요즘 저는 앱을 거의 사용하지 않습니다.
> 유사표현 I don't quite use ~ these days.

❷ 용도를 말할 때

🔧 **Grammar Tip!**

용도를 나타낼 땐 use for라는 phrasal verb를 써. 일반적으로는 use for 다음에 명사/동명사를 써서 용도를 나타내기도 하고, use to 일반동사를 넣어 용도를 나타내기도 하지.

2-1/ I use ~ to ~   저는 ~을 위해 ~을 이용합니다

> ⓔⓧ I use computers to watching video lectures.
> 저는 인터넷 강의를 볼 때 컴퓨터를 사용합니다.
> 유사표현 The main reason of using computer is to~

2-2/ I always use ~ because~   ~때문에 저는 ~을 항상 사용합니다

> ⓔⓧ I always use Kakao talk because it's easy to chat with my friends.
> 저는 언제나 카카오톡을 사용합니다. 왜냐하면 친구들과 대화하기 쉽기 때문입니다.
> 유사표현 I prefer using ~

2-3/ Korean people use ~ for ~   한국인들은 ~하려고 ~을 사용합니다

> ⓔⓧ Korean people use computers for various purposes.
> 한국인들은 다양한 용도로 컴퓨터를 사용합니다.
> 유사표현 There are various things that Korean people use computers for.

❸ 과거에 관한 얘기를 할 때

3-1/ I learnt how to use ~ from ~   ~로부터 나는 ~을 사용하는 법을 배웠습니다

> **ex** I learnt how to use computers from my father.
> 저는 컴퓨터 사용법을 아버지로부터 배웠습니다.
>
> **유사표현** ~ taught me how to use ~.

3-2/ I used to ~ when I was younger.   제가 어렸을 때 ~을 하곤 했습니다

> **ex** I used to play computer games online when I was younger.
> 제가 어렸을 때 컴퓨터 게임을 많이 했었습니다.
>
> **유사표현** When I was ~, I always 과거동사+ 행동

3-3/ The first ~ I used was ~   제가 처음 사용한 ~은 ~입니다

> **ex** The first app I used was Facebook.
> 제가 처음 사용했던 앱은 페이스북입니다.
>
> **유사표현** I think it was ~ that I used for the first time.

❹ 경향을 말할 때

4-1/ ~ is likely to ~   ~할 것이다

> **ex** Using apps is likely to be more popular in the future.
> 앱을 사용하는 것은 미래에 더 유명해질 것입니다.
>
> **유사표현** ~ is going to be more popular.

4-2/ ~ may get changed because ~   ~ 때문에 바뀔 수 있다

> **ex** Computers may get changed because of the development of technology.
> 기술의 발전으로 인해 컴퓨터는 바뀔 수도 있습니다.
>
> **유사표현** ~ may be advanced because ~

4-3/ It seems common that people are ~   사람들이 ~하는 것은 흔하게 보여집니다

> **ex** It seems common that people are using computers for various needs.
> 사람들이 여러 방면으로 컴퓨터를 사용하는 것이 흔하게 보여지고 있습니다.
>
> **유사표현** It's quite common these days to ~

4 Speaking Practice

다음 문장을 듣고 따라 읽어 봅시다.

Computers

1 I always **use computers** at work.
저는 직장에서 항상 컴퓨터를 사용합니다.

2 **Most Korean people use** laptops, tablet PCs, and desktops.
대부분의 한국인은 노트북, 태블릿 PC, 그리고 데스크탑을 사용합니다.

3 **I mainly use** my laptop **for work**. **It's impossible for me to work without one**.
저는 대부분 내 노트북을 일할 때 씁니다. 노트북 없이 일하기는 불가능합니다.

4 **When I was a** secondary school student, **I had to attend** computing **lessons**.
제가 고등학생이었을 때, 저는 컴퓨터를 다루는 수업을 들어야 했습니다.

5 **I'm sure** using computers **made me do various things quickly and conveniently**.
저는 컴퓨터를 사용하는 것이 다양한 일들을 빠르고 편리하게 할 수 있게 해줬다고 확신합니다.

Apps

6 **I usually use** game apps **when I have spare time**.
저는 여가시간이 있을 땐 게임 앱을 사용합니다.

7 **I'd like to use** language learning **app in the future**.
미래에는 언어를 배우는 앱을 사용해 보고 싶습니다.

8 **In Korea, people use** messenger apps **a lot**.
한국에서는 사람들이 메신저 앱을 많이 사용합니다.

9 **Old people are** not **quite used to apps** in Korea.
한국의 나이 드신 분들은 앱에 익숙하지 않습니다.

10 **All** social media **apps are very popular nowadays**.
모든 소셜 미디어 앱은 요즘 굉장히 인기 있습니다.

Tip! 의외로 인터넷이나 앱 관련 어휘들이 발음을 틀리는 경우가 많아. 신조어들이 많이 생길 수 있는 주제라 그래. 따라서 발음기호를 잘 확인하고 정확한 발음을 틈틈이 연습해 보도록 하자.

SPEAKING

자, 이제 technology라는 주제에서 나올 수 있는 문제들을 같이 살펴볼까? 문제를 들으면 제일 먼저 문제의 핵심 키워드가 무엇인지 잘 생각해 보고 답변을 구성해 보자.

 **PRACTICE 1**

> What kinds of apps do you use in your free time?
> 여가시간에 당신은 어떤 앱을 사용합니까?

STEP 1 **Brainstorming**

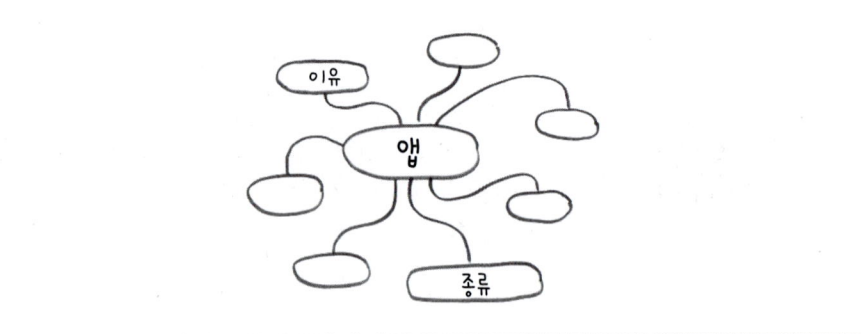

STEP 2 **Your Answer**

 답안을 작성하고 나면 꼭 소리 내어 읽어봐! 녹음을 하면 더 좋겠지?

Well, I normally use game apps in my spare time. I really like playing games and it helps me relieve my stress. Also, I love Netflix nowadays, so I watch films by using this app when I'm free.

저는 시간이 있을 때 대부분 게임 앱들을 사용합니다. 저는 게임하는 것을 정말 좋아하고, 게임이 스트레스 푸는 것에 도움이 되거든요. 또 요즘엔 저는 넷플릭스 앱을 정말 좋아해서 시간이 있을 땐 영화를 보곤 합니다.

이 문제의 핵심 키워드는 앱의 종류(kinds of app)와 여가/자유시간(free time)이었어. 종류에 대한 문제에 출제됐으니 내가 사용하는 앱들을 나열해 주면 되는 간단한 질문이지. 주로 사용하는 앱을 말해 주고 왜 휴식 시간에 그 앱을 사용하는지 간략하게 설명을 덧붙여 준다면 좋은 점수를 받을 수 있어. 어떤 문제든 본인의 의견/답변에 관련된 이유를 항상 붙이는 연습을 하자.

I use kakaotalk. The reason why I use this app is I can communicate with my friends.

저는 카카오톡을 사용해. 내가 이 앱을 사용하는 이유는 친구들과 소통할 수 있기 때문이야.

일단, 이 답변의 가장 아쉬운 부분은 답변이 너무 짧다는 거야. "어떤 종류"의 앱들을 사용하느냐고 문제에서 물어봤으니 적어도 2개 정도는 답변에 구성하는 것이 좋아. 'The reason why I use this app is I can communicate with my friends.' 문장은 문제에는 일반적인 사실을 진술한 것으로 본인의 의견을 지지하기엔 부족한 문장이야. 자신의 기호/선호/의견에 대한 이유를 잘 설명하는 방법을 최대한 많이 연습해 보자.

 **PRACTICE 2**

 What do you use your computers for?
당신은 어떤 용도로 컴퓨터를 사용합니까?

STEP 1 | Brainstorming

STEP 2 | Your Answer

 답안을 작성하고 나면 꼭 소리 내어 읽어봐! 녹음을 하면 더 좋겠지?

I use it mainly for work. I really need to use the internet, Microsoft programmes, and things like that. Also I usually play computer games and watch films.

저는 대부분 일에 컴퓨터를 사용합니다. 저는 정말 인터넷이나 마이크로 소프트 같은 프로그램을 사용해야만 하거든요. 또한 컴퓨터 게임을 하거나 영화를 보기도 합니다.

문제에서 "컴퓨터를 쓰는 용도"에 대해서 물어봤으니, 평소에 자신이 컴퓨터를 쓰는 용도에 관련된 내용들을 나열해 주는 것이 좋아. 이 답변은 일할 때 컴퓨터를 쓴다고 '용도'에 대해서 정확히 언급하고 그 이유를 타당하게 들고 있기 때문에 문제의 출제 의도와 적합하지. 어떤 일 또는 행동을 할 때 컴퓨터를 쓰는지 생각해 보고 하나씩 순서대로 얘기하도록 답변을 구성해 보자.

I… don't have a computer at home but I use it at work. I only use it at work.

저는… 집에 컴퓨터가 없지만 직장에서는 씁니다. 저는 일할 때만 컴퓨터를 사용합니다.

위에서 말한 것처럼 이 문제의 키워드는 용도를 묻는 'use for'라는 phrasal verb 였지. 따라서 용도가 중점적으로 답변에 배치되어야 해. 하지만 이 답변은 직장에서 사용한다는 얘기만 나오고 어떤 용도로 사용되는지 언급이 되지 않아 답안이 상당히 빈약하게 보여. 만약 직장에서 컴퓨터를 어떻게 사용하는지 구체적인 예시를 언급한다면 조금 더 높은 점수를 받을 수 있을 거야.

 **PRACTICE 3**

 Do you think computers have changed your life a lot?
당신은 컴퓨터가 당신의 삶을 많이 변화시켰다고 생각합니까?

STEP 1	Brainstorming

STEP 2	Your Answer

 답안을 작성하고 나면 꼭 소리 내어 읽어봐! 녹음을 하면 더 좋겠지?

Yes, of course. Especially when working or talking with friends, it's so much handier. I think computers allow me to do those things so much more easily and quickly.

네, 당연하죠. 특히 일을 할 때나 친구들과 이야기를 할 때 훨씬 편리해졌습니다. 제 생각엔 컴퓨터들이 그런 일들을 훨씬 쉽고 빠르게 할 수 있게 해주는 것 같습니다.

이 문제는 컴퓨터에 대한 자신의 의견 및 컴퓨터가 삶에 준 변화를 물어보는 문제야. 만약 이 답변처럼 컴퓨터가 삶에 변화를 주었다고 생각한다면 어떤 부분이 변화되었는지를 구체적으로 이야기해 주면 답변을 더욱 디테일하게 만들 수 있어. 이 답변이 좋은 답변이 될 수 있는 이유는 컴퓨터가 주는 변화가 긍정적으로 변화되었다(easier, faster)는 이유도 덧붙여 말했기 때문이야. 미리 아이디어를 정리해 두면 말할 거리가 많아져서 풍성한 답변을 구성할 수 있어.

Yes, I think so. In the past, people had to travel long way to meet someone, but now, people can do everything instantly.

네, 그렇다고 생각합니다. 과거에는 사람들이 누군가를 만날 때 멀리 갔어야 했지만, 지금은 사람들이 모든 것을 즉각적으로 할 수 있습니다.

이 답안도 나쁘지 않다고 생각이 들 거야. 실제로 좋은 답변이기도 해. 그런데 문제를 다시 한 번 생각해 보면, '나의 의견'을 묻는 문제였기 때문에 어떤 과거의 경향과 현재의 경향을 비교하는 것보다는 내 의견에 집중해서 답변을 해줬어야 해. 완전히 나쁜 답변은 아니지만 조금 아쉬운 답변이라고 할 수 있지. 항상 누구의 입장에서 답변해야 하는지를 잘 듣고 키워드를 찾는 실력을 쌓아보자.

POST-SPEAKING

자, 이제는 실전처럼 면접관의 질문에 답해 볼까?

 What kinds of apps would you like to use in the future?

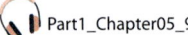 Part1_Chapter05_9

STEP 1   **Brainstorming**

STEP 2   **Your Answer**   Sample Answer P. 260

 답안을 작성하고 나면 꼭 소리 내어 읽어봐! 녹음을 하면 더 좋겠지?

REVIEW

정답 정답 및 해석 P. 260

오늘 배운 내용과 관련된 간단한 퀴즈를 풀어보자!

Vocabulary 다음 빈칸에 들어가기에 알맞은 단어를 찾아 쓰세요.

| online | the Internet | innovative | handy |

① People can do everything _____.

② It's very _____ to send pictures through e-mails.

Expressions 다음 빈칸에 들어가기에 알맞은 단어를 찾아 쓰세요.

| cyberbullying | social networking service | social media |

① _____ like Facebook is very famous nowadays.

② The use of _____ enabled people to communicate anytime.

SELF-CHECK 본인의 답변을 Good Example과 비교해서 영역별로 자신의 점수를 체크해 보자.

유창성	문법	어휘	발음
· 질문에 대한 답을 했는가? · 망설임 없이 말했는가? · 적당한 속도로 말했는가? · 답변에 추가적인 설명을 제시했는가?	· 주어 동사를 포함한 완전한 문장을 말하였는가? · 접속사, 관계대명사 등을 사용한 문장을 말하였는가? · 올바른 시제를 사용했는가? · 수일치가 되도록 말하였는가?	· 한 단어를 반복 사용하지 않고 동의어를 사용했는가? · 다양한 어휘를 사용했는가? · 문맥상 정확한 어휘를 사용했는가? · Paraphrasing한 문장을 사용했는가?	· 틀린 발음 없이 정확히 발음했는가? · 정확한 억양을 사용하여 말하였는가? · 강세를 잘 살려 말하였는가? · 본인의 답변을 알아듣기 쉬웠는가?
1 2 3 4 5	1 2 3 4 5	1 2 3 4 5	1 2 3 4 5

1~5	6~10	11~15	16~20	Overall Grade
Limited	**Modest**	**Competent**	**Good**	

🇨🇦 한국에 월디페(World DJ Festival)가 있다면, 토론토에는 VELD가 있다!

안녕하세요, ed:m 토론토 통신원 김혜은입니다! 오늘은 매년 여름, 토론토에서 열리는 인터내셔널 뮤직 페스티벌, 〈VELD Music Festival〉에 대해 포스팅 하려고 해요. ed:m 유학생 여러분들, EDM 장르 음악 좋아하시나요? 한국에서 하는 World DJ Festival처럼 VELD는 일렉트릭과 힙합 장르의 뮤지션들이 참여하여 이틀간 여기, 캐나다 토론토에서 신나게 놀 수 있는 어마어마한 규모의 축제랍니다.

2018년 라인업으로는 DJ Snake, Marshmello, Martin Garrix, Migos 등 유명한 가수, 디제이 들이 참여했답니다. 이름만 들어도 오~~ 할 만한 거대 가수들이 한자리에!! 워낙 규모도 크고 유명한 가수들이 많이 참여하다 보니 티켓 가격이 그렇게 저렴하지는 않아요. 하지만 빨리 예매할수록 훨씬 저렴하게 구입할 수 있으니 평소 EDM, 힙합 장르를 좋아하시는 분들, 캐나다의 뮤직페스티벌을 느껴 보고 싶으신 분들은 미리미리 티켓팅하시기를 추천합니다!! (가격은 160불 정도 였어요.)

저는 친구가 페스티벌 직전이 되어서야 너무 가고 싶다고 해서 얼리버드 할인을 받지는 못했지만, 워낙 볼거리도 많고 좋은 경험이었어서 돈이 아깝지 않을 정도로 충분히 즐기다 왔답니다. Downsview Park 야외에서 진행되는 거라 날씨가 안 좋으면 어떡하나 걱정했는데 다행히 맑은 하늘이 저희를 기다리고 있었네요. 들어가서 팔찌샷도 찍어보았습니다. 이틀 연속 입장 가능한 팔찌 색이랑 토요일/일요일 하루씩 입장 가능한 팔찌 색이 달랐어요. 팔찌는 우편으로 배송 받을 수도 있고, 애프터파티 장소로 지정된 클럽에서 직접 수령할 수도 있어요. 중앙에 메인 무대가 커다랗게 설치되어 있고 부설무대가 약간 떨어진 곳에 위치해 있었어요.

캐나다 주류법 때문에 공원같은 야외에서는 한 번도 술을 마셔본 적이 없었는데, 페스티벌 행사장 내에서 맥주를 팔더라구요! 운영 부스에서 성인이라는 것을 증명해 주는 팔찌만 받으면 맥주와 함께 축제를 즐길 수 있다는 사실! 신나게 맥주 한잔을 하고 본격적으로 놀러 나갔습니다. 입장 초반에는 사람들이 별로 없었는데 늦은 오후가 되니 꽤나 많은 사람들이 넓은 공원을 메웠습니다. 음식을 파는 벤더들도 많았는데 사람들이 갈수록 많아져서 대기줄이 어마어마하게 길더라구요. 거의 1시간 넘

게 대기하는 건 기본. 행사장 내에는 물 이외에 음식물 반입 금지라, 사람들 많아지

기 전에 벤더에서 충분히 배를 채우고 축제 즐기시는 게 좋을 것 같아요. 다들 정말 신나게 즐기는 분위기라, 평소 EDM장르 음악의 큰 팬은 아니었던 저도 함께 신나게 놀다왔답니다. 그럼 다음 포스팅에서 뵙겠습니다!

CHAPTER I

Popular Person

자, 이제 IELTS Speaking의 Part 2, 3를 배울 첫시간이야. Part 1 과는 다르게 Part 2, 3는 다양한 주제로 조금 더 논리적인 답변을 요구하게 되는데, 이번 챕터에서는 자주 출제되는 주제인 '유명 인'에 대해서 배워 볼 거야. 유명한 사람에 대한 질문이 주어졌을 때 어떻게 답변을 할 수 있을지 함께 생각해 보자.

01 POPULAR PERSON

PREVIEW

유명인, 'Popular Person'이라는 주제는 굉장히 광범위해. 연예인을 이야기하게 될 수도 있고, 정치인, 운동선수, 예술가 등 다양한 분야에서 출제될 수 있으니 아래에 나온 관련된 표현을 잘 읽고 답변을 준비해 보자.

Popular Person과 관련된 표현

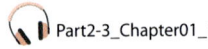 Part2-3_Chapter01_1

Celebrity

❶ **played various roles**
다양한 역할을 했다

❷ **be good/ marvelous/ outstanding at ~**
~을 정말 잘 한다

❸ **get into the character he/she plays well**
그/그녀는 역할에 잘 몰입하다

❹ **He/She shows up on TV quite often.**
그/그녀는 꽤 자주 TV에 나온다

❺ **He/She is one of the most beloved celebrities in ~**
그/그녀는 ~에서 가장 인기 있는 연예인 중 하나다

Sports Star

❻ **win a ~ medal**
~ 종목에서 ~메달을 획득하다

   ex **Yuna Kim won a gold medal in Vancouver Winter Olympic games.**
   김연아 선수는 밴쿠버 동계올림픽에서 금메달을 땄습니다.

❼ **He/She is the most accomplished athlete.**
그/그녀는 가장 성공한 운동선수입니다.

❽ **Many people look up to him/her.**
많은 사람이 그/그녀를 존경합니다.

❾ **He/She is famous for ~**
그/그녀는 ~으로 유명합니다.

❿ **He/She does outstandingly in his/her matches.**
그/그녀는 그/그녀의 경기에서 뛰어납니다.

> Tip! 여기에 나오는 표현들을 읽어보면서 익혀두면 실제 시험에서 hesitation(머뭇거림)을 줄일 수 있을 거야. 머뭇거리면 감점요소가 되니 최대한 구문을 익혀 보자.

PRE-SPEAKING

Part 2에서는 시험관으로부터 Cue card를 받게 되고, 일정한 시간동안 Cue card를 읽고 어떻게 답을 하면 좋을 지 생각하는 시간을 갖게 돼. 카드를 받고 제일 먼저 해야할 일은 문제의 키워드가 무엇인지 잘 파악하고 Ideation을 하는 것이야. Ideation이란, 무엇을 말할지 키워드를 적어보는 것을 말하는데 Brainstorming과 같다고 생각하면 돼. 자, 이제 실제 문제들을 보면서 연습해 볼까?

Part 2

Cue card

Describe a famous person that you are interested in

You should say:

●   Who this person is

●   How you know about this person

●   How this person became famous

and explain why you like this person.

Ideation

 SAMPLE ANSWER

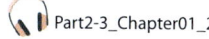 Part2-3_Chapter01_2

I'm going to talk about James McAvoy, one of the most famous actors in the world. I'm really into him nowdays. He has appeared in various films and TV shows, and he played various roles in many films, including my favourite one, the X-men series. Obviously, he became famous because of the films he acted in. I think it was one called 'Atonement' that made him appealing to audiences. I really like him because it seems like he can get into character really well, so all the roles he played so far, it looks just like himself. I really want to know how he can put himself into a character so amazingly. Also, he's so good looking. I actually love his green eyes as they look really amazing. Whenever I see him on TV or films, he always looks marvelous. I think he's one of the most accomplished actors in the world.

저는 세계에서 가장 유명한 배우 중에 한 명인 James McAvoy에 대해서 말해 보겠습니다. 제가 요즘 그를 엄청 좋아하거든요. 그는 다양한 TV 프로그램과 영화에 나오고, 제가 제일 좋아하는 X-men 시리즈를 포함한 많은 영화들에서 다양한 역할을 소화했습니다. 분명히 그가 유명해진 건 그가 나온 영화들 때문입니다. 제가 알기로는 '어톤먼트'라는 영화에서 대중들에게 알려졌습니다. 저는 그를 정말 좋아합니다. 왜냐하면 그는 역할에 정말 잘 몰입하는 것 같거든요. 그가 지금까지 연기한 모든 역할들은 정말 그 자체 같아요. 저는 어떻게 그가 역할들을 멋지게 소화하는지 알고 싶습니다. 또한 그는 정말 잘생겼어요. 저는 그의 초록색 눈이 정말 멋지다고 생각하고 좋아합니다. TV나 영화에서 그를 볼 때마다 그는 항상 멋집니다. 저는 그가 세상에서 가장 성공한 배우 중 한 명이라고 생각합니다.

Q1

How do people become famous?

사람들은 어떻게 유명해지나요?

Ideation

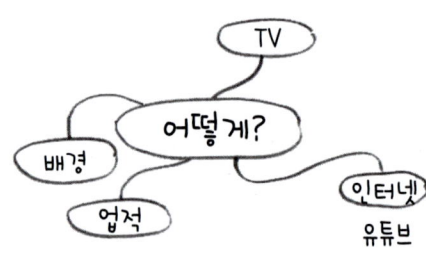

Q2

What types of people become famous in your country?

어떤 사람들이 당신의 나라에서 유명해집니까?

Ideation

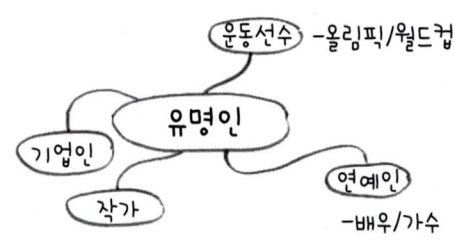

Q3

What qualities the most famous people have in common?

보통 유명한 사람들은 어떤 자질을 가지고 있을까요?

Ideation

 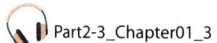

Q1 **How do people become famous?**

Well, I guess when people are on TV or other media sources, they become famous. Actually, nowadays, lots of people become famous through Youtube with various creative contents.

제 생각에는 사람들이 TV나 다른 미디어에 노출되면 유명해지는 것 같습니다. 사실 요즘 많은 사람들이 다양한 창의적인 콘텐츠들로 유튜브를 통해서 유명해지고 있습니다.

Tip! 문제에서 '**어떻게 유명해지냐**'고 물었기 때문에 꼭 답변에 **"유명인이 되는 경로"를 설명해야 해.** 정답은 없지만 자신이 생각하는 방법을 말하고, 예시를 들어보자.

Q2 **What types of people become famous in your country?**

Definitely sports stars. Especially when they win sports competitions like the Olympic games, they become famous instantly. Also, celebrities become famous quite quickly as they often are on TV.

확실히 운동선수들이 그런 것 같습니다. 특히 그들이 올림픽과 같은 경기들에서 이기면 바로 유명해집니다. 또한, 연예인들도 자주 TV에 나오기 때문에 금방 유명해집니다.

Tip! Types of people이라고 했으니, **어떤 사람들이 유명해지는지 생각해 보자.** 여기에서는 **직업을 말하는 것이 가장 적합할 거야.** 직업군을 이야기하고, 간략한 이유를 붙여 답변을 완성해 보자.

Q3 **What qualities the most famous people have in common?**

I think famous people usually have outstanding communication skills so their words are very persuasive, and I think most of them are very confident.

제 생각엔 유명인들은 대부분 뛰어난 의사소통 능력을 가지고 있어서 그들이 말할 때 정말 설득력이 있는 것 같습니다. 그리고 대부분은 굉장히 자신감이 있구요.

Tip! 사람의 quality를 물어보면 사람의 '**자질**'을 의미한다고 생각하면 돼. 대부분의 유명인들이 어떤 자질을 가지고 있을까? **열정적인, 혁신적인, 사교적인, 말을 잘하는 등의 자질들을** 답변에 구성하면 좋은 점수를 받을 수 있어.

SPEAKING

앞에서 간단히 배운 내용을 바탕으로 조금 더 실전처럼 연습해 볼까? 이번에도 역시 Popular Person과 관련된 주제이지만 다른 문제들을 준비했으니 어떤 말을 해야할지 충분하게 아이디어를 생각해 보고 직접 말해 보자. 실제로 본인의 답변을 녹음을 해서 다시 들어보는게 중요하다는 사실, 잊지 않았지?

Part 2

Cue card

Describe a famous athlete you know.

You should say:

● Who he or she is

● How you know him or her

● What he or she has achieved

and explain why he or she is famous.

Ideation

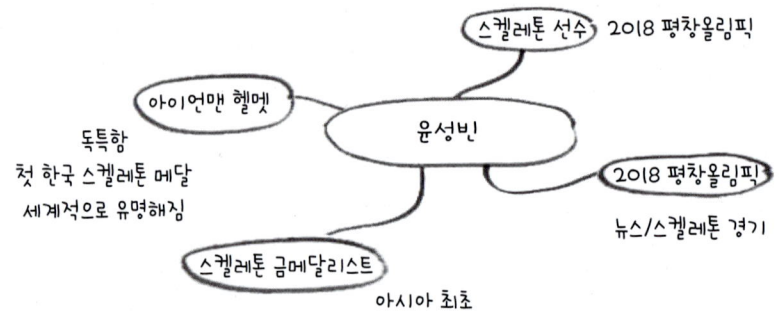

Your Answer

 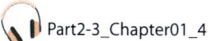

Well, I'm going to talk about Yoon Sung-Bin, a Korean skeleton player. He became famous after he won a gold medal in the 2018 Pyeong-Chang Olympics. Obviously, I saw him compete during the Olympic period and got to know him. I couldn't go to the events in person, but I watched all of them on TV. As I said, in the Pyeong-Chang Olympic Games, he won a gold medal in skeleton. It was the first skeleton medal in Asian history, and he became famous instantly. Lots of broadcasting stations from all over the world interviewed him. I think he got famous because he was wearing an Iron Man helmet at first. Whenever he competes, he wears this eye-catching Iron Man helmet. The design was very unique compared to other players ones and he looked like a real Iron Man. Also, as he's the first Asian medalist in skeleton, lots of people thought he's amazing. His successful story made him famous world-widely. I hope he does well in his upcoming competitions in the future.

저는 한국의 스켈레톤 선수인 윤성빈에 대해서 말해 보겠습니다. 그는 2018년 평창올림픽에서 금메달을 따서 유명해졌습니다. 당연하게도, 저는 그의 경기를 올림픽 기간에 보고 그에 대해 알게 되었습니다. 실제 경기에는 가지 못했지만, 모든 그의 경기를 TV로 봤거든요.

제가 말했듯이 평창올림픽에서 그는 스켈레톤에서 아시아 역사상 최초로 금메달을 획득했고 즉시 유명해졌습니다. 세계의 많은 방송국에서 그를 인터뷰했습니다.

제가 생각하기에 그가 처음으로 유명해진 건 아이언맨 헬멧 때문인 것 같아요. 그가 경기에 출전할 때마다 눈에 띄는 아이언맨 헬멧을 착용했거든요. 다른 선수들에 비해 디자인이 굉장히 특이했고, 그는 진짜 아이언맨 같아보였습니다. 또한 그는 첫 아시아인 스켈레톤 메달리스트기 때문에 많은 사람들이 대단하다고 생각했습니다. 그의 성공스토리는 그를 세계적으로 유명하게 만들었습니다. 저는 앞으로 그가 출전할 경기들에서 잘했으면 좋겠습니다.

Tip!   Part 2의 답변은 앞서 Part 1에서 배운 어휘/표현/문법을 바탕으로 본인의 생각을 자유롭게 말하면 돼. 주제가 조금은 더 어려워졌지? 하지만 위의 Sample Answer처럼 평소 본인이 생각하는 내용을 영어로 바꿔보는 연습을 해보면, 어렵지 않으니 매일매일 Ideation하는 습관을 길러보자구!

Q1

Do you think physical education is necessary?

체육수업이 꼭 필요하다고 생각합니까?

Ideation

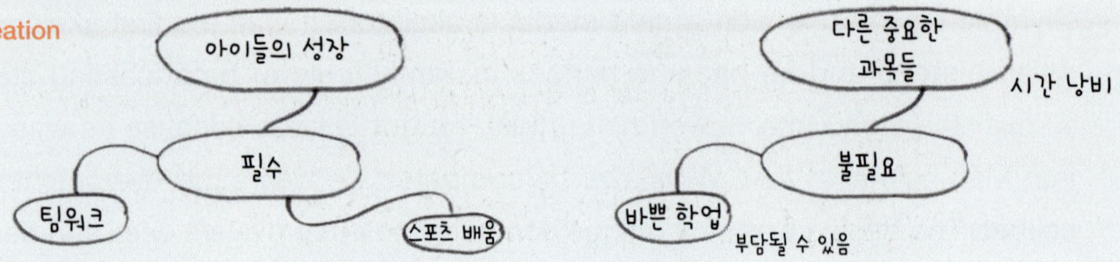

아이들의 성장

다른 중요한 과목들

시간 낭비

필수

불필요

팀워크

스포츠 배움

바쁜 학업

부담될 수 있음

Your Answer

Q2

What kinds of sports are popular in your country?

당신의 나라에서 어떤 스포츠가 유명합니까?

Ideation

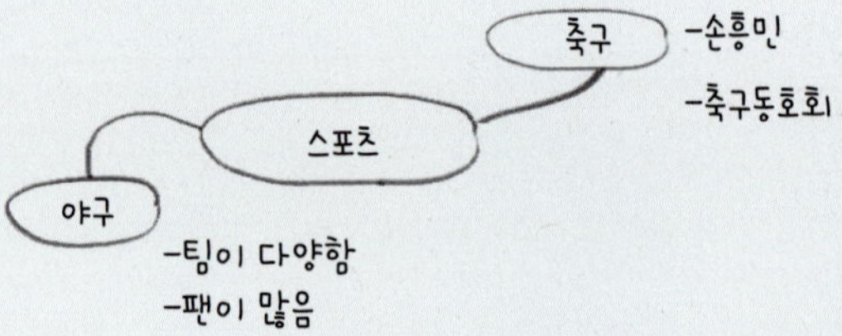

축구

-손흥민

-축구동호회

스포츠

야구

-팀이 다양함

-팬이 많음

Your Answer

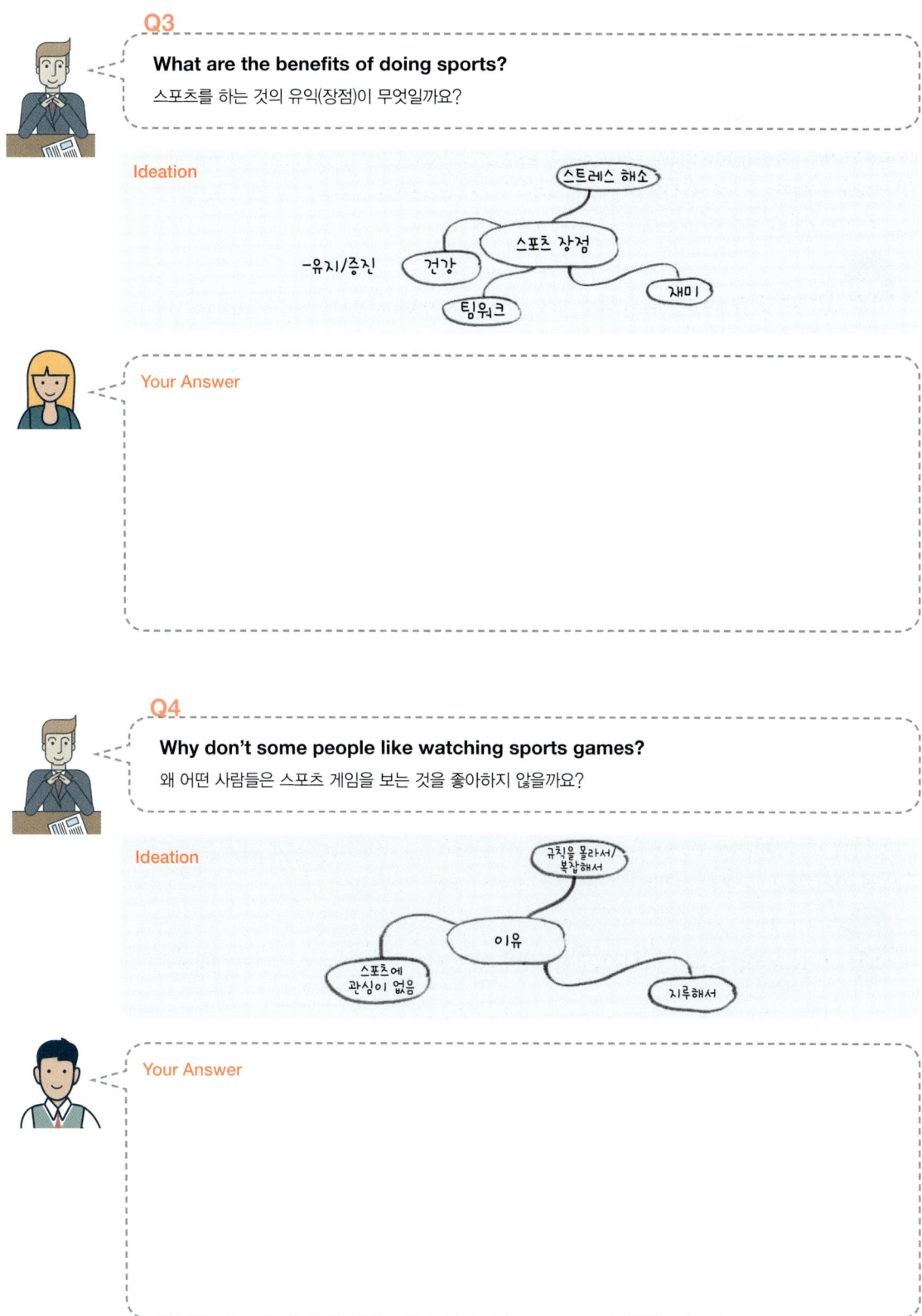

Q3

What are the benefits of doing sports?

스포츠를 하는 것의 유익(장점)이 무엇일까요?

Ideation

스트레스 해소

스포츠 장점

-유지/증진   건강

재미

팀워크

Your Answer

Q4

Why don't some people like watching sports games?

왜 어떤 사람들은 스포츠 게임을 보는 것을 좋아하지 않을까요?

Ideation

규칙을 몰라서/
복잡해서

이유

스포츠에
관심이 없음

지루해서

Your Answer

 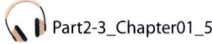

Q1

Well, yes. It seems like having lessons for physical education is a way of refreshing students' minds. They can learn how to play some sports, cooperate in a team, and get rid of stress.

네, 체육시간을 가지는 것은 학생들이 활력을 찾을 수 있는 방법인 것 같습니다. 스포츠를 배울 수도 있고, 팀 안에서 협동심을 가질 수도 있고, 스트레스도 풀 수 있거든요.

Tip! 나의 의견을 물어보는 문제는 내가 생각하는 것을 자유롭게 말해주면 돼. 너무 많은 것을 말하기보다는 짧아도 효과적으로 말해 보자.

Q2

I'm sure most Korean people like football and baseball. People like watching matches of these sports, and like playing it as well. There are loads of football clubs and baseball clubs in Korea.

한국 사람들은 확실히 축구와 야구를 좋아하는 것 같아요. 사람들은 축구나 야구 경기를 보는 것도 좋아하고, 하는 것도 좋아해요. 한국에는 축구와 야구 클럽도 많습니다.

Tip! 한국의 경향을 물어보는 문제이므로 한국에서 인기 있는 스포츠를 나열해 주면 되는 문제야. 예시를 들어주면 답변이 더욱 풍성해지겠지?

Q3

Well, obviously people can keep themselves fit or enhance health condition as playing sports requires lots of physical endurance. Also, sports players can achieve great self-satisfaction and motivation as well as feeling a sense of achievement.

스포츠를 하는 것은 활동을 많이 해야 되니 사람들은 건강을 유지하거나 더 건강해질 수 있습니다. 또한 스포츠 선수들은 큰 자기만족과 동기부여를 느끼면서 성취감도 느낄 수 있습니다.

Tip! 문제에서는 장점만 물어봤으니까 단점은 생각하지 않아도 돼. 스포츠를 하는 것에 대한 장점에 무엇이 있을지 생각해 보자.

Q4

Probably because they aren't interested in watching sports matches. Some people just don't like it since they think it's boring. And maybe because they don't know exact rules about a particular sport. If they don't understand, they won't feel it is interesting.

아마도 그들은 스포츠 경기를 보는 것에 관심이 없는 것 같아요. 몇몇 사람들은 그걸 지루하다고 여겨서 좋아하지 않거든요. 그리고 그들은 정확한 경기 규칙을 몰라서 그럴 수도 있습니다. 만약 이해하지 못한다면 흥미롭다고 여겨지지 않을 거예요.

Tip! 문제에서 **왜 좋아하지 '않는가'**를 물어봤기 때문에 **좋아하지 않는 이유를 말해 줘야 해**. 스포츠 경기를 좋아하지 않는 상황들에 대해 아이디어를 정리해 보고 말해 보자.

POST-SPEAKING

자, 이제는 직접 실전처럼 면접관의 질문에 답해 볼까?

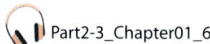 Part2-3_Chapter01_6

Part 2	Sample Answer P. 260

Describe a popular comic actor or actress in your country.

You should say;

● Who he/she is

● How you know him/her

● What comedies he/she has performed in

and explain why he/she is popular.

Ideation

Your Answer

Sample Answer P. 261

Q1

What influences do actors or actresses have on young people?
젊은 사람들에게 배우/여배우들이 어떤 영향을 미칠까요?

Ideation

Your Answer

Q2

Are there many people in your country who want to work as an actor?
당신의 나라에는 배우가 되고 싶어하는 사람이 많습니까?

Ideation

Your Answer

Popular Person과 관련된 문제가 나왔을 때 사용하기 좋은 문장들을 확인해 보자. 소리 내어 읽어 보고 자신이 말하고자 하는 내용으로 바꿔 보면서 시험에 대비해 보자.

Popular Person

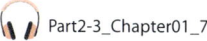
Part2-3_Chapter01_7

❶ **I'd like to talk about** Heungmin Son, **who is also known as** Sonny.
저는 손흥민에 대해서 이야기해 보겠습니다. 그는 Sonny라고도 알려져 있죠.

❷ **He is one of the most popular** football players in the world now.
그는 현재 세계에서 가장 유명한 축구 선수 중 한 명입니다.

❸ **He won the** gold medal in the 2018 Asian games in Jakarta.
그는 2018 자카르타 아시안 게임에서 금메달을 획득했습니다.

❹ **His** football skills **are gifted**.
그의 축구 스킬은 천부적이예요.

❺ **There are many fans who support him** world-wide.
그는 세계 전역에 응원해 주는 팬이 많습니다.

❻ **She is really good at** singing.
그녀는 노래를 정말 잘 해요.

❼ **She is well-known for** acting.
그녀는 연기로 유명합니다.

❽ Hugh Jackman **was in a film called** 'Logan'.
휴 잭맨은 'Logan'이라는 영화에 출연했습니다.

❾ **I first saw him in the** TV programme called 'K-pop star'.
저는 그를 'K–pop star'라는 TV 프로그램에서 처음 봤습니다.

❿ **I really like** him **because** he's really good looking.
저는 그가 정말 잘생겨서 좋아요.

SELF-CHECK 본인의 답변을 Good Example과 비교해서 영역별로 자신의 점수를 체크해 보자.

유창성	문법	어휘	발음
• 질문에 대한 답을 했는가? • 망설임 없이 말했는가? • 적당한 속도로 말했는가? • 답변에 추가적인 설명을 제시했는가?	• 주어 동사를 포함한 완전한 문장을 말하였는가? • 접속사, 관계대명사 등을 사용한 문장을 말하였는가? • 올바른 시제를 사용하였는가? • 수일치가 되도록 말하였는가?	• 한 단어를 반복 사용하지 않고 동의어를 사용했는가? • 다양한 어휘를 사용했는가? • 문맥상 정확한 어휘를 사용했는가? • Paraphrasing한 문장을 사용했는가?	• 틀린 발음 없이 정확히 발음했는가? • 정확한 억양을 사용하여 말하였는가? • 강세를 잘 살려 말하였는가? • 본인의 답변을 알아듣기 쉬웠는가?
1 2 3 4 5	1 2 3 4 5	1 2 3 4 5	1 2 3 4 5

1~5	6~10	11~15	16~20	Overall Grade
Limited	**Modest**	**Competent**	**Good**	

아일랜드 초기 정착? 이것만은 꼭 기억하세요!

안녕하세요? 아일랜드 ed:m 통신원 김유진입니다. 오늘은 저의 이야기를 써볼까 합니다. 저는 아일랜드에 온 지 거의 2달이 다 되어 가고 있습니다. 그동안 아일랜드에 어느 정도 정착을 한 것 같네요. 제가 어떤 식으로 정착을 하였는지, 어떻게 집과 Job을 구하는지까지 알려드릴게요. 아일랜드 초기 정착은 어렵다는 얘기를 많이 들으셨을 거라 생각이 듭니다. 저도 입국할 때 우여곡절이 많았는데요, 아일랜드를 오기로 결심하셨거나 고민하신다면 이 글이 조금이나마 도움이 되었으면 좋겠네요. 자 그럼, 아일랜드로 입국하는 것을 시작으로 천천히 설명해드릴게요.

1. 비행기를 놓치다

저는 비행기 경유 2회를 하는 노선이었습니다. 시작부터가 쉽지 않았는데요. 인천에서 경유하는 비행기가 연착이 되어 첫 번째 환승을 그만 놓치게 되었죠. 첫 번째 환승 구간은 인천–푸동이었는데요. 푸동으로 환승하는 것을 추천하고 싶지 않아요. 푸동 항공은 바로 캐리어를 최종 목적지까지 가져다 주는 것이 아니라 푸동에서 캐리어를 찾고 다시 수속을 밟아야 하기 때문이죠. 만약 푸동이 환승구간이라면 꼭 기내용 캐리어를 들고 타셔야 합니다. 그래야 호텔에서 하루를 머물고 아침 일찍 가서 새로운 비행기 예약을 잡고 시간이 될 때까지 기다릴 수 있기 때문이에요. (이왕이면 경유는 적게 하시는 게 좋아요. 돈이 더 들더라고 몸과 마음이 편하답니다. 어쩔 수 없이 경유를 할 경우 3–4시간 여유가 있으면 좋구요.) 저의 경우에는, 호텔에서 씻고 잠을 잔 덕분에 컨디션이 조금 더 좋았던 것과 같이 비행기를 놓친 외국인분들과 이야기를 할 수 있는 시간이 많아서 저에게 또 다른 의미 있는 시간이었습니다.

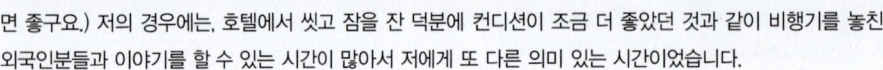

2. 도착 후, 캐리어 분실

캐리어 분실은 실제로 입국한 이후, 두 달 정도까지 저를 정말 힘들게 했습니다. 옷은 물론 샴푸, 속옷, 양말, 수건 등 아무것도 없는 상태로 다음날 학교를 가야 하는 상황이었거든요. 대충 씻고 입었던 옷을 또 입을 수밖에 없었습니다. 공항에 전화를 해도 안 받는 경우가 대부분이고 공항을 찾아가 보았지만 아직 도착하지도 않은 캐리어를 받을 수 없다는 회신뿐이었습니다. (런던 공항은 캐리어 분실이 잘 된다고 하니 유의하세요!) 캐리어가 없어서 초기 비용이 훨씬 많이 들었기 때문에 기내용 캐리어를 준비하는 것은 좋은 방법이라고 생각합니다.

3. IRP (구. GNIB, 외국인 체류증) 예약 및 집구하기

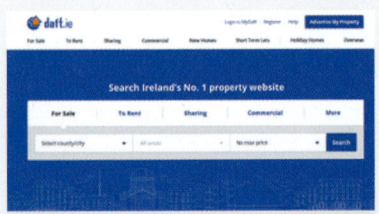

저는 아일랜드 오기 전까지 IRP 예약을 잡지 못했던 상태였고 아일랜드에 와서 예약을 잡았습니다. 그런데 IRP카드를 받으려면 집주소가 필요했기 때문에 입국 바로 다음날부터 바로 집을 구하러 다녔답니다. 저는 집 구하기 유명하다는 사이트 daft와 아일랜드 유학생 모임(아유모)에 입국 전에 이메일을 많이 보냈지만 집상태를 바로 확인을 할 수 없어서 차라리 입국하신 후에 이메일을 보내시는 게 더 빨리 구하고 시간낭비를 덜하는 것 같습니다. 하루에 여러 군데에 메일과 문자를 넣었더니 하루에 5개씩 집을 볼 수 있었답니다. 아일랜드 초기 정착, 정말 많은 시간과 노력이 필요했는데요. 아일랜드 유학을 준비하고 계신 분들께 제 이야기가 조금이나마 도움이 되었으면 좋겠네요.

CHAPTER 2

Weather & Season

우리가 누군가를 만났을 때 주로 날씨나 계절 얘기를 하는 것처럼 IELTS Speaking 영역에서도 날씨나 계절에 관련된 질문들이 자주 출제가 돼. 특히 어떤 문제들이 출제되는지 같이 살펴볼까?

02 WEATHER & SEASON

PREVIEW

'weather & season'을 생각하면 sunny, cloudy, warm, hot 정도의 단어 밖에 생각나지 않는다면 아래에 나열된 표현들을 꼭 배워봐. 다양한 표현들을 익혀서 아주 기본적인 날씨와 계절 질문이라 하더라도 시험관을 설득시킬 수 있는 매력적인 답을 해보자구!

Weather & Season과 관련된 표현

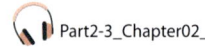 Part2-3_Chapter02_1

Weather

① to be below freezing
영하

② boiling hot
엄청나게 더운

③ heavy rain /to pour down
비가 많이 내리는

④ to get caught in the rain
바깥에 있을 때 예상치 못하게 비가 내리는 상황

⑤ mild climate/weather
날씨가 잔잔한

Season

⑥ a heat wave
날씨가 굉장히 더운 시기

⑦ a spell of ~ weather
~한 날씨가 보여지는 시기

> ex After a three-day spell of rainy weather, there was a spell of sunny weather.
> 3일간 비가 오고 나서, 따뜻한 시기가 왔다.

⑧ a change in the weather
날씨의 변화가 있을 때

⑨ wintry/summery season
겨울 다운/여름 다운 계절

⑩ lots of flowers blossom in spring/summer
많은 꽃들이 봄/여름에 핀다

PRE-SPEAKING

내가 제일 좋아하는 날씨에 대해서 이야기해 보자. 날씨를 묘사하는 형용사들을 충분하게 써주어야 겠지?

Part 2

Descibe a kind of weather you like

You should say;

● What it is

● Where you usually experience it

● What you will do

and explain why you like it.

Ideation

 SAMPLE ANSWER 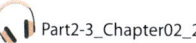 Part2-3_Chapter02_2

Well, I don't have much preference on the weather, but I'd say I quite like warm weather with a nice gentle breeze. I don't mean a hot one, just warm and sunny weather. It's quite common to experience this kind of weather in spring or autumn in Korea. I prefer warm weather in autumn because it's cooler.

When the weather is warm and sunny, I normally go outside and I usually meet my friends and hang out with them. I like this kind of weather because I really don't like extreme weather. Actually in Korea, the weather in summer and winter is quite extreme and I really hate hot or cold weather. It just makes me feel really tired and I can't stand them. Also, I normally feel great when the weather is good. I don't get sick when the weather is not extreme. So I prefer the warm weather.

저는 특별히 선호하는 날씨는 없지만, 바람이 살랑살랑 부는 따뜻한 날씨를 꽤 좋아합니다. 더운 날씨 말고, 따뜻하고 화창한 날씨 말이에 요. 한국에서는 이런 날씨를 일반적으로 봄이나 가을에 경험할 수 있습니다. 저는 좀 더 시원해서 가을의 날씨를 선호하는 편입니다. 날씨 가 따뜻하고 화창할 때는 대부분 집 밖으로 나가서 친구들을 만나서 시간을 보냅니다. 제가 이런 날씨를 좋아하는 이유는 너무 극단적인 날씨는 싫어하기 때문이죠. 사실 한국에서는 여름과 겨울 날씨가 꽤 극단적인데, 이런 날씨가 저를 힘들게 만들고 적응하기 힘들게 만들어 요. 또한, 날씨가 좋으면 제 컨디션도 좋습니다. 날씨가 극단적이지 않으면 아프거나 하지 않거든요. 그래서 저는 따뜻한 날씨를 선호합니다.

Part 3 Ideation

Q1

What is the least favourite season for you?

당신이 가장 좋아하지 않는 계절은 무엇입니까?

Ideation

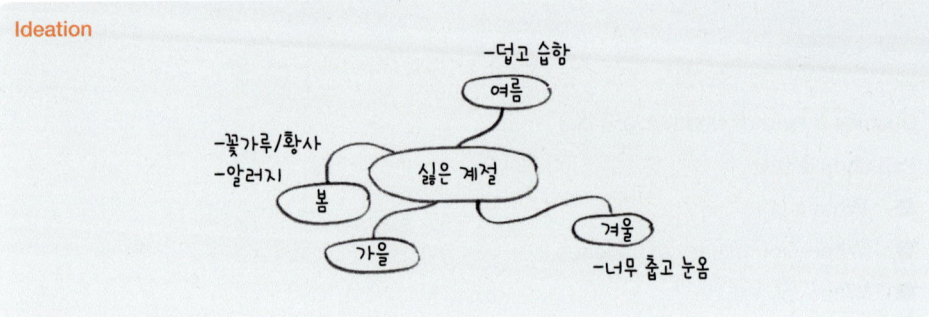

Q2

What type of weather is suitable for outdoor activities?

야외활동을 할 때 가장 적절한 날씨는 무엇입니까?

Ideation

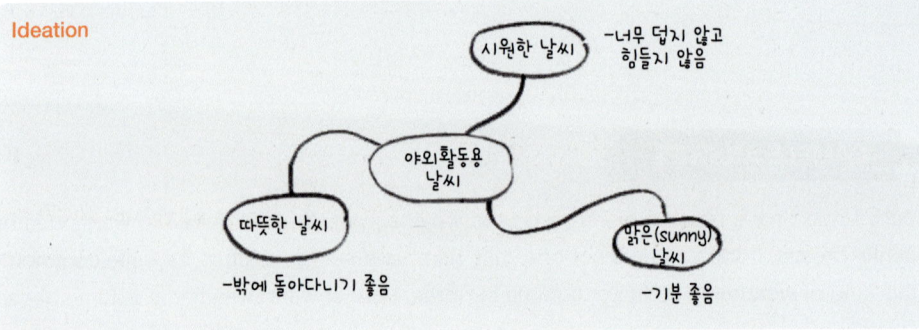

Q3

What's the most typical weather in your country?

당신의 나라에서 가장 일반적인 날씨는 무엇입니까?

Ideation

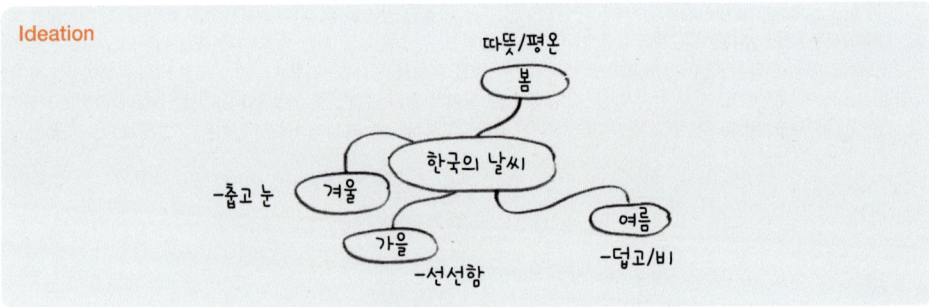

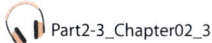

Q1 **What is the least favourite season for you?**

I really hate summer, to be honest. I just can't stand the heat and hot weather, and I really don't like going outside when the weather is hot and humid. Also I'm allergic to strong sunlight.

저는 여름을 정말 싫어해요. 저는 더위나 더운 날씨에 적응을 못하고, 날씨가 덥고 습할 때 밖에 나가는 것을 정말 싫어하거든요. 또한 저는 강한 햇빛에 알러지가 있습니다.

Tip! 문제에서의 키워드는 'least favourite'이야. 가장 좋아하지 않는 날씨를 말해야 하지. 내가 가장 좋아하지 않는 계절을 말하고 그에 따른 이유를 붙여보자.

Q2 **What type of weather is suitable for outdoor activities?**

When the weather is pleasant and cool, I guess. If it's rainy or snowy, it's impossible to do outdoor activities.

날씨가 좋고 시원할 때가 아닐까 싶습니다. 만약 비가 오거나 눈이 오면, 바깥 활동을 하는 것이 불가능하거든요.

Tip! Type of weather가 나왔으니 우리는 날씨의 종류를 언급해 주면 되겠지. 바깥에서 활동하기에 좋은 날씨들을 생각해 보고 나열해 보자.

Q3 **What's the most typical weather in your country?**

It depends on the season in Korea. In spring, it's warm and nice, and typical Korean summer is extremely hot. In autumn, it gets a bit cooler, and it's freezing and snowy in winter.

한국은 계절에 따라 달라요. 봄에는 따뜻하고 좋고, 일반적인 한국의 여름은 엄청나게 더워요. 가을에는 조금 더 시원해지고, 겨울에는 굉장히 춥고 눈이 오는 날씨입니다.

Tip! 우리 나라는 사계절이 있는 나라라서 계절에 맞게 날씨를 말해줘야 해. **Typical이란 단어는 common의 동의어야**. 가장 일반적인 날씨들을 이야기해 보자.

SPEAKING

자, 날씨에 대해서 이야기해 봤으니 이번에는 계절에 대해서 이야기해 볼까? 가장 좋아하는 계절을 생각해 보자.

Part 2

Cue card

Descibe your favourite season in your country.

You should say;

● What the season is

● What the weather is like at that time of year

● How that season is different from other seasons

and explain why it is your favourite season.

Ideation

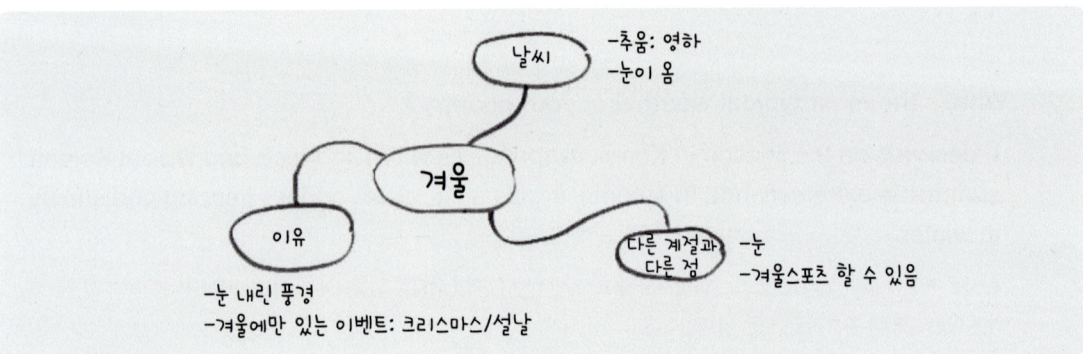

Your Answer

My favourite season in Korea is winter. A typical Korean winter would last around 4 or 5 months between November and February. During those really wintry months, the temperature drops below zero and it often snows. Actually last year, it was freezing and there were periods of quite heavy snowfall. Obviously the snow is what differentiates winter from the other seasons. In winter, lots of people play winter sports like skiing, snow-boarding, and skating. Well, I like winter because I think everything looks beautiful when the landscape is covered in snow. The scenery always makes me feel calm, and I usually take loads of pictures when it snows. Also celebrating Christmas and New Year in the winter is another thing. These are my favourite festivals and I wait for these occasions throughout the year. Especially in Christmas, I love visiting Christmas markets and celebrating it with my family and friends. So winter is definitely my favourite.

제가 한국에서 가장 좋아하는 계절은 겨울입니다. 일반적인 한국의 겨울은 11월에서 2월까지 4–5달 정도 지속됩니다. 이런 겨울다운 달에는 온도도 영하로 떨어지고 눈도 자주 옵니다. 사실 작년에는 정말 추웠고, 폭설이 내리던 시기도 있었습니다. 당연히 겨울이 다른 계절과 다른 점은 눈이겠죠. 겨울에는 많은 사람들이 스키, 스노우보드, 그리고 스케이트 같은 겨울 스포츠를 하기도 합니다. 제가 겨울을 좋아하는 이유는 눈으로 덮힌 풍경이 아름답기 때문입니다. 그 풍경이 항상 저를 차분하게 만들고, 눈이 올 때는 항상 사진도 많이 찍습니다. 또한 크리스마스와 새해를 기념하는 것이 또 하나의 이유이죠. 그것들이 제가 제일 좋아하는 축제이고, 1년 내내 그 행사들을 기다립니다. 특히나 크리스마스에는 크리스마스 마켓에 가는 것과 가족이나 친구와 크리스마스를 보내는 것을 좋아합니다. 그러므로 겨울은 확실히 제가 제일 좋아하는 계절입니다.

Part 3

Q1

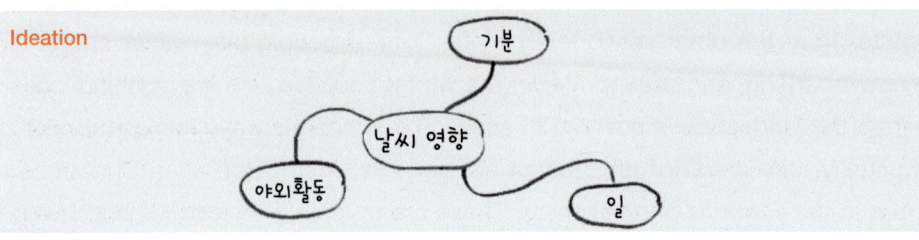

Does the weather have much impact on your life?
날씨가 당신의 삶에 많은 영향을 줍니까?

Ideation

기분

날씨 영향

야외활동

일

Your Answer

Q2

Do people in your country pay attention to the weather forecasts?
당신의 나라에서 사람들은 기상 예보에 관심을 가집니까?

Ideation

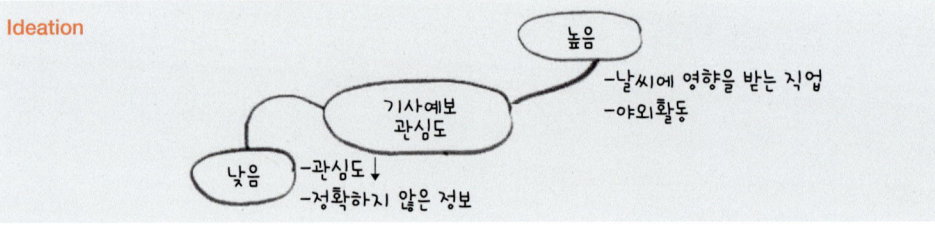

높음

기사예보
관심도

-날씨에 영향을 받는 직업
-야외활동

낮음

-관심도↓
-정확하지 않은 정보

Your Answer

Q3

Are weather forecasts in your country usually accurate?

당신의 나라에선 보통 기상예보가 정확합니까?

Ideation

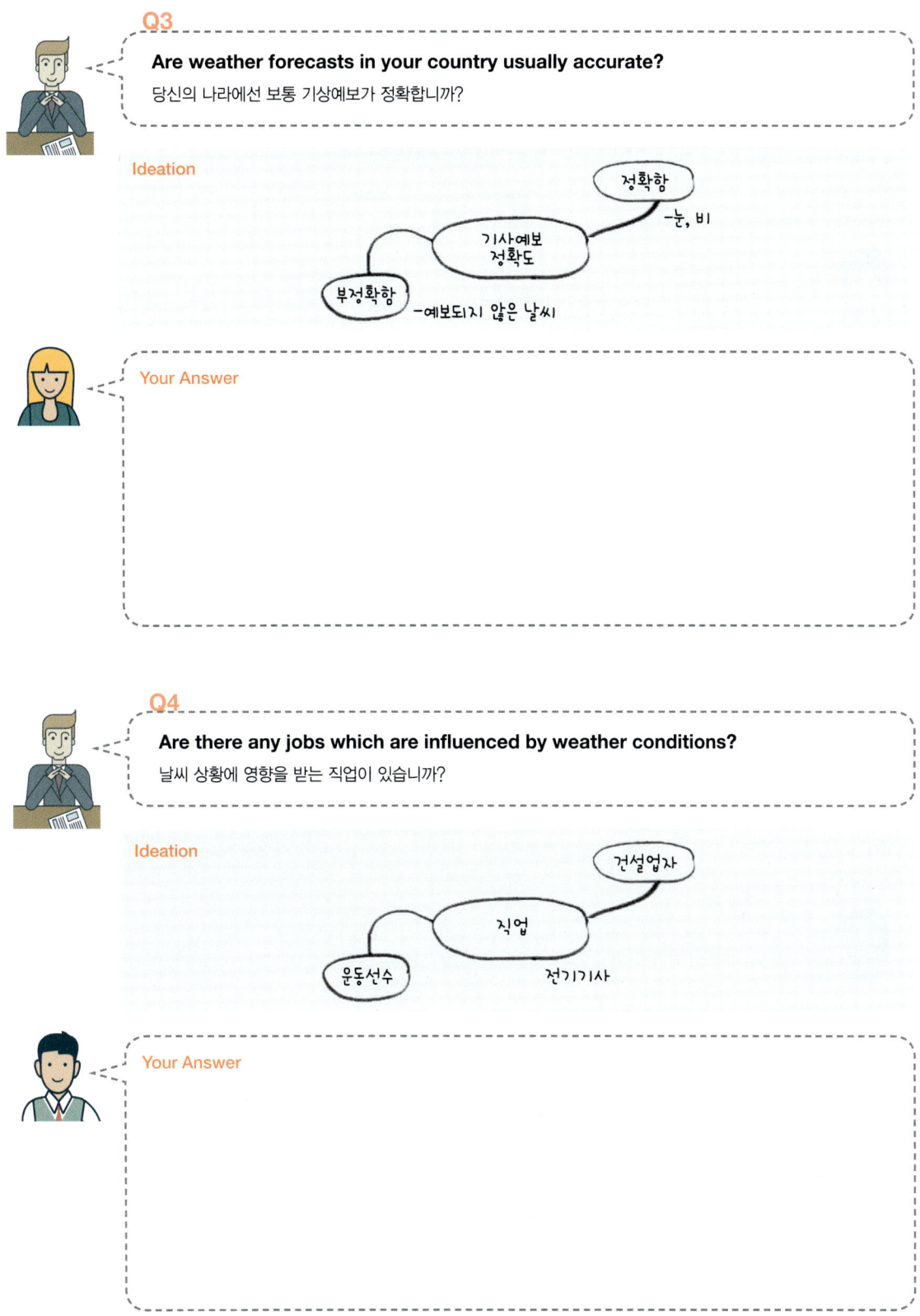

Your Answer

Q4

Are there any jobs which are influenced by weather conditions?

날씨 상황에 영향을 받는 직업이 있습니까?

Ideation

Your Answer

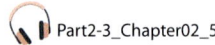

Q1

Not much. No matter what the weather is like, my mood doesn't change. Well if it's too hot, sometimes I feel upset but other days, I don't feel much differences.

별로 그렇지 않습니다. 날씨가 어떻든 간에, 제 기분은 바뀌지 않거든요. 만약 날씨가 너무 덥다면 가끔 짜증나기도 하지만, 다른 때에는 별로 차이점을 느끼지 못합니다.

> Tip! 기분이라는 단어를 feeling이라고 표현하는 경우가 있는데, mood라는 표현이 더 적절한 표현이야. 날씨에 따라 기분이 영향을 받는지 생각해 보자.

Q2

I don't quite think so. Usually Korean weather forecasts aren't that accurate, so they don't pay attention to it unless they go outside.

저는 그렇지 않다고 생각합니다. 대부분 한국의 일기 예보는 그다지 정확하지 않아서 사람들이 바깥에 나가지 않는 이상은 관심을 가지지 않는 것 같아요.

> Tip! 문제에서 일기 예보라는 말이 나왔으니 우리 나라의 일기 예보가 어떤지, 사람들이 관심을 가지는지의 여부에 대해서 말해 보자.

Q3

When it rains or snows, they are mostly accurate and reliable. But in most cases, they aren't. I think they broadcast wrong information once every five times at least, and most people don't quite believe the weather information they provide.

눈이 오거나 비가 올 때는 대부분 정확하고 믿을 만한 것 같지만 대부분은 그렇지 않습니다. 제 생각에는 5번에 1번 정도는 잘못된 정보를 방송하는 것 같고, 대부분의 사람들은 그들이 제공하는 정보를 믿지 않습니다.

> Tip! 여기에서의 키워드는 빈도부사인 usually가 되겠지? 대부분의 일기예보가 어떤지 생각해 보고, 전반적인 경향에 대해서 이야기해 보자.

Q4

I'd say builders are the ones whose job is dependent on the weather. They normally work outside in order to build buildings. Also electricians might be the ones as their job can be highly risky when the weather is bad.

날씨에 좌지우지되는 직업은 건설업자인 것 같아요. 그들은 대부분 빌딩을 짓기 위해 밖에서 일하거든요. 또한 전기 기사들도 날씨가 나쁘면 굉장히 위험한 상황에 처할 수 있다고 생각합니다.

> Tip! 여기에서도 type of jobs기 때문에 직업 종류를 나열해 주면 되는 문제야. 어떤 직업들이 날씨에 영향을 많이 받는지 생각해 보자.

POST-SPEAKING

자, 이제는 직접 실전처럼 면접관의 질문에 답해 볼까?

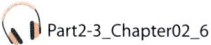

Part 2   Sample Answer P. 261

Describe a time when the weather caused you to change your plans.

You should say;

● When and where it happened

● What your plan was

● What happened

and explain how you felt when you had to change your plan.

Ideation

Your Answer

Q1

What kinds of clothes do people wear in summer?

사람들은 여름에 어떤 종류의 옷을 입습니까?

Ideation

Your Answer

Q2

Would you prefer to live in a place with one season or four different seasons?

당신은 한 계절이 있는 곳과 사계절이 있는 곳 중에서 어느 곳에서 사는 것을 더 좋아합니까?

Ideation

Your Answer

REVIEW

날씨와 관련된 문제가 나왔을 때 사용하기 좋은 문장들을 확인해 보자. 소리내어 읽어보고 자신이 말하고자 하는 내용으로 바꿔보면서 시험에 대비해 보자.

Speaking Practice

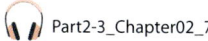 Part2-3_Chapter02_7

❶ **I like** warm and sunny **weather**.
저는 따뜻하고 화창한 날씨를 좋아합니다.

❷ **There is a spell of** sunny **weather in** summer.
여름에는 화창한 날씨가 지속되는 편입니다.

❸ **In** August, **it rains cats and dogs in** Korea.
한국에서는 8월에 비가 엄청나게 많이 내립니다.

❹ **In** spring, all flowers bloom and everything looks very alive.
봄에는 모든 꽃들이 만개하고 모든 것들이 굉장히 활기차 보입니다.

❺ **Because I got caught in the rain, I** had to wait at the station for some hours.
갑작스럽게 비가 내려서 역에서 몇 시간 동안 기다려야만 했어요.

❻ **I had to change my plan because of** a heavy storm.
태풍이 너무 강력했기 때문에 계획을 바꿨어야만 했어요.

❼ **It's boiling hot and humid in summer**.
여름엔 엄청 덥고 습합니다.

❽ **In autumn, trees leaves change colours into red and yellow.**
가을에는 나뭇잎이 빨간색이나 노란색으로 물듭니다.

❾ Winter **is just around the corner**.
겨울이 다가옵니다.

SELF-CHECK   본인의 답변을 Good Example과 비교해서 영역별로 자신의 점수를 체크해 보자.

유창성	문법	어휘	발음
• 질문에 대한 답을 했는가? • 망설임 없이 말했는가? • 적당한 속도로 말했는가? • 답변에 추가적인 설명을 제시했는가?	• 주어 동사를 포함한 완전한 문장을 말하였는가? • 접속사, 관계대명사 등을 사용한 문장을 말하였는가? • 올바른 시제를 사용했는가? • 수일치가 되도록 말하였는가?	• 한 단어를 반복 사용하지 않고 동의어를 사용했는가? • 다양한 어휘를 사용했는가? • 문맥상 정확한 어휘를 사용했는가? • Paraphrasing한 문장을 사용했는가?	• 틀린 발음 없이 정확히 발음했는가? • 정확한 억양을 사용하여 말하였는가? • 강세를 잘 살려 말하였는가? • 본인의 답변을 알아듣기 쉬웠는가?
1 2 3 4 5	1 2 3 4 5	1 2 3 4 5	1 2 3 4 5

1~5	6~10	11~15	16~20	Overall Grade
Limited	**Modest**	**Competent**	**Good**	

뉴욕에서 첫 빨래 도전하기!

안녕하세요, ed:m 미국 통신원 FAY입니다. 저는 미국에서 어학연수 생활을 홈스테이 생활로 지내고 있답니다. 홈스테이라고 해서 다들 한국처럼 당연히 세탁기 하나씩 있을 것 같다고 생각했다면… 오산입니다. 대부분 뉴욕에 있는 가정에는 세탁기가 없어요. 그래서 길거리에 Laundry shop을 찾기가 참 쉽습니다. (그럼에도 불구하고 한 달 동안 저는 빨래를 하지 못했어요…) 왠지 막상 가자니 떨리고 사용법 모를 것 같고, 귀찮아서 그동안 작은 빨래들이나 손빨래 가능한 것들만 손빨래해서 연명해 왔네요. 결국 그 한계에 맞딱뜨린 저는 Laundry shop에 가보기로 결심을 했습니다!

온라인으로 뒷조사(?)를 해보니 세제 같은 건 따로 챙겨가야 한다길래 준비! (없으면 거기서 판매하기도 한다는데 제가 간 곳에서는 제가 못찾은 걸 수도 있지만, 세제가 없더라구요.)

마침 아주아주 가까이에, 300m도 안되게 떨어진 곳에 있는 24시간 Laundry shop. 도착하니 빨래를 하고 있는 다른 주민님들도 보입니다. 가서 보니 뭔가 카드를 넣게 생긴 곳이 있어요. 뭣도 모르고 현찰만 뽑아오긴 했는데, 한참 두리번거리다가 카드를 충전하는 자판기 같은 기계가 있어서 카드를 새로 발급받으려고 하니 직원(?)으로 보이는 분께서 지금은 새 카드가 없다고 하십니다. 띠로리…

그래서 어떻게 해야 하냐고 물어보니 자기 카드 빌려줄 테니 거기 충전해서 쓰고 돌려달라고 하셨어요. 정말 감사하죠! 그래서 막상 충전을 하고 나니 이젠 어떻게 이용하는지를 모르겠더라구요. 슬금슬금 그분께 또 찾아가서 물어봅니다. "It's my first time here, would you let me know how to use it?" 세탁을 할 건지, 건조를 할 건지 먼저 물어보시고 세탁 먼저 할거라고 하니 세탁기로 안내해 주시고 사용법도 알려주셨답니다. 멋모르고 그냥 서있던 곳 앞에서 시작했으면 건조기나 돌릴 뻔 했던 거 있죠. 세제랑 섬유린스 넣는 것까지 깔끔하게 알려주시고 "Now, all you have to do is wait" 하고 쿨하게 사라지셨어요.

우여곡절 끝에 세탁이 끝나고 빨래를 카트(아무거나 놀고 있는 거 사용하면 된답니다.)에 담아 건조기로 옮겨 건조기를 작동시켜 보았네요! (건조기 역시 같은 카드로 이용합니다.) 그냥 start를 누르면 8분 동안 건조기가 돌아갑니다. 저는 시간을 어떻게 조정하는지 몰랐기 때문에 8분이 지나고 빨래를 직접 확인하니 덜 마른 것 같아 8분을 더 돌렸어요. 빨래하는 동안 시간을 때울 책이나 보조배터리(유튜브라도…) 등을 챙겨가시면 좋을 것 같아요. 정말… 심심하거든요… 건조까지 완료하면 이제 빨래를 차곡차곡 잘 개어서 담아왔던 봉투에 다시 담아줍니다. 섬유린스를 남용했더니 향기 폴폴 나고 아주 좋네요.

첫 세탁소 신고식을 마치고 나가려는데 아까 도움을 주셨던 직원분이 언제 다시 올거냐 물어보시네요. "I checked the account you put 20 dollars and now you have 16 bucks. I got an extra card so keep that, give it back after you use up all the money in it. Don't lose it, okay?"

이렇게 친절을 베풀어 주시네요. 저는 이제 매주 빨래하러 가려구요. 그럼 오늘은 여기까지, 통신원 FAY였습니다.

CHAPTER 3

Building &
Place

이번 챕터에서는 좋아하는 건물이나 장소에 대한 문제를 다뤄 볼 거야. 시험장에서 시험관에게 직접 들으면 당황할지도 모르는 문제들이 출제되니까 같이 연습해 보자.

BUILDING & PLACE

PREVIEW

일상생활에서도 도시의 랜드마크나 맛집 이야기를 할 때가 많지? 이처럼 건물이나 장소에 대한 문제들이 종종 출제돼. 아래에 건물이나 장소 이야기를 할 때 사용하기 좋은 표현들을 모아놨으니 실제 시험에도 잘 활용할 수 있도록 기억해 두자!

Building & Place와 관련된 표현

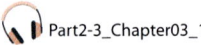
Part2-3_Chapter03_1

Building

① **I like visiting ~**
저는 ~를 방문하는 것을 좋아합니다.

② **On the top of the building, there's an observatory.**
건물 꼭대기에는 전망대가 있습니다.

③ **be located on ~**
~에 있다

④ **the tallest building in ~**
~에서 가장 높은 건물

⑤ **Lots of people like visiting there because there are lots of shops.**
거기엔 상점들이 많아서 많은 사람들이 방문하는 것을 좋아합니다.

Place

⑥ **Usually I visit the library when I need to work in a quiet place.**
저는 조용한 데에서 일을 해야 할 땐 대부분 도서관에 갑니다.

⑦ **crowded places**
붐비는 장소

⑧ **It's nice to work out in parks.**
공원에서 운동을 하는 것은 좋습니다.

⑨ **My friends and I go to this restaurant after work.**
제 친구들과 저는 일이 끝나고 이 식당에 갑니다.

⑩ **There's a big cinema in the shopping mall.**
쇼핑몰에는 큰 영화관이 있습니다.

건물이나 장소에 우리는 가거나 방문하기 때문에 'go'나 'visit' 같은 어휘를 많이 사용하게 되겠지? 말하고자 하는 장소를 설명해야 하니 아래 내용을 잘 연습해 보자.

Part 2

Cue card

Describe a building you like

You should say;

● Where it is

● What it is used for

● What it looks like

and explain why you like it.

Ideation

 SAMPLE ANSWER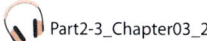

Well, one of my favourite buildings is 'The Shard' in London, England. I used to visit a neighbouring town to see that building, and took loads of pictures of it. It's divided in different sections; there are some restaurants on first few floors, hotels and residential areas in the middle sections, and also an observatory on the top floor. It's a 72-storey building, and it narrows down in size towards the top. As it's the tallest building in London, it actually stands out in the surroundings. Also it looks stunning when it's lit up at night. Well, I like this building because I love its observatory. Like I said, on the top, a floor is used as an observatory and there, I can see the scenery of London. I love seeing views of cities, so whenever I go somewhere, I always go to observatories, but this one was the best. I used to spend lots of time there. Also it looks really cool. I always went across the river Thames to see 'The Shard' as it looked fabulous. Especially at night, it looked really sparkly with lots of lights. I absolutely loved it. I wish I could go there again.

제가 제일 좋아하는 빌딩 중 하나는 영국 런던에 있는 'The Shard'입니다. 저는 그 건물을 보려고 주변 동네를 방문했고, 많은 사진을 찍곤 했습니다. 그 건물은 여러 부분으로 나뉘어져 있어요. 밑에 몇 층에 걸쳐서 식당이 몇 개 있고, 호텔과 주거지역이 중간에, 그리고 꼭대기에는 전망대가 있습니다. 이 건물은 72층이고, 꼭대기로 갈수록 모양이 좁아집니다. 이게 런던에서 가장 높은 건물이다 보니, 주변에서 굉장히 눈에 띕니다. 또한 밤에 불이 켜지면 정말 예쁘구요. 제가 이 건물을 좋아하는 이유는 거기에 있는 전망대를 좋아해서입니다. 제가 말했듯이, 꼭대기에는 한 층이 전망대로 사용되고 있는데, 런던의 풍경을 볼 수 있습니다. 저는 도시의 전망을 보는 것을 좋아해서 어디를 가도 전망대에 가는데, 여기가 최고인 것 같아요. 또한, 건물이 굉장히 멋지게 생겼어요. 저는 항상 템즈강 건너편으로 가서 'The Shard'를 보곤 했는데, 너무 멋있었어요. 특히 밤에는 조명 때문에 굉장히 반짝거렸어요. 정말 좋았어요. 다시 그곳에 갈 수 있으면 좋겠습니다.

Q1

Is it important to preserve old buildings?
오래된 건물들을 보존하는 것이 중요합니까?

Ideation

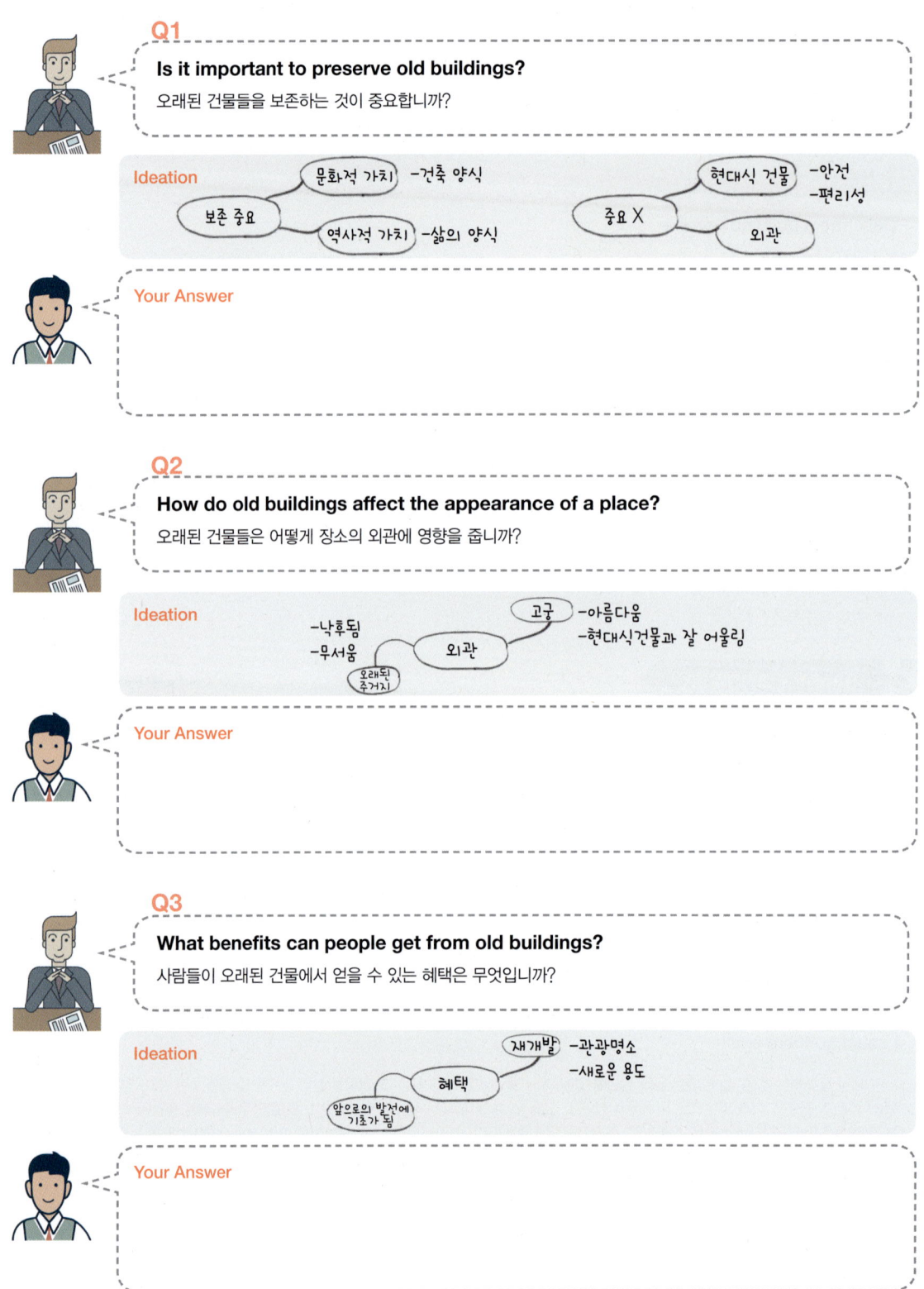

문화적 가치 –건축 양식
보존 중요
역사적 가치 –삶의 양식

현대식 건물 –안전
–편리성
중요 X
외관

Your Answer

Q2

How do old buildings affect the appearance of a place?
오래된 건물들은 어떻게 장소의 외관에 영향을 줍니까?

Ideation

–낙후됨
–무서움
외관
오래된 주거지

고궁 –아름다움
–현대식건물과 잘 어울림

Your Answer

Q3

What benefits can people get from old buildings?
사람들이 오래된 건물에서 얻을 수 있는 혜택은 무엇입니까?

Ideation

재개발 –관광명소
혜택 –새로운 용도
앞으로의 발전에 기초가 됨

Your Answer

Q1 **Is it important to preserve old buildings?**

I think so. Most old buildings are valuable for nations' culture and history. Old buildings normally show how a nation's architecture style and lifestyle of people were like in the past.

저는 그렇다고 생각합니다. 대부분의 오래된 건물들은 나라의 문화와 역사적 가치가 있습니다. 오래된 건물들은 대부분 과거의 건축 양식이나 사람들의 삶의 방식을 보여 주죠.

> 💡 우리가 계속 연습하고 있는 것이 즉문즉답이지? 문제를 반복하지 말고 중요하다/중요하지 않다로 답하고 이유를 붙이는 연습을 해보자.

Q2 **How do old buildings affect the appearance of a place?**

It depends on what building it is. For example old palaces look fabulous and it looks great with the surrounding, but old residences can easily usually spoil the appearance of an area.

그건 건물마다 다릅니다. 예를 들어 오래된 궁전들은 정말 멋지고 주변과도 잘 어울리지만, 오래된 주거지들은 지역의 외관을 망치기도 합니다.

> 💡 우리 나라에서 case by case라고 하는 표현은 영어로 바꾸면 'It depends on~'이라는 표현이야. 꽤 많이 틀리는 표현이니 외워 두자!

Q3 **What benefits can people get from old buildings?**

Well, I'm sure people in the tourism industry can redevelop or renovate old buildings as a tourist attraction. They can use the building for new purposes like a café, or a restaurant.

제 생각엔 관광업에 종사하는 사람들은 오래된 건물들을 재개발하거나 개조해서 관광지로 만들 수 있을 것 같습니다. 그들은 그 건물들을 카페나 식당 같은 새로운 용도로 사용할 수 있다고 생각합니다.

> 💡 여기에서의 benefit은 혜택/이득이라는 의미로 쓰였지. 그렇다면 혜택만 이야기하면 되는데 괜히 단점을 말해서 off-topic이 되는 경우가 있어. 주의하도록 하자!

SPEAKING

장소와 관련된 다양한 문제 중에서 "조용한 장소"가 출제되었다고 생각해 보자. 여러 가지 아이디어
들 중에, 내 주변에는 어떤 조용한 장소들이 있는지 생각해 보고 답변을 구성해 보자.

Part 2

Cue card

Describe a quiet place you found.

You should say:

● Where it is

● When you like to go there

● What you do there

and explain why you like to visit there.

Ideation

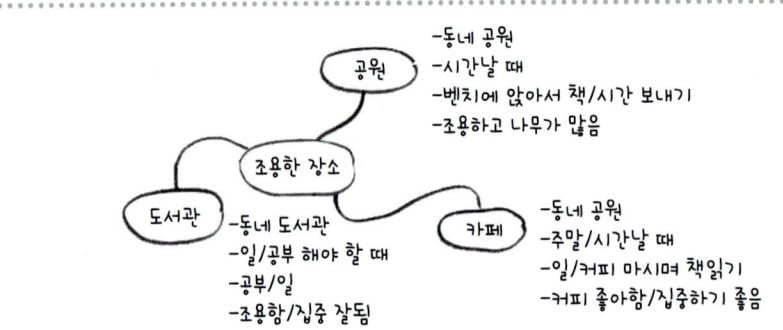

Your Answer

 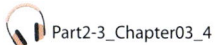

Well, there's a really small park just around the corner from my apartment and I regularly visit there since it's only 3 minutes away from my house. It's a really small one compared to other ones in my town, but this one is the quietest. I normally go there whenever I have some spare time. It's a small, but there are lots of benches, so I can sit and relax. Actually there are some people in the day, so I prefer to go there in the evenings. I just sit on a bench and relax for a bit, or sometimes read something. It's actually quite nice to read there if the weather is good. And also there are some pieces of equipment for people to exercise, so I sometimes use them. I simply like it because it's very quiet. The park is surrounded by woods so I can barely hear any noise. Actually I hear a lot of noise during the day, whenever I'm fed up with it, I tend to visit there then relax for some time. I always think it's a good way of relieving stress, spending some time in a really quiet place. Also I like spending some time somewhere where there's lots of plants. This park is one of my favourites because there are lots of flowers and trees even though they're small. I really like visiting this place.

제가 사는 아파트 바로 근처에 작은 공원이 있는데 집에서 3분밖에 안 걸리기 때문에 자주 가곤 합니다. 동네에 있는 다른 공원들에 비해 작지만, 여기가 제일 조용한 공원이죠. 저는 여가 시간이 있을 때 대부분 거기에 갑니다. 그 공원은 작지만 벤치가 많아서 앉아서 쉴 수 있어요. 사실 낮에는 사람이 좀 있어서 저는 저녁에 가는 것을 선호합니다. 저는 그냥 벤치에 앉아서 쉬거나 가끔 뭔가를 읽곤 합니다. 날씨가 좋으면 꽤 괜찮거든요. 그리고 운동을 할 수 있는 기구들이 몇 가지 있어서 가끔 그걸 사용하곤 합니다. 저는 그 공원이 조용해서 좋습니다. 그 공원에는 나무가 많아서 다른 소음이 잘 들리지 않구요. 하루 종일 소음을 듣고 사는데, 그게 힘들면 공원에 가서 좀 쉬는 편입니다. 정말 조용한 곳에서 시간을 보내는 것은 스트레스를 해소하는 좋은 방법이라고 항상 생각합니다. 또한 저는 식물이 많은 곳에서 시간을 보내는 것을 좋아합니다. 이 공원은 제가 제일 좋아하는 곳 중에 하나인데, 작은데도 꽃과 나무가 많기 때문이죠. 저는 이 곳을 방문하는 것을 정말 좋아합니다.

Q1

Why do some people not like quiet places?

몇몇의 사람들은 왜 조용한 장소를 좋아하지 않습니까?

Ideation

졸려서

이유

조용한 것을
선호하지 않음

지루해서

Your Answer

Q2

Do you need a quiet place when you are working?

당신은 일할 때 조용한 장소가 필요합니까?

Ideation

필요함 - 집중 잘됨
- 빨리 끝낼 수 있음

필요 유무

필요없음
- 시끄러워도 집중 잘함

Your Answer

Q3

Why do people like to spend time in quiet places?

사람들은 왜 조용한 장소에서 시간을 보내는 것을 좋아합니까?

Ideation

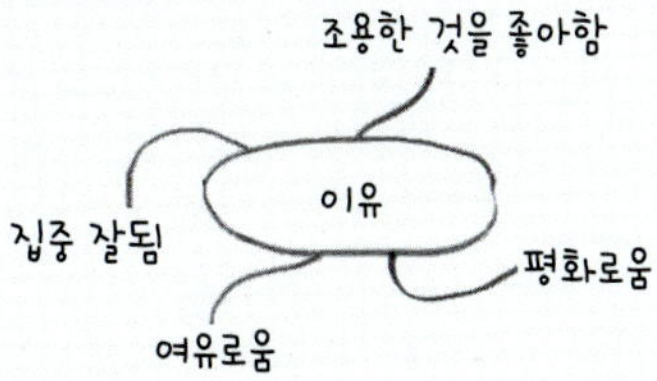

조용한 것을 좋아함

집중 잘됨 — 이유 — 평화로움

여유로움

Your Answer

Q4

Do you think cities are much noisier than before?

당신은 도시가 이전보다 훨씬 더 시끄러워졌다고 생각합니까?

Ideation

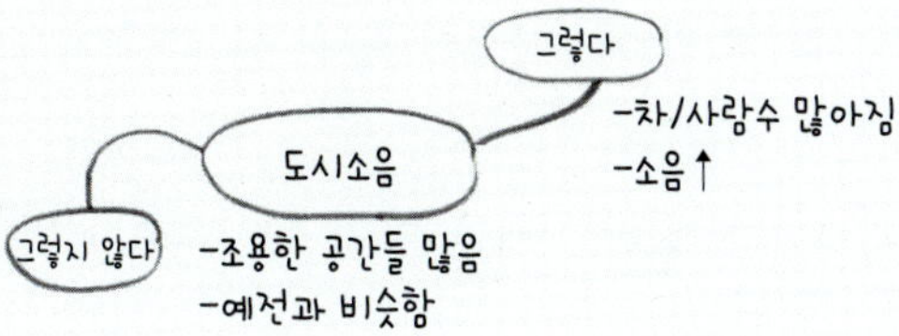

그렇다
도시소음 — 차/사람수 많아짐
— 소음↑

그렇지 않다 — 조용한 공간들 많음
— 예전과 비슷함

Your Answer

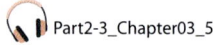

Q1

Maybe because those places are calm so people might feel they have nothing to do in there. And of course, some people just hate silence.

아마도 그런 장소들은 차분해서 사람들이 할 게 아무것도 없다고 생각하는 것 같습니다. 그리고 어떤 사람들은 고요함을 싫어하기도 합니다.

> Tip! 왜 사람들이 조용한 곳을 싫어하냐고 물어봤으니, 질문에 대한 대답만 정확하게 해주는 것이 좋겠지? 문제에서 요구하는 부분을 제대로 듣는 연습을 해보자.

Q2

Not really. I don't get distracted by noise when I'm concentrating. Sometimes working in quiet places helps me to concentrate better.

아니오, 그렇지 않습니다. 저는 집중할 때 소음에 영향을 받지 않거든요. 가끔 조용한 데서 일하면 더 잘 집중할 수 있기는 합니다.

> Tip! 내가 일할 때나 공부할 때 조용한 장소가 필요한지 아닌지 생각해 보고 이유를 붙여 보자.

Q3

Obviously they can feel calm and relaxed. In noisy places, it's hard to get those feelings since there are lots of people, talking and making noise. But in quiet places, people can do whatever they'd like without getting disturbed by someone.

그들은 차분하고 여유롭다고 느끼는 것 같습니다. 시끄러운 장소에서는 사람들이 말을 하고 소음을 만들기 때문에 그런 기분이 들기 어렵습니다. 그러나 조용한 장소에서는 사람들이 방해받지 않고 하고 싶은 일을 할 수 있죠.

> Tip! 이번에는 조용한 장소를 왜 좋아하냐는 문제야. 어떤 이유들 때문에 사람들이 조용한 장소를 선호하는지 생각해 보고 답변을 구성해 보자.

Q4

I think so. Cities are more developed nowadays, so there are lots of cars and people which make lots of noise. In the past, I'm sure cities were a lot quieter.

저는 그렇게 생각합니다. 도시들은 요즘 더 발전되었고, 거기엔 소음을 만드는 차들과 사람들이많거든요. 제가 생각하기엔 과거에는 도시들이 훨씬 조용했던 것 같습니다.

> Tip! 비교급이 문제에 출제된다면 일단 꼭 해야 하는 것은 비교가 될 거야. 이 문제에서는 전보다 더 시끄럽냐고 물었으니 과거의 경향과 지금의 경향을 비교해 보자.

POST-SPEAKING

자, 이제는 직접 실전처럼 면접관의 질문에 답해 볼까?

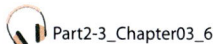 Part2-3_Chapter03_6

Part 2   Sample Answer P. 262

Describe a leisure facility (cinema, theater, sports center) you would like to have in your hometown.

You should say;

● What it would be

● Where it would be

● When you would go there

and how you would feel about it.

Ideation

 *Your Answer*

Q1

What do young people do for fun?
당신의 나라에서 젊은 사람들은 재미로 무엇을 합니까?

Ideation

Your Answer

Q2

What kinds of leisure facilities are popular in your country?
당신의 나라에서는 어떤 종류의 여가시설이 인기가 있습니까?

Ideation

Your Answer

어떤 특정한 장소나 건물들을 이야기할 때 필요한 구문들을 생각해 보고 읽어 보자. 이런 구문들이 익숙해지면 좋은 점수를 받을 수 있을 거야.

Speaking Practice

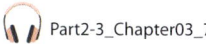
Part2-3_Chapter03_7

1 I prefer **quiet places** when I'm working.
저는 일할 때 조용한 장소들을 선호합니다.

2 There are **many convenient facilities** in my town.
제가 사는 동네에는 많은 편리한 시설들이 있습니다.

3 Building **skyscrapers** is very popular in many countries.
고층 빌딩을 짓는 것은 많은 나라들에서 굉장히 인기 있습니다.

4 Many **residential areas** are being redeveloped.
많은 주거지들이 재개발되고 있습니다.

5 I usually visit **Han River park** when I have spare time.
저는 여가 시간이 있을 때 한강 공원에 가곤 합니다.

6 **Gyungbok Palace** looks great with the surroundings.
경복궁은 주변 환경과 굉장히 잘 어울립니다.

7 Citizens can work out and spend time with friends at **public gardens**.
시민들은 공원에서 운동도 하고, 친구들과 시간도 보낼 수 있습니다.

8 The building looks fabulous because **it's surrounded by the mountains**.
그 건물은 산에 둘러 쌓여 있어서 정말 멋집니다.

9 People like visiting there **as there are lots of shops and leisure facilities**.
사람들은 그곳에 상점들과 휴양시설이 많기 때문에 가는 것을 좋아합니다.

10 People who live in urban areas suffer from **noise pollution**.
도시에 사는 사람들은 소음 공해로 인해 고통받고 있습니다.

SELF-CHECK
본인이 말한 답변을 Good Example과 비교해서 영역별로 자신의 점수를 체크해 보자.

유창성	문법	어휘	발음
• 질문에 대한 답을 했는가? • 망설임 없이 말했는가? • 적당한 속도로 말했는가? • 답변에 추가적인 설명을 제시했는가?	• 주어 동사를 포함한 완전한 문장을 말하였는가? • 접속사, 관계대명사 등을 사용한 문장을 말하였는가? • 올바른 시제를 사용했는가? • 수일치가 되도록 말하였는가?	• 한 단어를 반복 사용하지 않고 동의어를 사용했는가? • 다양한 어휘를 사용했는가? • 문맥상 정확한 어휘를 사용했는가? • Paraphrasing한 문장을 사용했는가?	• 틀린 발음 없이 정확히 발음했는가? • 정확한 억양을 사용하여 말하였는가? • 강세를 잘 살려 말하였는가? • 본인의 답변을 알아듣기 쉬웠는가?
1 2 3 4 5	1 2 3 4 5	1 2 3 4 5	1 2 3 4 5

1~5	6~10	11~15	16~20	Overall Grade
Limited	**Modest**	**Competent**	**Good**	

디저트가 맛있는 **영국 마트에서 빵지 순례하기!**

안녕하세요~ 영국 ed:m 통신원 김소라입니다. 오늘은 영국에서 먹어 본 마트 디저트에 대해 이야기해 보려고 하는데요. 제가 먹어 봤던 영국 마트의 디저트 중에 정말 맛있어서 모두에게 추천해 주고 싶은 디저트를 뽑아보았습니다. (지극히 주관적인 의견이니 판단은 여러분들에게 맡깁니다.) 영국의 큰 대형마트로는 WAITROSE, MARKS & SPENCER, SAINSBURY'S, TESCO가 있는데요. (이외에도 COOP, ICELAND, NISA, POUNDLAND 등이 있답니다.) 재밌는 건 마트에 따라 퀄리티 등급(?)이 있답니다. 1순위부터 시작하면 WAITROSE (제품들이 가장 비싸고 퀄리티가 가장 좋음), MARKS & SPENCER(제품 퀄리티도 좋고 특히, 디저트 퀄리티가 좋음), SAINSBURY'S/TESCO(가장 많이 찾아볼 수 있고 사람들이 가장 많이 이용하는 마트), COOP, 마지막으로 ICELAND(냉동식품을 주로 취급하는 마트, 다른 마트들보다 가격이 저렴, 퀄리티도 낮음)이 될 것 같네요. 아무튼, 마트 소개가 주제는 아니니 다시 본론으로 돌아와서 영국 마트 디저트들을 순위별로 정리해 볼게요.

1. MARKS & SPENCER의 '에끌레어'

에끌레어는 제가 가장 자주 먹고 제일 좋아하는 최애 디저트예요. 큰사이즈로 2개 묶음 (1. 8)과 작은 사이즈 4개 묶음으로 파는데 2파운드도 안 해요! 에끌레어는 테스코꺼랑 세인즈버리꺼도 먹어봤는데 막스앤스팬서는 못 따라 온답니다. 막스앤스팬서에끌레어는 페이스트리가 촉촉하고(다른 브랜드는 드라이함) 부드러워요. 안에 크림도 다른 브랜드들보다 훨씬 듬뿍 들어 있답니다. 또, 위에 덮혀 있는 초콜릿의 두께와 퀄리티가 짱!

2. MARKS & SPENCER 베이커리의 '머핀'

막스앤스팬서안에 베이커리쪽으로 가면 페이스트리를 파는데요. 머핀도 4-5가지 종류 팔아요. 초코머핀, 블랙포레스트머핀, 빅토리아머핀, 블루베리머핀 등등 파는데 다 맛있어요. 하나당 1파운드에서 1. 2파운드 정도 하는데 지난 번에 슬쩍 지나가면서 보니 가격이 살짝 오른 것 같기도 하고요. 개인적으로 빅토리아 머핀과 초코머핀을 가장 좋아합니다. 한번 먹으면 가끔씩 생각나서 엄청먹고 싶은 마성의 머핀이에요.

3. ICELAND에서 파는 오레오 브랜드의 '오레오 아이스크림'

이거는 제가 아이스랜드 갈 때마다 찾는 제품인데요. 오레오쿠키 다들 아시죠. 그 브랜드의 '오레오아이스크림'이에요. 이 아이스크림은 희한하게 아이스랜드에서만 봤어요. 다른 마트에서는 잘 안 팔더라고요. 모양은 오레오 쿠키처럼 똑같이 생겼고 크기만 손바닥만하게 좀 커요. 쿠키 부분은 달콤 폭신 촉촉하고 아이스크림은 오레오 쿠키 아이스크림. 보통가격이 4. 5파운드였고 세일할 때는 3파운드였던 걸로 기억합니다. 냉동고에서 꺼내서 한 5분 후에 먹었을 때가 가장 맛있으니 꼭 한 번 드셔 보세요!

4. MRS. Crimble's의 '벨지안 초코브라우니'

이디저트는 'GREEN FLAVOUR'라는 작은 올가닉 푸드마켓에서 먹어보게 되었는데요. 한 상자 안에 4개가 들어 있습니다. 이 브랜드 제품이 글루텐프리 제품이더라고요. 글루텐프리인 줄 모르고 먹었는데 정말 맛있더라고요! 초코 청크도 들어 있고 식감이 굉장히 부드러워요. 4개가 눈깜짝할 새에 없어지니 주의하세요!

이렇게 200% 제 기준에서 맛있는 영국마트 디저트를 선정해 보았는데요. 이외에도 영국마트에는 맛있는 디저트들은 엄청 많답니다. 포스팅 주제처럼 오늘도 달콤한 하루 보내세요!

CHAPTER 4

Holiday

IELTS Speaking에서는 휴가나 여행에 관련된 주제도 많이 출제돼. 여행 경험을 이야기할 때는 과거 시제로, 여행계획을 이야기할 때는 미래 시제 위주로 말해야 하는 주제이니까 시제에 신경 쓰면서 연습해 보자.

04 HOLIDAY

PREVIEW

Holiday와 관련된 문제가 나오면 다양한 시제를 활용해서 대답을 해야 해. 휴가나 여행에 관련한 구문도 미리 몇 가지 정리해 두면 당황하지 않고 자신감 있게 대답할 수 있어.

Holiday(휴가)와 관련된 표현

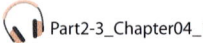 Part2-3_Chapter04_1

Past tense

① **I've been to ~ .**
저는 ~에 갔습니다.

② **I visited many tourist attractions and museums there.**
저는 많은 관광지들과 박물관들을 방문했습니다.

③ **It was my first visit to ~ .**
그때가 ~을 처음 방문했을 때였습니다.

④ **I managed to make some local friends there.**
저는 그곳에서 몇 명의 현지인 친구를 사귈 수 있었습니다.

⑤ **It was such a wonderful trip.**
정말 멋진 여행이었어요.

Future tense

⑥ **I want to visit ~ within ~.**
저는 ~년 안에 ~을 가보고 싶습니다.

⑦ **I will visit many tourist attractions and museums there.**
저는 많은 관광지들과 박물관들을 방문할 겁니다.

⑧ **It will be my first visit to ~.**
그때가 제가 처음으로 ~을 방문하는 때일 것입니다.

⑨ **I want to make some local friends there.**
저는 그곳에서 현지인 친구를 사귀고 싶습니다.

⑩ **It will be such a wonderful trip.**
정말 멋진 여행이 될 것입니다.

> **Tip!** 똑같은 문장이지만 질문의 시제를 파악하고 과거형과 미래형을 자유 자재로 구사해 줘야 해. 미래형에서는 will, want 등의 미래 시제를 말하는 표현도 함께 써보자.

PRE-SPEAKING

휴가 때 방문했던 도시에 관련된 문제야. 내가 과거에 다녀왔던 도시에 대해서 아이디어를 생각해 보고 답변을 구성해 보자.

Part 2

Cue card

Describe a city you've been to for holiday.

You should say:

● What the city was

● When you went

● Who you went with

and explain why you liked it.

Ideation

 SAMPLE ANSWER

Part2-3_Chapter04_2

Well, the best city I've visited in my life is Prague in Czech Republic. I still really love this city and I remember every moment of my visit. I visited there when I finished all my A-level exams. I really needed to refresh myself at that time, so I decided to take some days off. Actually I visited there alone. All my friends went back to their countries, so I just had to go on my own. At the beginning, I was about to cancel the trip, but it turned out to be absolutely wonderful. I really liked this city. Before going there, I had no idea about what Prague would look like, but when I got there, everything was so amazing. Prague castle was absolutely gorgeous, and all tourist attractions were outstanding. I particularly liked Prague astronomical clock. It was the most beautiful clock I've ever seen. Also the price for beer was quite cheap. Whenever I ordered draft, I was surprised since it was really cheap. I could enjoy beautiful scenery and nice food while staying there. I hope I can revisit there.

제가 가본 가장 좋았던 도시는 체코의 프라하입니다. 저는 지금도 이 도시를 정말 좋아하고, 제 여행의 모든 순간을 기억합니다. 저는 내 A-level 시험이 끝났을 때, 그곳을 방문했습니다. 그 당시에 저는 정말 재충전이 필요했고, 그래서 며칠간 여행을 다녀오기로 마음 먹었어요. 사실 저는 그곳에 혼자 갔어요. 제 친구들이 전부 자국으로 돌아갔기 때문에 혼자 갈 수밖에 없었죠. 처음에는 여행을 취소할까도 생각했었는데 결국엔 정말 좋았어요. 저는 그 도시가 정말 좋았어요. 프라하에 가기 전에는 그곳이 어떤지에 대해 전혀 알지 못했지만, 가보니까 모든 것이 좋았습니다. 프라하 성은 정말 멋졌고, 모든 관광지가 대단했어요. 저는 특히 프라하의 천문 시계가 좋았어요, 제가 본 시계 중 최고라고 생각합니다. 또한 맥주 가격이 싸서 좋았구요. 생맥주를 주문할 때마다 가격이 너무 싸서 놀랐어요. 그곳에 머무는 동안 아름다운 풍경과 맛있는 음식을 즐길 수 있었어요. 저는 다시 그곳에 방문하기를 바랍니다.

Q1

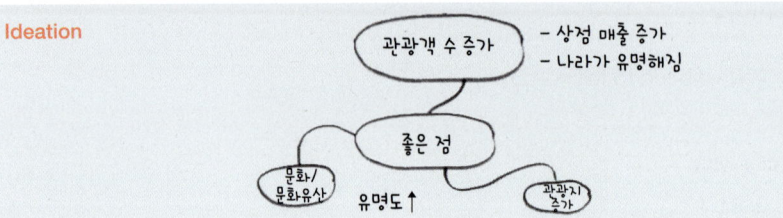

What benefits can be seen when a city becomes famous?

도시가 유명해지면 어떤 좋은 점이 생길까요?

Ideation

관광객 수 증가
- 상점 매출 증가
- 나라가 유명해짐

좋은 점

문화/문화유산

유명도 ↑

관광지 증가

Your Answer

Q2

Why do many people like living in the city?

왜 많은 사람들은 도시에 사는 것을 좋아합니까?

Ideation

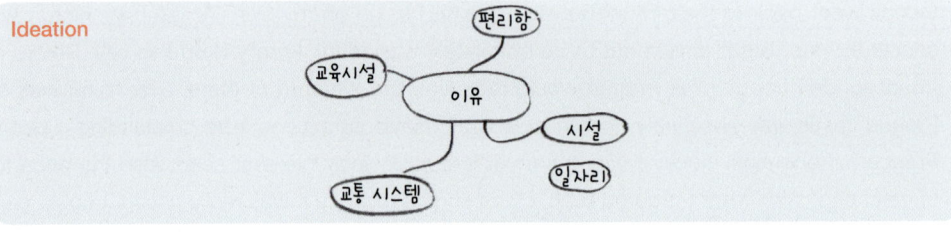

편리함

교육시설

이유

시설

일자리

교통 시스템

Your Answer

Q1 **What benefits can be seen when a city becomes famous?**

Well, obviously sales figures of local shops would increase when lots of people visit. Also, in a nation's view, cultural heritage and their unique cultures can become famous along with the popularity of the city.

당연히 많은 사람들이 방문하면 현지 상점들의 매출이 올라갈 것입니다. 또한, 나라의 관점에서 보면, 도시의 유명세와 같이 문화유산과 그들의 독특한 문화도 같이 유명해질 수 있습니다.

Tip! 이 외에도 나라의 관광 산업이 발전한다거나, 도시의 기반 시설이 더욱 발전된다는 등의 아이디어가 나올 수 있겠지? 다양한 아이디어를 정리하고 구성해 보자.

Q2 **Why do many people like living in the city?**

Because of convenience, I presume. There are lots of facilities and good transport systems. Also, there are lots of job opportunities for people in cities.

편리성 때문이라고 저는 생각합니다. 도시에는 많은 시설과 좋은 교통 시스템이 있습니다. 또한, 도시에는 일자리도 많구요.

Tip! 사람들이 도시에 사는 것을 좋아하는 이유는 정말 많아. Why로 물어봤으니 이유를 나열하는 형식으로 답해 보자.

이번엔 짧은 휴가를 다녀왔던 경험에 대해서 이야기해 볼까? 내가 다녀온 짧은 휴가 중에 특별했던 것에 대해서 생각해 보자.

Part 2

Cue card

Describe a short holiday (vacation) that was special for you.

You should say:

● Where you went

● Who you went with

● What you did

and explain why you think it was special for you.

Ideation

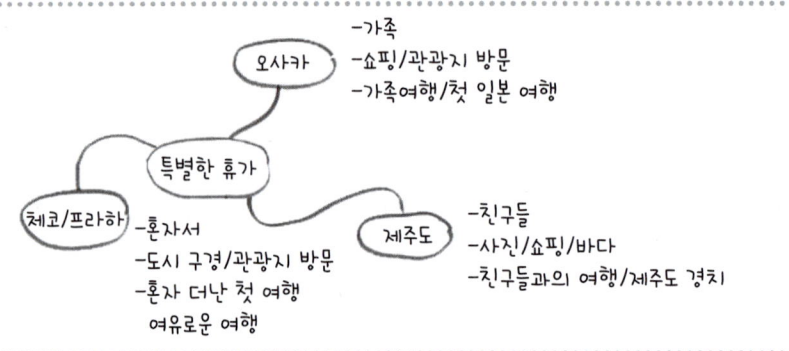

Your Answer

Last September, I went to Osaka for 3 days with my family. Actually I had planned this holiday for so long, so I was really excited before I went there. I looked up on the internet and found some tourist attractions, restaurants, and shops. For those 3 days, we visited lots of places including Kyoto which is located near Osaka. Also my family and I did lots of shopping, visited many restaurants as Osaka is very famous for good food. The trip was special because it was my first trip to Japan. I've always wanted to visit Japan as I heard lots of things about the country from my Japanese friends. It was nice to visit there, and experience new culture. Also spending time with family was another special thing. Since I lived apart from my family for a long time, it was really difficult to travel with them, and having this opportunity made me feel great. It was a nice trip indeed.

지난 9월에 저는 가족과 함께 3일 동안 오사카에 다녀왔습니다. 사실 저는 이 휴가를 오랫동안 계획했기 때문에 가기 전에 정말 신났었어요. 인터넷으로 관광지, 식당, 상점들을 검색했습니다. 그 3일 동안 저희는 오사카 근교인 교토를 포함해서 많은 곳들을 방문했어요. 또한 저희 가족은 쇼핑도 많이 하고, 오사카는 맛있는 음식으로 유명하니까 식당들도 많이 갔었어요. 이 때 저는 처음으로 일본에 가봤어서 여행이 특별했지요. 제 일본 친구들이 일본에 대해서 많이 이야기해 줬기 때문에 일본에 항상 가보고 싶었거든요. 그곳에 방문하고 새로운 문화를 경험한 것은 정말 좋았어요. 또한 가족과 시간을 보냈던 것은 또 하나의 특별한 일이었습니다. 제가 가족과 오랫동안 떨어져 살았었기 때문에, 가족과 함께 여행을 하는 것이 힘들었고, 이런 경험을 하는 것 자체가 저는 좋았어요. 정말 좋은 여행이었습니다.

Q1

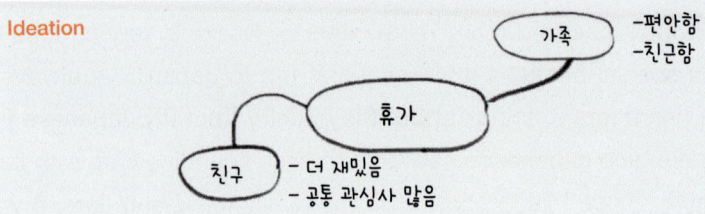

Do young people prefer to spend holidays with their family, or with their friends?

젊은 사람은 휴일에 가족과 휴가를 보내는 것을 선호합니까? 친구들과 보내는 것을 선호합니까?

Ideation

Your Answer

Q2

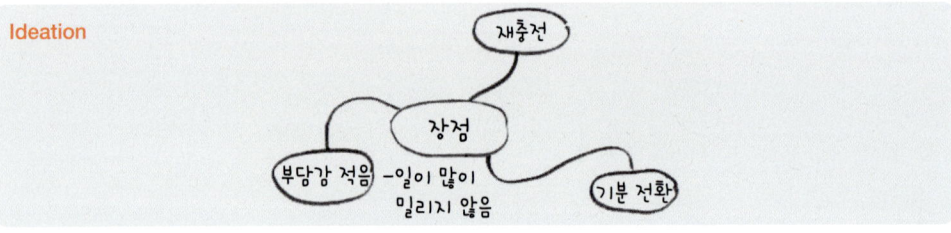

Can you think of advantages in having short holidays?

짧은 휴가를 보내는 것의 장점은 무엇이 있을까요?

Ideation

Your Answer

Q3

Do many people in your country receive paid leave from their employer?

당신의 나라의 많은 사람들은 고용주로부터 유급휴가를 받습니까?

Ideation

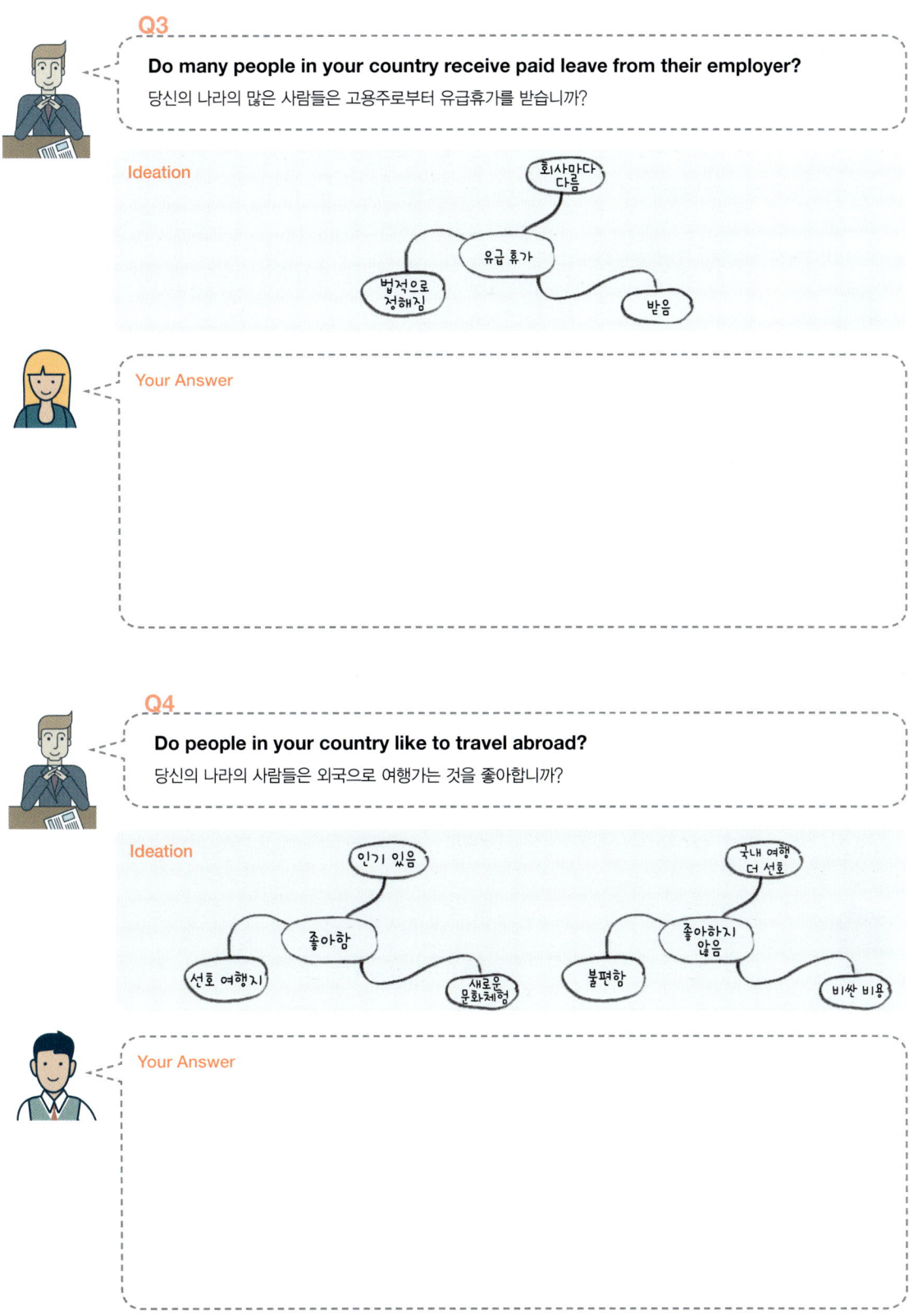

회사마다 다름

유급 휴가

법적으로 정해짐

받음

Your Answer

Q4

Do people in your country like to travel abroad?

당신의 나라의 사람들은 외국으로 여행가는 것을 좋아합니까?

Ideation

인기 있음

좋아함

선호 여행지

새로운 문화체험

국내 여행 더 선호

좋아하지 않음

불편함

비싼 비용

Your Answer

 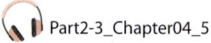

Q1

Young generations nowadays prefer to go on holidays with their friends more, I believe. From my experience, I saw lots of young ones who spend their holidays with friends and they actually like going on holiday with someone who has the same interests.

요즘 젊은 세대는 친구들과 휴가를 가는 것을 더 선호하는 것 같습니다. 제 주변에는 친구와 휴가를 보내는어린 친구들이 많고, 그들은 관심사가 같은 사람들과 가기를 좋아합니다.

Tip! 문제에 prefer가 들어가면 답변에도 prefer를 배치하는 연습을 해보자. 둘 중에 하나를 골라 답변을 하는 것이 훨씬 쉬워.

Q2

It's a good way to get away from busy life for a while without worrying too much about coming back after the holiday. Mini-breaks make people refreshed, and they can get rid of their stress.

휴가 후를 걱정하지 않고 일상에서 벗어날 수 있는 좋은 방법입니다. 짧은 휴가는 사람들이 생기를 되찾게 하고, 스트레스를 해소할 수 있게 해줍니다.

Tip! Short holiday는 1~3일 정도의 일주일 미만의 휴가 형태를 의미해. Mini-breaks, short breaks 등의 동의어로 바꿔 써 보자.

Q3

Actually, employers have to provide paid leave to their employees, but the duration totally depends on the employer. It could be more than a week, or less than a week.

사실 고용주들은 직원들에게 유급휴가를 지급해야 하지만, 그 기간은 고용주에 따라 다릅니다. 일주일이 넘을 수도 있고, 그보다 적을 수도 있습니다.

Tip! Paid leave는 유급 휴가야. 우리 나라는 유급 휴가가 일반적으로 회사에 따라 기간이 다르다는 것을 문장으로 표현해 보자.

Q4

Of course, lots of Korean people travel abroad nowadays compared to the past. People tend to go overseas to travel rather than travelling within the country because they want to experience new culture in other countries.

당연하게도, 요즘에는 과거와 비교했을 때 한국 사람들은 해외 여행을 많이 갑니다. 사람들은 국내 여행보다는 다른 문화를 경험하기를 원해서 해외 여행을 가려는 경향이 있구요.

Tip! Travel abroad는 go overseas, travel overseas, travel other countries 등의 동의어로 바꿔 줄 수 있어. 한국 사람들의 경향을 답변에 구성해 보자.

POST-SPEAKING

자, 이제는 직접 실전처럼 면접관의 질문에 답해 볼까?

 Part2-3_Chapter04_6

Part 2

Sample Answer P. 262

Describe a perfect holiday (away from home) you would like to have in the future.

You should say:

● Where and when you would like to go

● Who you would go there with

● What you would do there

and explain why it would be perfect for you.

Ideation

Speak

Q1

What's the most popular tourist attraction in your country?

당신의 나라에서 가장 유명한 관광명소는 무엇입니까?

Ideation

Your Answer

Q2

Do you think modern lifestyles give people enough time for leisure?

당신은 현대 생활방식은 사람들에게 레저를 위한 충분한 시간을 준다고 생각합니까?

Ideation

Your Answer

Holiday와 관련된 질문은 여행이야기와 더불어서 다양하게 말할 수 있어. 아래의 어휘 및 구문들을 자연스럽게 말하도록 다시 한 번 연습해 보자.

Speaking Practice

Part2-3_Chapter04_7

① **South-East Asia is a popular holiday destination** for Korean people.
동남아시아는 한국인들에게 인기 있는 휴양지입니다.

② **I bought some local crafts in** a night market.
저는 야시장에서 향토 공예품을 구입했습니다.

③ **There was a picturesque** village, so we spent some time there taking pictures.
그곳에는 그림 같은 마을이 있어서 저희는 사진을 찍는 데 시간을 좀 보냈습니다.

④ My parents **prefer packaged holidays** since they don't have to book anything.
저희 부모님은 아무것도 예약할 필요가 없어서 패키지 여행을 선호합니다.

⑤ **I took a *long weekend** and went to see my grandparents.
저는 긴 주말을 활용해서 조부모님을 뵈러 갔습니다. (*long weekend: 금요일/월요일을 붙여 주말을 길게 쓰는 것)

⑥ **It would be a holiday of a lifetime** if I could visit Iceland.
만약 제가 아이슬란드에 갈 수 있다면 그건 인생 여행이 될 것입니다.

⑦ **I'm going to** London next month **to get away from it all**.
저는 모든 것을 떠나 다음 달에 런던으로 휴가를 갑니다.

⑧ **There were hordes of tourists** in Barcelona.
바르셀로나에는 관광객 무리가 있었습니다.

⑨ **A stunning landscape made me feel** really relaxed.
아름다운 풍경이 저를 여유로운 기분이 들게 했습니다.

⑩ **I'd go sightseeing** when I visit Hong Kong.
저는 홍콩에 가면 관광을 할 겁니다.

SELF-CHECK

본인이 말한 답변을 Good Example과 비교해서 영역별로 자신의 점수를 체크해 보자.

유창성	문법	어휘	발음
• 질문에 대한 답을 했는가? • 망설임 없이 말했는가? • 적당한 속도로 말했는가? • 답변에 추가적인 설명을 제시했는가?	• 주어 동사를 포함한 완전한 문장을 말하였는가? • 접속사, 관계대명사 등을 사용한 문장을 말하였는가? • 올바른 시제를 사용했는가? • 수일치가 되도록 말하였는가?	• 한 단어를 반복 사용하지 않고 동의어를 사용했는가? • 다양한 어휘를 사용했는가? • 문맥상 정확한 어휘를 사용했는가? • Paraphrasing한 문장을 사용했는가?	• 틀린 발음 없이 정확히 발음했는가? • 정확한 억양을 사용하여 말하였는가? • 강세를 잘 살려 말하였는가? • 본인의 답변을 알아듣기 쉬웠는가?
1 2 3 4 5	1 2 3 4 5	1 2 3 4 5	1 2 3 4 5

1~5	6~10	11~15	16~20	Overall Grade
Limited	**Modest**	**Competent**	**Good**	

🇨🇦 밴쿠버, 어디까지 가봤니?

안녕하세요. 다들 잘 지내고 계셨나요? ed:m 캐나다 통신원 June입니다. 얼마 전, 서울에는 눈이 내렸다지요? 여기 밴쿠버도 주말을 비롯해서 평일에 엄청난 양의 눈이 내렸답니다. 일요일부터 시작된 눈은 월요일에도 계속됐고 그칠 줄 모르는 눈 때문에 학교와 여러 시설들이 문을 닫게 되었답니다. 어느 정도로 눈이 많이 왔냐면요. 교통이 마비가 되고 걷기 힘들 정도였어요. 저는 하필 그날 오전에 몇번 쓰지도 않은 우산이 부러지는 바람에 집에 오는 길에는 눈을 몽땅 온몸으로 다 맞아야 했답니다. 어떻게 보면 제가 운이 좋은 것 같기도 하고 나쁜 것 같기도 하네요. 왜냐구요? 밴쿠버에 이렇게 많은 양의 눈이 내린 건 거의 3, 4년 만의 일이라고 해요. 전 사실 여기 오기 전에 한국에서도 눈 구경을 제대로 못하고 왔거든요. 그래서 여기서 눈을 보게 되었나봐요. 아주 많은 양의 눈을요.

오늘은 제가 밴쿠버에 머물면서, 아니 한국에서도 정말정말 가볼 일이 드문 곳을 다녀와서 그 얘기를 해드리려고 해요! 어딘지 짐작이 가시나요? 바로바로 Classical Concert입니다! 클래식 공연을 보기 위해서 밴쿠버 다운타운에 있는 유명한 공연장인 "Operaum"이란 곳을 다녀왔어요! 우리 나라에도 예술의 전당이 있잖아요? 그런 정도로 밴쿠버에서는 꽤 저명하고 인지도 있는 공연장이라고 하더라구요! 사실 제가 옛날에 러시아에서 오페라를 보고 나서 그 감흥을 잊지 못해서 밴쿠버에서도 영화, 콘서트, 뮤지컬, 오페라를 봐야지 하고 생각하긴 했었는데 사실 클래식 공연은 전혀 생각을 못했거든요. 티켓가격이 비싼 이유도 있지만, 클래식 공연을 잘 가지 않는 가장 큰 이유는 아무래도 클래식 공연은 왠지 어렵고 잘 모르기 때문이죠. 여기서 공부를 하다가 만난 친구가 밴쿠버에서 음대를 다니는데 저에게 클래식 콘서트의 공짜 티켓을 건네주었어요! 사실 처음에는 관심이 없었기 때문에 고민했었지만, 언제 또 이런 좋은 기회를 가져볼 수 있을까 하는 생각에 흔쾌히 수락했답니다. 아마 여러분이 다운타운을 걸어다니다 보면 제가 오늘 소개해

드릴 이 곳을 자주 보실 수 있을거예요!

"Opreaum"에 들어가기 전에는 간판을 먼저 보고 "엥? 뭐야? 겨우 이거야?" 하는 생각이 먼저 들었습니다. 뭔가 제가 기대했던 그런 웅장함을 찾아보기 힘들었기 때문이죠. 하지만 안으로 들어가니 숨겨진 웅장한 모습을 볼 수 있었답니다. 입구에 오페라 의상들이 전시되어 있었는데 이 곳에서 진행된 유명한 공연에서 입었던 의상들인 것 같더라구요. 다섯 여섯 벌 정도가 전시되어 있었답니다.

원래 공연의 팸플릿은 공짜로 주지 않고 돈을 주고 구매를 해야 된다는데요. 제가 초대받은 이번 공연은 음대 학생들의 공연이라서 팸플랫을 공짜로 나누어 주었어요. 어떻게 공연이 진행되는지, 어떤 내용인지 한눈에 알아볼 수 있어서 좋았답니다.

공연장 내부는 제가 앞에서 말씀드렸다시피 외부와는 완전 달랐습니다. 엄청 고급스러워서 저도 이곳에서 살고 싶다는 생각을 해봤네요. 공연은 2부로 나눠서 진행됐고 정말 집중해서 감상할 수 있었답니다. 다음에 또 이런 공연에 올 수 있다면 오고 싶을 정도로요! 여러분도 기회가 된다면 밴쿠버 "Opreaum"에서 클래식 공연을 보시는 게 어떨까요? 한번쯤은 영화 말고 클래식 공연도 보는 걸 정말정말 추천드려요. 이상, ed:m 캐나다 통신원 June이었습니다.

CHAPTER 5

Shopping

Shopping은 우리의 일상생활과 매우 밀접하지? 쇼핑에 대한 주제는 내가 산 물건일 수도 있고, 내가 했던 쇼핑 경험일 수도 있어. 다양한 카테고리로 문제가 출제되니 같이 준비해 보자.

05 SHOPPING

PREVIEW

쇼핑과 관련해서는 쇼핑한 장소, 가격 비교, 세일 등에 대한 주제가 자주 출제 돼. 아래에 쇼핑에 관련한 표현들을 정리해 놨으니 꼭 기억하도록 하자.

Shopping과 관련된 표현

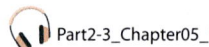Part2-3_Chapter05_1

Shopping placetense

① **prefer to**
선호하다

② **the latest products**
최신의 상품들

③ **It's nice to visit ~.**
~을 방문하는 것은 좋습니다.

④ **compare products**
상품을 비교하다

⑤ **Shopping malls are usually very crowded.**
쇼핑몰들은 대부분 굉장히 붐빕니다.

Price

⑥ **cost an arm and a leg** ★idiom
매우 비싸다

⑦ **be on sale**
세일(할인)이다

⑧ **be good value for money**
가성비가 좋다

⑨ **pricey**
비싼

⑩ **I can't really afford it now.**
저는 지금 살 형편이 안 돼요.

Tip! 똑같은 의미도 다양하게 표현할 수 있는 것 알지? 동의어를 잘 숙지하고, 다양하게 활용해 보자.

PRE-SPEAKING

최근에 쇼핑을 했는데 기분이 좋았던 경험에 대해서 먼저 이야기해 볼까? 쇼핑이라는 주제에서 가장 흔하게 나오는 문제이니 함께 연습해 보자.

Part 2

Cue card

Describe something you bought recently that you were happy with.

You should say;

● What it was

● Where you bought it

● What it was for/ how it was used

and explain why it made you happy.

Ideation

 SAMPLE ANSWER 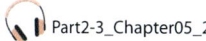 Part2-3_Chapter05_2

Well, I recently bought a bag in a duty free shop before travelling to Japan. I was willing to buy a bag for daily use but couldn't find a nice one, but when I found this, I instantly thought I need to buy this bag. Since I'd been using the same hand bag which I bought around 5 years ago, my friends always told me to buy a new bag. This new one is red in colour, quite big so I can put everything I need in it, and pretty. It made me quite happy as I wanted to buy a bag for a while. I was looking for a suitable bag for about a year, so it made me feel nice when I finally found this bag. Also the bag looks very cool. I take design and colour very much into my account when I tend to buy something, but this one is just for me in these aspects. I prefer red when I buy a wallet or a bag, so it definitely suits my taste. So I always use it nowadays.

제가 얼마 전에 일본으로 여행가는 길에 면세점에서 가방을 하나 샀습니다. 매일 쓸 수 있는 가방을 하나 사고 싶었는데, 좋은 것을 찾지 못했었는데 이걸 보자마자 바로 이걸 사야겠다고 생각했습니다. 제가 약 5년 전에 샀던 똑같은 가방을 항상 사용해서인지, 제 친구들이 새 가방을 사라고 말했었거든요. 이번에 산 새 것은 빨간색이고, 좀 큰 편이라 제가 필요한 건 다 담아 다닐 수 있고, 예쁩니다. 제가 한동안 가방을 사고 싶어서인지 가방을 사자 기분이 좋아졌습니다. 저는 괜찮은 가방을 1년 정도 알아봐서, 드디어 이 가방을 찾았을 때 기분이 좋았죠. 또한 이 가방은 정말 멋집니다. 저는 뭔가를 살 때 디자인과 색깔을 굉장히 많이 고려하는데, 이 가방은 이런 부분에서 저에게 딱 맞습니다. 저는 가방이나 지갑을 살 때는 빨간색을 선호하기 때문에 제 취향에 잘 맞습니다. 그래서 요즘 항상 이 가방을 사용합니다.

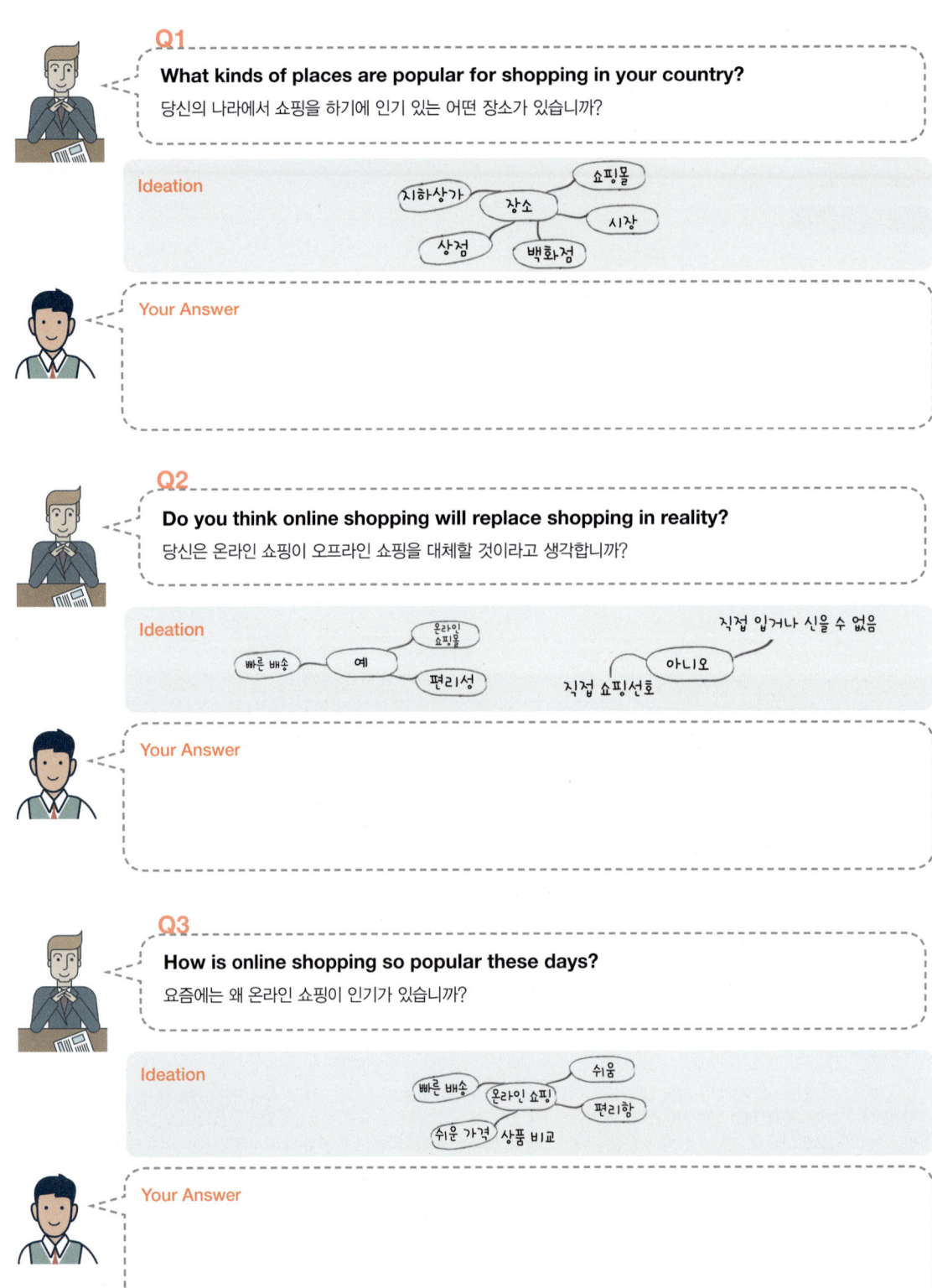

Q1

What kinds of places are popular for shopping in your country?

당신의 나라에서 쇼핑을 하기에 인기 있는 어떤 장소가 있습니까?

Ideation

지하상가　장소　쇼핑몰　시장　상점　백화점

Your Answer

Q2

Do you think online shopping will replace shopping in reality?

당신은 온라인 쇼핑이 오프라인 쇼핑을 대체할 것이라고 생각합니까?

Ideation

빠른 배송　예　온라인 쇼핑몰　편리성　직접 입거나 신을 수 없음　아니오　직접 쇼핑선호

Your Answer

Q3

How is online shopping so popular these days?

요즘에는 왜 온라인 쇼핑이 인기가 있습니까?

Ideation

빠른 배송　온라인 쇼핑　쉬움　편리함　쉬운 가격　상품 비교

Your Answer

 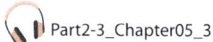

Q1 **What kinds of places are popular for shopping in your country?**

Korean people usually go to shopping malls. There are many famous shopping malls and many people enjoy going those places. Also local street markets are quite popular, too.

한국 사람들은 대개 쇼핑몰에 갑니다. 유명한 쇼핑몰이 많고, 사람들이 그곳에 가는 걸 좋아합니다. 또한, 시장도 꽤 인기가 있습니다.

Tip! 어떤 장소들이 인기있는가에 대해 물어봤으니 장소의 개념이 나와야겠지? 쇼핑으로 유명한 동네나 도시가 나와도 좋으니 답변을 생각해 보자!

Q2 **Do you think online shopping will replace shopping in reality?**

Yes, I think so. Nowadays, many people shop online due to its convenience. The only thing consumers need to do is click, then purchased products will be delivered to their doors. It's very innovative, I think.

저는 그럴 것이라고 생각합니다. 요즘에는 많은 사람들이 편리성 때문에 온라인 쇼핑을 합니다. 소비자들이 유일하게 해야 하는 것은 클릭을 하는 것이고, 그러면 구매한 물건이 문 앞까지 배달됩니다. 제 생각엔 이것은 완전히 혁신적입니다.

Tip! 기술 발전에 의한 대체 문제는 꽤 자주 출제되는 문제야. 실제 쇼핑과 온라인 쇼핑을 비교하면서 내 의견을 답해도 좋겠지?

Q3 **How is online shopping so popular these days?**

Well, obviously most people think online shopping is very convenient, and it's easy to compare prices or products.

확실히 대부분의 사람들은 온라인 쇼핑을 편리하다고 생각하고, 가격과 상품을 비교하기가 쉽습니다.

Tip! 문제에는 How라고 쓰여 있지만 맥락을 보면 Why에 더 가까운 문제야. 왜 온라인 쇼핑이 요즘 인기있는지 이유를 생각해 보고 답변해 보자.

SPEAKING

이번엔 쇼핑을 했던 경험에 대한 문제야. 경험을 이야기할 때는 시제와 내용의 흐름에 주의해야 하는 거 알고 있지? 과거시제를 유념하면서 연습해 보자.

Part 2

Cue card

Describe a time that you were shopping in a street market.

You should say;

● When it was

● Where you were

● What you bought

and explain how you felt about the shopping experience.

Ideation

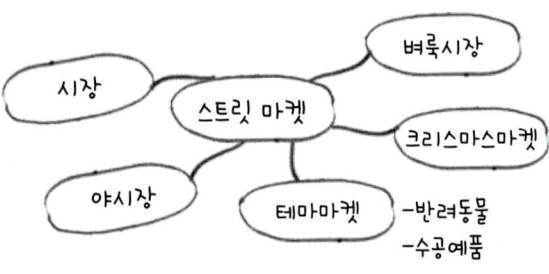

Your Answer

 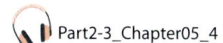

Last year, I visited a Christmas market in Seoul. Obviously, I think it was around Christmas, I saw an advertisement for this market on the street at that time, so I decided to go there with my friends. It was held in a place called Yeoido, very central Seoul. It was quite far from where I live, so it took me around an hour and half to get there. It was absolutely packed with people, and also there were lots of shops which were selling food, Christmas objects, and many others. I managed to get some hand-made postcards. Well, it was actually quite interesting to look around. It's quite rare to see a Christmas market in Korea, so there were loads of people who wanted to have a look. I particularly liked the idea of buying hand-made products. But I got so tired afterwards as there were lots of people. I don't really like visiting crowded places so it was quite a challenge for me. Anyway it was quite an interesting shopping experience indeed.

작년에 저는 서울에서 크리스마스 마켓을 방문했습니다. 제 기억으론 크리스마스 즈음이었고, 그 마켓에 대한 광고를 길에서 보고 나서 친구들과 가기로 결심했어요. 그 마켓은 서울 중심부인 여의도에서 열렸습니다. 제가 사는 곳에서는 꽤 멀어서 1시간 30분 정도 걸렸던 것 같아요. 마켓에는 사람이 진짜 많았고 음식, 크리스마스 용품, 그리고 다른 많은 것들을 판매하는 상점들도 많았습니다. 저는 핸드메이드 엽서 몇 개를 구매했어요. 음, 사실 그곳을 구경하는 건 상당히 흥미로웠어요. 한국에서는 크리스마스 마켓을 보기가 힘들어서 구경하러 온 사람들이 정말 많았구요. 제가 특히 만족스러웠던 부분은 핸드메이드 상품들을 살 수 있다는 거였습니다. 하지만 사람이 너무 많아서 이후에 너무 피곤했어요. 저는 너무 붐비는 곳을 좋아하지 않아서인지 사람이 많은 곳을 돌아다니는 것이 힘들었거든요. 어쨌든 저에겐 흥미로운 쇼핑 경험이었습니다.

Q1

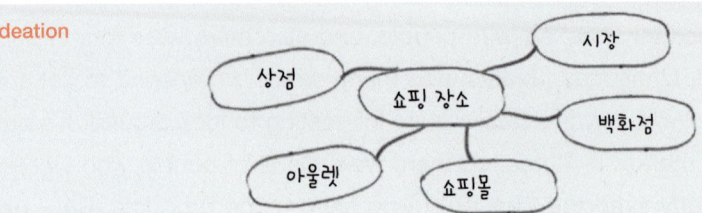

Where do you like to go shopping?

당신은 어디에서 쇼핑하는 것을 좋아합니까?

Ideation

시장

상점

쇼핑 장소

백화점

아울렛

쇼핑몰

Your Answer

Q2

Why do some people prefer street markets over shopping malls?

왜 사람들은 쇼핑몰보다 시장을 더 선호합니까?

Ideation

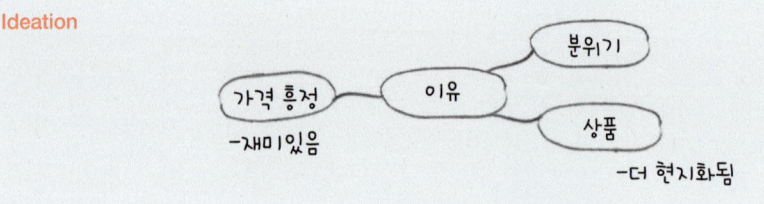

분위기

가격 흥정

이유

-재미있음

상품

-더 현지화됨

Your Answer

Q3

What would you do if you bought something disappointing from the internet?

당신이 인터넷으로 실망스러운 물건을 샀다면 어떻게 하시겠습니까?

Ideation

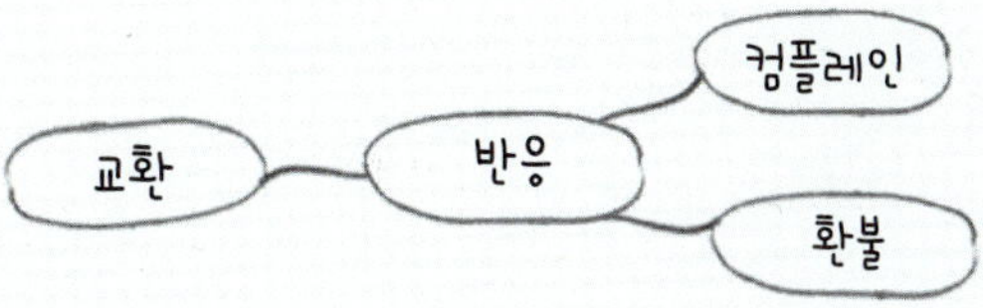

교환 — 반응 — 컴플레인
반응 — 환불

Your Answer

Q4

Why do some people like to buy expensive goods?

왜 어떤 사람들은 비싼 물건을 사는 것을 좋아합니까?

Ideation

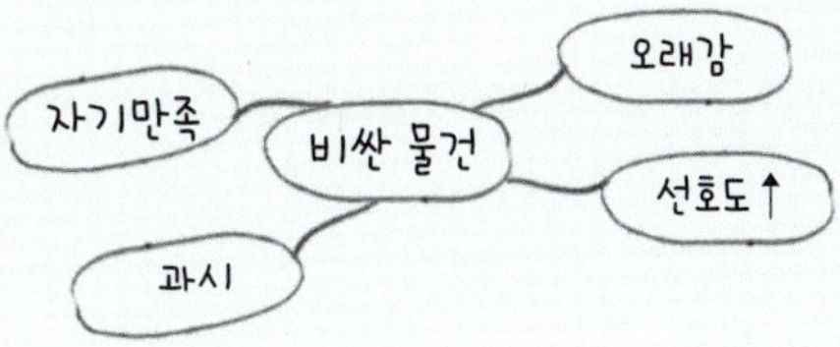

자기만족
과시 — 비싼 물건 — 오래감
비싼 물건 — 선호도↑

Your Answer

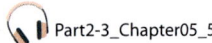

Q1

I prefer department stores or shopping malls. I like to shop around at a single place where there are lots of shops. I don't like visiting different places for shopping.

저는 백화점이나 쇼핑몰을 선호합니다. 저는 상점이 많은 한곳에서 쇼핑을 하는 것을 좋아하거든요. 쇼핑하려고 여러 곳을 돌아다니는 것은 좋아하지 않습니다.

Tip! 나의 쇼핑 습관을 물어보는 문제야. 내가 대부분 어떤 곳으로 쇼핑을 하러 가는지 생각해 보고 이유를 덧붙여보자.

Q2

Well, I think street markets are livelier and more interesting than shopping malls. Some people also like negotiating the price in street markets which is impossible in shopping malls.

시장이 쇼핑몰보다 더 생기 있고 흥미로워서 그렇지 않을까 생각합니다. 몇몇 사람들은 시장에서 가격을 흥정하는 것을 좋아하거든요. 쇼핑몰에선 그렇게 할 수가 없습니다.

Tip! Prefer A over B 는 prefer to 와 똑 같은 구문이야. B보다 A를 더 선호한다는 의미를 가지고 있지. 왜 시장을 쇼핑몰보다 더 선호하는지 생각해 보자.

Q3

I'd definitely get it refunded. I'd just call their customer centre and tell them to refund the whole price.

당연히 저는 환불을 받을 것입니다. 저라면 소비자 센터에 전화해서 그들에게 전액 환불을 해달라고 말할 것입니다.

Tip! 이런 상황이 생긴다면 어떻게 대처할것인지 묻는 문제야. 이런 상황이 생긴다면 어떻게 대처할 건지 생각해 보고 답변해 보자.

Q4

It's simply a matter of preference, I guess. Some people think expensive goods have better quality, and last longer than cheaper ones.

제 생각엔 그냥 취향의 문제인 것 같습니다. 어떤 사람들은 비싼 물건이 질이 좋고 저렴한 것보다 오래 간다고 생각하거든요.

Tip! 왜 사람들은 비싼 물건을 더 선호할까? 이유를 물어보는 문제야. 왜 그런지 생각해 보고 답변해 보자.

POST-SPEAKING

자, 이제는 실전처럼 시험관의 질문에 답해 볼까?

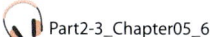

Part 2	Sample Answer P. 263

Describe a time that you saved money to buy something.

You should say;

● When it was

● What was the product that you wanted to buy

● How much you saved

and explain how you felt about it.

Ideation

 **Your Answer**

Q1

Why do some people like to save money?
왜 사람들은 돈을 저축하는 것을 좋아합니까?

Ideation

Your Answer

Q2

Why many young people waste their money on shopping?
왜 많은 젊은 사람들은 쇼핑하는 데 그들의 돈을 낭비합니까?

Ideation

Your Answer

REVIEW

동물과 식물에 관련한 유용한 문장들만 모아봤어. 여러 번 따라 읽으면서 발음 연습을 해보자.

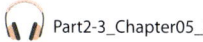
Speaking Practice

① **I usually** go shopping **when I have spare time**.
저는 여가시간이 있으면 쇼핑을 합니다.

② **There is a huge multiplex shopping mall** in my city.
제가 사는 도시에는 굉장히 큰 멀티플렉스 쇼핑몰이 있습니다.

③ **I do shopping, watch movies, and eat out** in shopping malls.
저는 쇼핑몰에서 쇼핑도 하고, 영화도 보고, 외식도 합니다.

④ **There are various types of street markets** in Europe.
유럽에는 다양한 종류의 시장이 있습니다.

⑤ **It's interesting to visit street markets as** there are lots of unique products.
독특한 상품들이 많아서 시장에 가는 것은 흥미롭습니다.

⑥ **I like trying local food in street markets**.
저는 시장에서 현지 음식을 먹어보는 것을 좋아합니다.

⑦ **My camera was a bargain!** It was **half price**.
제 카메라는 정말 저렴하게 샀어요. 반값에 팔고 있었거든요.

⑧ **You can save some money by** shopping around.
가격을 비교하면서 쇼핑하면 돈을 절약할 수 있습니다.

⑨ **If you go to London, you will shop till you drop.** There are loads of shops to look around.
당신이 런던에 간다면 완전히 지칠 때까지 쇼핑을 하게 될 겁니다. 구경할 상점들이 정말 많거든요.

⑩ **I haven't been paid yet, so** I can only go **window shopping**.
아직 월급일 전이라 아이쇼핑만 할 수 있어요.

SELF-CHECK 본인이 말한 답변을 Good Example과 비교해서 영역별로 자신의 점수를 체크해 보자.

유창성	문법	어휘	발음
• 질문에 대한 답을 했는가? • 망설임 없이 말했는가? • 적당한 속도로 말했는가? • 답변에 추가적인 설명을 제시했는가?	• 주어 동사를 포함한 완전한 문장을 말하였는가? • 접속사, 관계대명사 등을 사용한 문장을 말하였는가? • 올바른 시제를 사용했는가? • 수일치가 되도록 말하였는가?	• 한 단어를 반복 사용하지 않고 동의어를 사용했는가? • 다양한 어휘를 사용했는가? • 문맥상 정확한 어휘를 사용했는가? • Paraphrasing한 문장을 사용했는가?	• 틀린 발음 없이 정확히 발음했는가? • 정확한 억양을 사용하여 말하였는가? • 강세를 잘 살려 말하였는가? • 본인의 답변을 알아듣기 쉬웠는가?
1 2 3 4 5	1 2 3 4 5	1 2 3 4 5	1 2 3 4 5

1~5	6~10	11~15	16~20	Overall Grade
Limited	**Modest**	**Competent**	**Good**	

🇬🇧 브라이튼 근교 여행하기

안녕하세요? 브라이튼 ed:m 통신원 Jason입니다. 이번 글의 주제는 브라이튼에서 30분 정도면 가볼 수 있는 Lewes라는 작은 마을에 대해 말해 보려 해요. 아직 많이 알려지지 않은 곳이지만 브라이튼에 오시면 Lewes와 같이 작은 도시도 여행해 보세요.

일단 브라이튼 시내에서 루이스까지는 28번, 29번 버스로 이동이 가능해요. 버스티켓은 버스에서 현금으로 구매도 가능하며 Bright & Hove bus라는 어플에서 카드 등록 후 더욱 저렴하게 구매도 가능합니다. (24시간 무제한 탑승으로 성인 5파운드, 학생 3. 6파운드 정도로 구매하실 수 있고, 학생으로 구매하시려면 UK 학생증이나 지역 주민카드를 소지하고 계셔야 합니다.) 버스 티켓은 종류가 크게 Network와 City city city가 있는데 Network는 브라이튼 시내 외에도 넓은 범위로 이용이 가능합니다. 이스트본까지도 이용 가능하구요. 그렇게 브라이튼에서 30여 분을 버스로 이동하면 영국스러운 작은 마을 Lewes를 볼 수 있어요. 그럼 지금부터 Lewes라는 곳이 어떤 모습을 하고 있는지 같이 한 번 둘러 볼까요?

루이스(Lewes)는 정말 조용하고 깨끗한 도시예요. 날씨가 조금만 더 좋았다면 얼마나 좋을까요? 사실 이날 브라이튼에서 버스를 기다릴 때부터 비바람이 불어서 일정을 취소할 것인지 말 것인지 많이 고민을 하다가 결국 오게 되었어요. 다행히 루이스에 도착하니 비는 그쳤지만 바람이 엄청 불어서 많이 추웠어요.

자, 이제 루이스에서 가장 유명한 장소를 소개해 드립니다. 바로 castle성이에요! 사실 저는 돈도 없기도 했고 바람이 너무 불어서 성을 올라가 보는 것을 포기했어요. 사진 왼쪽 위에 보시면 작은 성이 보이실 거예요. 멀리 있어서 작아 보이지만 그렇게 작지 않아요. 저 성에 올라가 보고 싶으신 분은 성의 입구로 들어가는 곳 뒤에 보면 건물이 있는데 그곳에 가시면 성인 8파운드 정도로 티켓을 구매하여 들어가

실 수 있습니다. 어떤 분들은 다른 곳으로 들어 오셔서 제가 찾은 입구로 나오던데 입구가 많이 있나봐요.

성 주변을 어슬렁거리다가 이번에는 작은 소품샵에 들어가 보았어요. 엄청 귀여운 소품들이 많이 있었어요. 물론 구매는 못했지만 눈으로만 담았답니다. 루이스는 이런 아기자기한 엔틱샵들이 엄청 많이 있어요. 어느 가게는 주민들의 안 쓰는 물건을 매우 저렴하게 판매하여 기부하는 곳도 있었구요.

그리고 성주변을 따라서 작은 산책로가 있는데 아주 영국스러운(?) 풍경을 보시면서 걸으실 수 있답니다. 아마 5분 정도면 이 산책로를 모두 걸으실 수 있을 거예요. 루이스는 작은 마을이어서 걸어서 2~3시간이면 넉넉히 구경할 수 있답니다. 그리고 숨겨진 사진 포인트들이 많이 있어서 짧지만 알차게 여행을 하고 오실 수 있으실 거구요. 만약 브라이튼을 여행을 하시다가 시간이 많이 남는다면 루이스를 방문해 보시는 건 어떨까요? (아! 그리고 많은 영국분들이 루이스에 오는 진정한 이유는 바로 맥주라고 합니다. 이곳에 와서 차 트렁크에 맥주를 아주 꽉꽉 채워 돌아가시더라구요. 그만큼 루이스 맥주가 맛있다는 얘기겠죠?) 이상 브라이튼 통신원 Jason이었습니다.

CHAPTER 6

Animals & Plants

동물과 식물에 관련된 문제들은 IELTS Speaking에서는 굉장히 자주 출제되는 주제야. 특히 Part 3 문제들이 꽤 심도 있게 출제되니 함께 준비해 보자!

ANIMALS & PLANTS

PREVIEW

동물이나 식물 같은 주제는 의외로 답변을 생각하기에 굉장히 어려운 주제야. 애완동물과 관련된 친숙한 표현부터 멸종위기 동물 보호와 같은 학술적인 표현까지 다양하게 배워 보자.

Animals & Plants와 관련된 표현

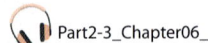 Part2-3_Chapter06_1

Animals

❶ animal extinction
동물 멸종

❷ preserve
보존하다

❸ wild animals
야생동물

❹ protection of endangered animals
멸종위기 동물 보호

❺ Keeping a pet is good for children's emotional development.
애완동물을 기르는 것은 아이들의 정서적 발달에 좋습니다.

❻ natural habitats of wildlife
야생 동물의 자연적인 서식지

Plants

❼ grow small plants
작은 식물을 기르다

❽ be commonly used in
~에 흔하게 사용되다

❾ Cherry blossoms flower in spring, around March.
벚꽃은 3월 즈음의 봄에 꽃을 피웁니다.

❿ People enjoy picnicking when cherry blossoms bloom.
사람들은 벚꽃이 피면 소풍을 즐기곤 합니다.

> **Tip!** 동물이나 식물과 관련된 주제는 학술과 관련된 질문으로 자주 출제가 돼. 평소 멸종위기의 동물 및 식물 보호에 대한 자신의 의견을 미리 준비해 두는 것도 좋겠지?

PRE-SPEAKING

우리 나라에서 자라는 식물이나 채소에 관련된 문제야. 아이디어를 정리해 보고 2분을 채우기 위한 답변을 확장시켜 보자.

Part 2

Cue card

Describe a kind of vegetable or plant in your country.

You should say:

● What it is

● What it looks like

● Where you have seen this plant

and explain why you like it.

Ideation

 SAMPLE ANSWER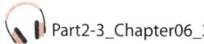

I'd like to talk about Mugunghwa. It's the national flower of Korea, and it's a kind of hibiscus. It's also called the Rose of Sharon in English. These flowers come in various colours; and the most common ones are white and pink ones. They are quite big, the size of a hand, in fact, and they have really big petals so they look really beautiful. In summer, the mugunghwa can be seen on many streets in Korea. Literally everywhere I'd say. As it's the national flower in Korea, it's planted in every town. Every summer, I see them in my town. Actually I like flowers in general, but I think this one is more beautiful than others. When they bloom in summer, I can see them easily and seeing these flowers is always nice. Also it seems like it's quite rare in other countries. They are very common in Korea, but I haven't seen them in elsewhere whenever I travel. So I think they are quite unique in some ways. I'm looking forward to seeing them this summer.

저는 무궁화에 대해서 이야기해 보겠습니다. 무궁화는 한국의 국화이고, 히비스커스의 일종입니다. 영어로는 샤론의 장미라고 불리기도 합니다. 무궁화는 색깔이 다양하고, 가장 흔한 색은 하얀색과 분홍색입니다. 손 정도의 크기로 꽤 큰 편이고, 꽃잎이 커서 굉장히 예쁩니다. 여름에는 무궁화를 한국의 어느 길에서나 볼 수 있습니다. 말 그대로 어디에서든 볼 수 있습니다. 사실 저는 꽃을 대체적으로 좋아하지만 이 꽃이 가장 예쁘다고 생각합니다. 이 꽃이 여름에 피면 어디든 쉽게 볼 수 있고, 이 꽃을 보는 건 항상 좋습니다. 또한 이 꽃은 다른 나라에서는 꽤 희귀한 것 같습니다. 한국에서는 굉장히 흔한데, 여행할 때 다른 나라에서는 보지 못했습니다. 그래서 제 생각엔 무궁화는 어떤 면에서는 독특한 것 같습니다. 저는 이 꽃을 여름에 보기를 기대하고 있습니다.

Q1

Do people in your country like growing plants by themselves?

당신의 나라의 사람들은 식물을 직접기르는 것을 좋아합니까?

Ideation

-꽃
-나무
-작은 식물

식물 종류
예
특히 중장년층
집에서 기름
다른 장소 밭/정원

노력 필요 아니오
선호도↓
식물 안 좋아함

Your Answer

Q2

Where do people grow plants?

사람들은 어디에서 식물을 기릅니까?

Ideation

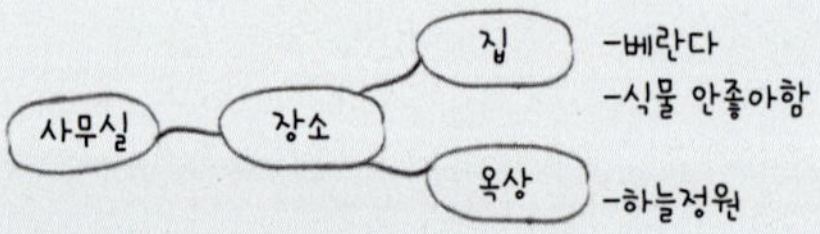

사무실 장소
집 -베란다
-식물 안좋아함
옥상 -하늘정원

Your Answer

Q3

What is the main plant in your country?

당신의 나라에서 무엇이 주요 식물입니까?

Ideation

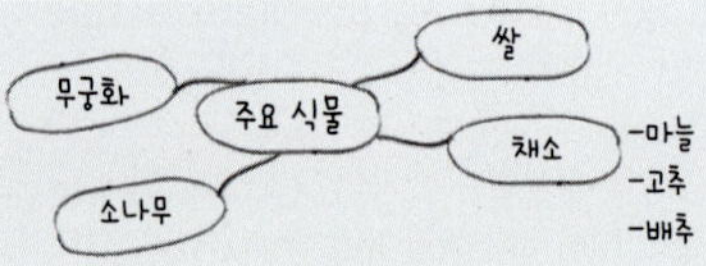

무궁화 주요 식물
쌀
채소 -마늘
-고추
-배추
소나무

Your Answer

 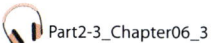

Q1 Do people in your country like growing plants by themselves?

I think so. Some people really enjoy growing plants, so they keep lots of flower pots in their houses.

저는 그렇게 생각합니다. 몇몇 사람들은 식물 기르는 것을 좋아해서 집에 화분을 많이 둡니다.

 사람들의 경향을 물어보는 문제 유형이니 우리 나라 사람들이 식물을 기르는 것에 대해 어떻게 생각하는지 전반적인 경향을 말해 보자. 개인적인 예시를 들어도 좋을 거야.

Q2 Where do people grow plants?

People would grow plants in their gardens, farms, and things like that. Also people living in cities usually grow small plants in their houses, or in roof-top gardens.

사람들은 그들의 정원이나 농장 같은 곳에서 식물을 기릅니다. 또한 도시에 사는 사람들은 작은 식물을 집에서 기르거나, 옥상정원에서 기릅니다.

이번엔 어디에서 기르냐는 문제야. 한국 사람들이 대부분 어디에서 식물을 기르는지 생각해 보자.

Q3 What is the main plant in your country?

Rice, I think. It's main crop that most Korean people eat, and many farmers grow it in the countryside. Also I think Chinese cabbage, chilies and garlic are also important.

쌀이라고 생각합니다. 한국 사람들이 주식으로 먹는 곡식이고, 많은 농부들이 시골에서 재배를 하죠. 또한 배추, 고추, 마늘이 중요합니다.

Main이라는 말은 주요한 이라는 의미지? 우리 나라에서 주요하게 재배하거나 기르는 식물들은 무엇이 있는지 생각하고 나열해 보자.

SPEAKING

이번에는 동물에 관련된 주제에 대해서 이야기해 볼까? 동물과 관련해서는 본인의 경험, 취향 등에 대해서 다양하게 출제되니 함께 공부하면서 아이디어를 정리해 보자.

Part 2

Cue card

Describe an interesting animal.

You should say:

● What animal it was

● Where you saw it

● What happened when you saw it

and explain why you thought it was interesting.

Ideation

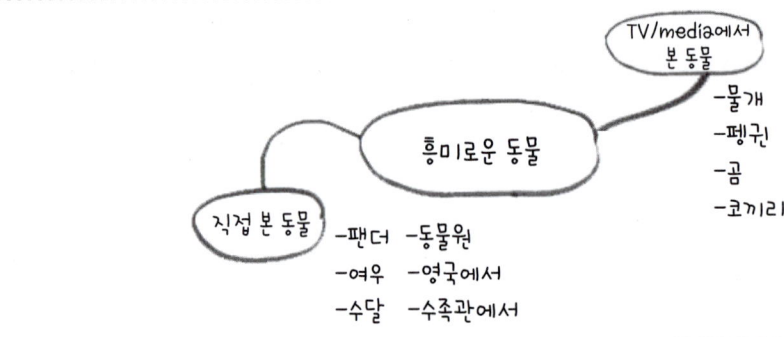

Your Answer

 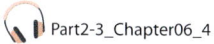

Well, I'd like to talk about penguins which I saw on a TV documentary a few years back. The whole programme was describing the habitats and characteristics of penguins, and it showed various penguin species living all around the world. I particularly liked the ones which live in the South Pole. On that programme, adult penguins were protecting their babies from cold temperature by placing them in the middle of the group. It was quite interesting to see them as I thought they didn't feel cold temperature. They surrounded each other and it looked like a big group hug to me. They were so adorable. Also the documentary introduced various species of penguins and it was also fascinating to know as I thought there are around 2 or 3 species only. They were so interesting to look at and babies were so cute so I want to see the real ones in the near future.

제가 몇 년 전에 TV 다큐멘터리에서 봤던 펭귄에 대해서 이야기를 해보겠습니다. 프로그램 전체가 펭귄의 서식지와 특성에 대해서 묘사했는데, 세계에 살고 있는 다양한 펭귄들을 보여 줬습니다. 제가 특히 좋았던 건 남극에 사는 펭귄들입니다. 그 프로그램에서는 어른 펭귄들이 아기 펭귄들을 그룹의 가운데에 넣고 아기 펭귄들을 보호하고 있었어요. 이건 꽤 흥미로웠는데 왜냐하면 저는 펭귄들이 추위를 느끼지 못한다고 생각했었거든요. 서로를 둘러 싸고 있는 모습이 포옹하고 있는 것처럼 보였어요. 정말 사랑스러웠죠. 또한 다큐멘터리는 다양한 종의 펭귄들을 소개했는데, 제가 2, 3종의 펭귄밖에 몰랐었기 때문에 흥미로웠어요. 그들을 보는 건 상당히 재밌었고, 아기 펭귄들은 정말 귀여웠기 때문에 조만간 진짜 펭귄들을 보고 싶습니다.

Q1

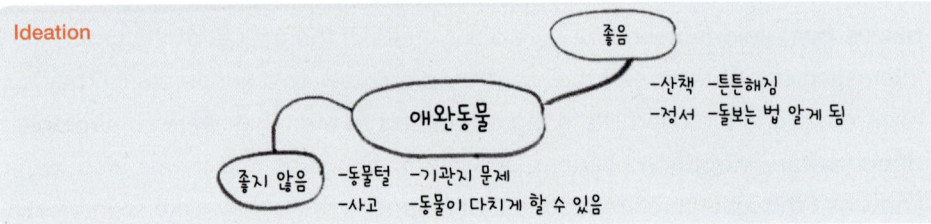

Do you think it's good for a child to have a pet?

당신은 애완동물을 기르는 것이 아이들에게 좋다고 생각합니까?

Ideation

좋음

-산책 -튼튼해짐
-정서 -돌보는 법 알게 됨

애완동물

좋지 않음 -동물털 -기관지 문제
-사고 -동물이 다치게 할 수 있음

Your Answer

Q2

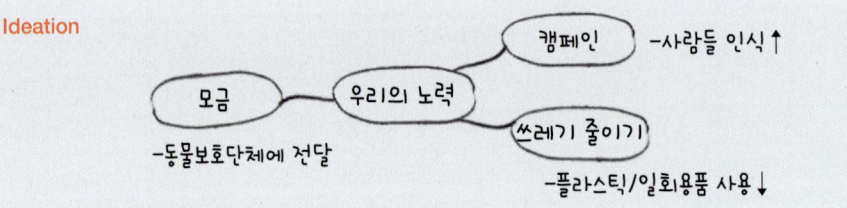

What should we do to protect endangered animals?

멸종위기에 있는 동물들을 보호하기 위해 우리는 무엇을 해야 합니까?

Ideation

캠페인 -사람들 인식↑

모금 우리의 노력

쓰레기 줄이기

-동물보호단체에 전달

-플라스틱/일회용품 사용↓

Your Answer

Q3

Why do some people refuse to eat animals?
왜 몇몇의 사람들은 동물을 먹는 것을 반대합니까?

Ideation

동물보호 — 이유 — 개인신념 — 종교적 이유 — 건강 — 환경

Your Answer

Q4

Do you support doing experimenting on animals?
당신은 동물 실험을 하는 것을 지지합니까?

Ideation

예 — 음식 / 의료 발전 — 필요

필수적 X — 아니오 — 잔인함 / 동물들 고통받음

Your Answer

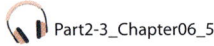

Q1

I definitely think so as it's beneficial for children's emotional development. They can learn about how to look after someone or care for others. Also maybe they could be physically fit too by doing some outdoor activities with pets.

저는 확실히 아이들의 감성 발달에 도움이 된다고 생각합니다. 그들은 다른 이들을 돌봐 주고 사랑해 주는 법을 배우게 되거든요. 또한 아이들은 야외 활동을 애완동물과 함으로써 튼튼해질 수 있다고 생각해요.

Tip! 내 의견을 먼저 말하고, 이유를 말해야 하는 문제 유형이야. 의사표현을 꼭 해야 더 논리적인 답변이 나올 수 있다는 것, 기억하고 있지?

Q2

Holding campaigns or fundraising events to raise people's awareness would be a good measure. People do not know much about animal related problems. Also, designating animal sanctuaries would be helpful.

사람들의 경각심을 높일 수 있는 캠페인이나 모금 행사를 개최하는 것이 좋은 방안일 것 같습니다. 사람들은 동물에 관련한 문제점들을 잘 모르거든요. 또한 동물 보호구역을 지정하는 것도 도움이 될 것 같습니다.

Tip! 멸종위기종을 보호하는 방법은 뭐가 있을까? 여러 가지 방안을 생각해 보자. 작은 삶의 방식 변화나 캠페인 같은 것들이 도움이 되겠지.

Q3

It depends on their beliefs though; some people believe eating animal meat is not good for their health. They believe eating animals causes serious disease. Also some people are against the idea of killing animals for any reason.

그들의 신념에 따라 다른 것 같습니다. 몇몇 사람들은 동물을 먹는 것이 그들의 건강에 좋지 않다고 생각합니다. 그들은 동물을 먹는 것이 심각한 질병을 야기한다고 생각해요. 또한 어떤 사람들은 어떤 이유로든 동물을 죽이는 것은 반대합니다.

Tip! 사람들이 왜 동물을 먹는 것을 거부하는지 그 이유를 생각해 보자. 종교적 이유, 개인적 신념 등이 있겠지. 아이디어 정리를 하고 답변해 보자.

Q4

It depends on what kinds of experiment those are. I support food and medical research as it's directly related to human survival, but I don't support other unnecessary and violent animal testing such as cosmetic testing.

어떤 실험인지에 따라 다른 것 같습니다. 제 생각엔 음식이나 의학 연구는 인간 생존과 직결된 문제기 때문에 필요하다고 생각하는데, 화장품 실험 같은 불필요하고 잔인한 동물 실험은 지지하지 않습니다.

Tip! 동물 실험에 대한 문제는 여러 가지 아이디어가 나올 수 있을 것 같아. 모범 답안처럼 중립을 택해도 좋고, 한쪽의 의견에 대한 이유를 말해도 좋아.

POST-SPEAKING

자, 이제는 실전처럼 시험관의 질문에 답해 볼까? Cue card를 읽고 질문이 무엇인지 정확하게 파악하는 것이 가장 중요해. 시작해 보자!

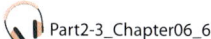 Part2-3_Chapter06_6

Part 2   Sample Answer P. 263

Describe a wild animal in your country.

You should say:

● What it looks like

● When you saw/knew it for the first time

● Where it lives

and explain why you like it.

Ideation

 Your Answer

Q1

Do you think keeping endangered animals in the zoo is a good idea?
당신은 멸종위기에 처한 동물들을 동물원에 보호하는 것이 좋은 아이디어라 생각합니까?

Ideation

Your Answer

Q2

What are the advantages of keeping animals in the zoo?
동물들을 동물원에 두는 것의 장점은 무엇입니까?

Ideation

Your Answer

동물과 식물에 관련한 유용한 문장들만 모아봤어. 여러 번 따라 읽으면서 발음 연습을 해보자.

Speaking Practice 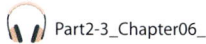 Part2-3_Chapter06_7

① **I like keeping a pet since** I like seeing it greeting me.
저는 애완동물을 키우는 것을 좋아하는데, 그들이 저를 반겨 주는 게 좋기 때문입니다.

② **Zoos play an important role in** protecting endangered species.
동물원은 멸종위기종을 보호하는 데 중요한 역할을 합니다.

③ **I'd like to see** real Koalas.
저는 코알라를 실제로 보고 싶어요.

④ **People should make efforts to** prevent animal extinction.
사람들은 동물 멸종을 방지하기 위해 노력해야 합니다.

⑤ **I like watching TV programmes related to** animals.
저는 동물에 관련된 TV 프로그램들을 보는 것을 좋아합니다.

⑥ **People plant trees** in spring.
사람들은 봄에 나무를 심습니다.

⑦ **I like roses as** the scent is really nice.
저는 향기가 정말 좋아서 장미를 좋아합니다.

⑧ **Some people visit a weekend farm** and grow some plants and vegetables.
몇몇 사람들은 주말농장을 가서 식물과 채소를 재배하곤 합니다.

⑨ **In the countryside, there are lots of farms** which grow vegetables and fruits.
시골에는 채소와 과일을 재배하는 농장들이 많습니다.

⑩ **Many people like visiting botanical gardens as** they can see various plants.
많은 사람들이 다양한 식물을 볼 수 있어서 식물원에 가는 것을 좋아합니다.

SELF-CHECK 본인이 말한 답변을 Good Example과 비교해서 영역별로 자신의 점수를 체크해 보자.

유창성	문법	어휘	발음
• 질문에 대한 답을 했는가? • 망설임 없이 말했는가? • 적당한 속도로 말했는가? • 답변에 추가적인 설명을 제시했는가?	• 주어 동사를 포함한 완전한 문장을 말하였는가? • 접속사, 관계대명사 등을 사용한 문장을 말하였는가? • 올바른 시제를 사용하였는가? • 수일치가 되도록 말하였는가?	• 한 단어를 반복 사용하지 않고 동의어를 사용하는가? • 다양한 어휘를 사용했는가? • 문맥상 정확한 어휘를 사용했는가? • Paraphrasing한 문장을 사용했는가?	• 틀린 발음 없이 정확히 발음했는가? • 정확한 억양을 사용하여 말하였는가? • 강세를 잘 살려 말하였는가? • 본인의 답변을 알아듣기 쉬웠는가?
1 2 3 4 5	1 2 3 4 5	1 2 3 4 5	1 2 3 4 5

1~5	6~10	11~15	16~20	Overall Grade
Limited	**Modest**	**Competent**	**Good**	

SAN DIEGO에서 외국 친구들과 기숙사 생활하기

안녕하세요. 미국 San Diego에 있는 ed:m 통신원 장혜진입니다. 오늘은 숙소에 대해서 소개하려고 하는데요. 이 곳의 유학생들은 주로 홈스테이를 하거나 기숙사 형식으로 제공되는 곳에서 함께 생활을 해요. 그중, Little Italy에 있는 Vantaggio Suites와 Gaslamp에 있는 Vantaggio Suites Gaslamp이 있는데요, 저는 지금 Little Italy에 있는 Vantaggio Suites에 묵고 있어서 이 곳에 대해 소개하려 합니다.

Vantaggio Suites Little Italy는 Little Italy 지역에 있어 주변이 굉장히 예쁩니다. Stafford House까지는 걸어서 대략적으로 20분 정도가 걸리구요. San Diego가 워낙 작아서 Gaslamp도 멀지는 않지만 Little Italy는 공항 바로 옆에 있어서 San Diego 도착 후 굉장히 가깝게 오실 수 있습니다. 저는 밤에 Lyft 타고 왔을 때 대략 7불 정도 낸 거 같았고 보통 10불을 넘어서지 않는 가격대입니다. 공항 바로 옆에 있어서 비행기가 이착륙하는 것을 굉장히 자주 보실 수 있으며, 창문을 열고 있으면 15분(?) 정도 간격을 두고 계속 소리가 들리기는 하나 지내다 보면 익숙해져서 엄청 신경쓰일 정도는 아니라고 생각합니다.

Vantaggio Suites Gaslamp는 가보지는 않았지만 제가 다니는 학원에서 굉장히 가깝습니다. 바로 두 블럭 정도만 가면 돼서 걸어서 5분 정도 소요된다고 생각하면 될것 같습니다. Little Italy도 주변에 이탈리아 음식점이 많지만 Gaslamp 지역이 주변 음식점으로는 더 유명해요. Gaslamp 그 거리가 굉장히 예쁜데 그 예쁜 느낌이 Little Italy와는 다른 이쁨이라 둘 다 음식이나 거리의 예쁨으로는 비교하기 애매합니다.

Gaslamp이 San Diego의 다운타운과 좀더 가깝고 마트 Ralphs와 좀더 가깝지만 Little Italy도 먼 편도 아니고, The free ride를 타면 금방갑니다. 결정 시 가장 큰 요소가 되는 것은 좀 시끄럽더라도 사람 많아서 친해지기 쉽고 시끌벅적하게 노느냐 혹은 조용하게 지내고 싶냐를 선택하면 좋을 것같아요.

저는 개인적으로 Little Italy를 추천합니다. 가격도 큰 차이는 아니고 주당 약간 몇 만원 정도의 차이도 있긴한데 친구들과 친해지기 굉장히 쉬워서 Gaslamp 친구들도 많이 와서 놀다가 돌아가고, 홈스테이나 개인적인 룸렌트하는 친구들도 보통 이곳에서 많이 모이는 장소라 정말 좋아요. 단점은 밤에 노래를 크게 들거나 떠드는 소리가 시끄럽다는 거예요. 물론 창문을 닫으면 괜찮지만 저는 개인적으로 창문 열어서 환기 시키는 걸 좋아해서 짜증날 때가 종종 있지만 그래도 Gaslamp보단 나은 거 같아요. 개인의 조용함을 정말 중요시 여긴다면 Little Italy는 꼭 피하셔야 해요.

Vantaggio Suites는 한 층에 98개의 방이 있으며, 1층에는 주방과 각종 시설 때문에 정확히 98개가 있는지는 모르겠으나 2/3/4층은 98개의 방이 있어서 굉장히 많은 사람이 거주하고 있음을 알 수 있습니다. 이곳은 각 층에는 Study Room이 있고 세탁실도 있어요. 세탁실은 오후 10시까지 이용 가능하고 세탁기 $1.50, 건조기 $1.50에 이용하실 수 있어서 유학생들이 생활하기에 편리한 곳이죠. San Diego에서 살 집을 알아 보고 있으시다면, Vantaggio Suites는 어떠세요? 그럼 다음에 또 만나요!

CHAPTER 7

Computer & Technology

IT 기술이 점점 발달해가면서 이에 따른 인터넷 사용이나 앱 사용, 또는 기계에 관련된 문제들이 Part 2, 3에서도 자주 나와. 우리 일상생활에 친숙한 주제이지만 아이디어를 잘 정리해야 당황하지 않고 답할 수 있어. 한 번 살펴볼까?

07

COMPUTER & TECHNOLOGY

PREVIEW

Computer & Technology 주제는 크게 둘로 나눌 수 있어. 기계에 관한 문제들과 소프트웨어에 관련된 문제들이지. 어떤 표현들을 써야 하는지 먼저 살펴볼까?

Computer & Technology에 관련된 표현

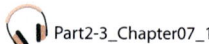 Part2-3_Chapter07_1

Website & App

① social media website
소셜미디어 (소셜네트워킹 서비스에 가입한 이용자들이 서로 대인관계망을 넓힐 수 있는 플랫폼)

② Social Networking Service
소셜네트워킹 서비스 (온라인 인맥 형성 또는 강화 서비스)

③ online communication
온라인상에서 이루어지는 대화/소통

④ online shopping
온라인 쇼핑

⑤ search engine
검색 엔진 (인터넷에서 원하는 정보를 찾을 수 있게 만들어진 소프트웨어)

Equipment

⑥ air conditioner
에어컨

⑦ air purifier
공기 정화기

⑧ dehumidifier
제습기

⑨ humidifier
가습기

⑩ water purifier
정수기

> Tip! 이 주제에 대해 대답할 때 자주 쓸 수 있는 어휘들이야. 여기에 나온 어휘들을 답안에 어떻게 구성해서 아이디어를 낼 지 생각해 보자.

PRE-SPEAKING

첫 번째 문제는 '컴퓨터와 관련되지 않은' 기계에 대해 말하는 문제야. 아이디어를 미리 생각해 보지 않으면 당황하기 쉬운 질문이지. 컴퓨터를 제외한 어떤 기계를 어떻게 이야기할지 생각해 보자.

Part 2

Cue card

Describe a piece of technology (not computer-related) you like to use.

You should say;

● What the technology is

● When it was invented

● What it is used for

and explain how you feel about it.

Ideation

 SAMPLE ANSWER
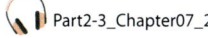 Part2-3_Chapter07_2

Well, I have to talk about the air conditioner as I can't live without one. It's an electronic machine which is very famous world-widely. I don't exactly know when it was invented, but I heard it was around the 1920s or 30s. I read a book about Carrier once and found out that he invented it to use it for his work. Basically, this machine is used to cool down a room's temperature when it's too hot. Especially in summer, it's really useful since it lowers room temperature and make people feel better. I find air conditioners really useful. Since I can't stand the heat, I literally can't live without one. It's really difficult for me to work or do something where there's no air conditioner. Also I think air conditioners are becoming more functional nowadays. There's one in my house and it has air purifying function as well as humidity control function. I find it quite surprising. I think I'll use it for a long time indeed.

저는 에어컨에 대해서 이야기를 해야겠습니다. 저는 에어컨 없이는 살 수 없거든요. 이건 세계적으로 유명한 전자 기기입니다. 저는 에어컨이 언제 발명됐는지 정확히는 모르지만 1920년대, 30년대 즈음에 발명됐다고 들었습니다. 저는 Carrier에 대한 책을 하나 읽었는데, 그가 일을 위해서 발명했다는 것을 알게 되었어요. 기본적으로 이 기계는 너무 더울 때 실내 온도를 낮추는 데에 사용됩니다. 특히 여름에는 실내 온도를 낮춰주고 사람들 기분이 나아지게 만들어줘서 굉장히 유용합니다. 저는 에어컨을 굉장히 유용하다고 생각합니다. 저는 더위를 굉장히 싫어해서 이것 없이는 살 수 없습니다. 저는 에어컨이 없는 데서 일을 하거나 뭔가를 하는 것을 굉장히 힘들어하거든요. 또한 제 생각엔 에어컨은 요즘 더 기능적으로 변하고 있는 것 같습니다. 저희 집에 있는 것은 공기정화 기능에 습기 조절 기능도 있습니다. 꽤 놀라운 것 같습니다. 저는 이 기계를 오랫동안 사용할 것 같습니다.

Q1

Does technology deeply affect people's lives?

기술은 사람들의 삶에 깊이 영향을 줍니까?

Ideation

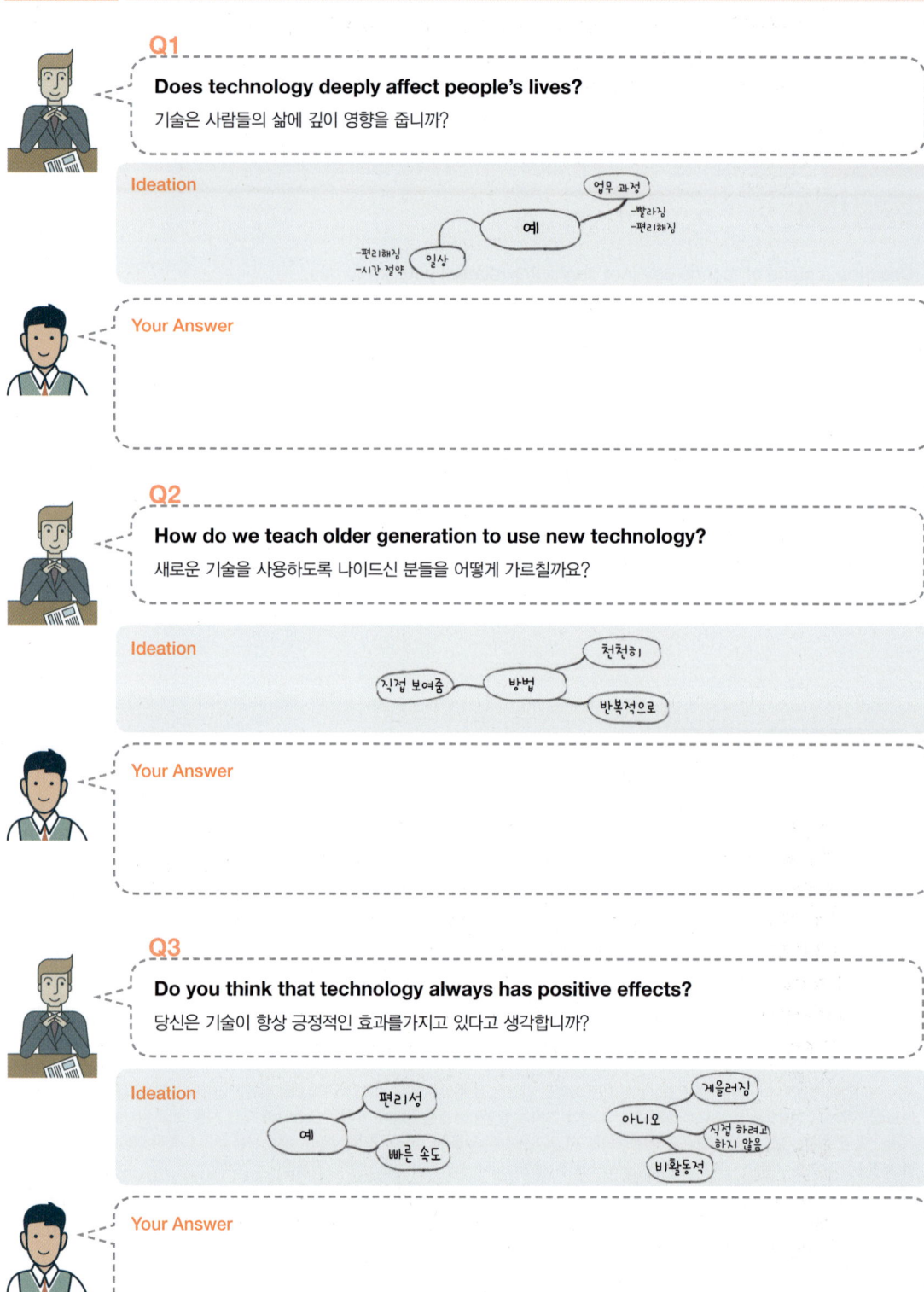

Your Answer

Q2

How do we teach older generation to use new technology?

새로운 기술을 사용하도록 나이드신 분들을 어떻게 가르칠까요?

Ideation

Your Answer

Q3

Do you think that technology always has positive effects?

당신은 기술이 항상 긍정적인 효과를가지고 있다고 생각합니까?

Ideation

Your Answer

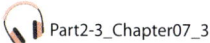

Q1 **Does technology deeply affect people's lives?**

Yes, of course. These days, people can do everything conveniently with technology. Everything like driving, banking, and many others became so much quicker and handier.

당연합니다. 요즘은 사람들은 기술로 인해 모든 것을 편리하게 할 수 있습니다. 운전이나 은행 업무, 그리고 많은 다른 업무들이 정말 빨라지고 편해졌습니다.

Tip! 기술이 사람들에게 많은 영향을 미치는가에 대한 문제야. 꽤 많은 영향을 미치고 있는데, 그 부분이 어떤 것인지 부연 설명을 붙여 보자.

Q2 **How do we teach older generation to use new technology?**

I think it's important to show them how to use new technology really slowly and repeatedly. As using new technology isn't familiar for older people, they need to learn it slowly.

제 생각에는 새로운 기계를 어떻게 사용하는지 천천히 반복적으로 보여 주는 것이 중요할 것 같습니다. 나이 드신 분들께는 새로운 기계를 쓰는 것이 익숙하지 않으니 천천히 배워야 합니다.

Tip! 실제로 이렇게 주변 가족이나 아는 사람에게 가르쳐 준 경험이 있다면 어떻게 하는지, 예시를 들면서 답변을 해도 좋을 거야.

Q3 **Do you think that technology always has positive effects?**

I don't think so. It's obviously very convenient but it makes people become lazier. People don't do outdoor activities nowadays as they can do everything at home.

저는 그렇게 생각하지 않습니다. 기술은 당연히 굉장히 편리하지만 사람들을 게으르게 만드는 것 같습니다. 요즘 사람들은 집에서 모든 것을 할 수 있기 때문에 야외 활동을 별로 하지 않거든요.

Tip! 내 생각을 말하는 문제 유형이니 자유롭게 내 생각을 표현해 보자. 위 답안처럼 반대할 수도 있지만 기술이 항상 긍정적인 결과를 가져온다고 말할 수도 있겠지?

SPEAKING

자, 이번에는 소프트웨어에 관한 문제로 넘어가 볼까? 굉장히 출제 빈도가 높은 문제 중 하나인 웹사이트에 관련한 문제를 다뤄 보자. 준비됐지?

Part 2

Cue card

Describe a website you like to visit.

You should say:

● When you found it

● What it is about

● How often you visit it

why you like this website.

Ideation

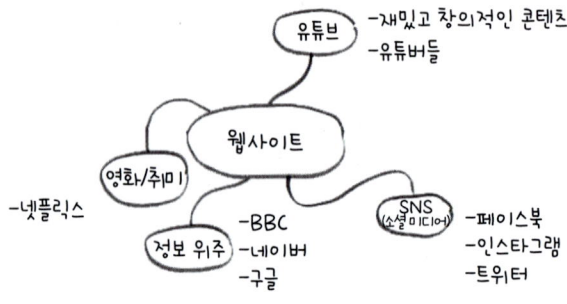

Your Answer

Well, I really like BBC website. I've been using it ever since I was a secondary school student. At that time, one of my friends recommended it to me to improve my English, so it has been almost 13 years now. It's basically a news website, dealing with current affairs from all over the world. There are some video clips that everyone can watch. It helps me to gather lots of information. Whenever I have spare time, normally on the way home from work, I read the news on this website. It's really useful as it keeps me updated with news. When I talk to my British friends, we can talk about the same thing which happened recently rather than talking about some random stuff, it's nice. Also it provides lots and lots of information about everything. It even has a learning website along with it, so I can check out some English lessons as well as reading news. It's such a useful website that I like the most.

저는 BBC 웹사이트를 정말 좋아합니다. 전 그 웹사이트를 고등학생 때부터 계속 사용해 왔어요. 그 당시에, 제 친구 중에 한 명이 제 영어 실력을 향상시키라고 추천해 줬고, 그때부터 약 13년 정도 지금까지 사용 중입니다. 그건 세계의 최근 시사를 다루는 뉴스 웹사이트입니다. 모두가 볼 수 있는 비디오도 있어서 많은 정보를 얻을 수 있어요. 제가 시간이 남을 때, 대부분은 직장에서 집에 가는 길에, 저는 이 웹사이트에서 오늘의 뉴스를 읽습니다. 이 웹사이트는 제가 최신 뉴스를 얻을 수 있게 해줘서 유용합니다. 제 영국 친구들과 이야기할 때, 의미 없는 것들 말고 최근에 일어난 것에 대해 이야기 할 수 있어서 좋습니다. 또한 이 웹사이트는 모든 것에 대한 많은 정보를 제공합니다. 거기에 온라인 강좌 웹사이트도 같이 운영되어서, 뉴스를 읽으면서 영어 수업들도 볼 수 있습니다. 저는 이 웹사이트를 정말 좋아하고 유용하다고 생각합니다.

Q1

What influence can the Internet have on teenagers?

인터넷은 10대들에게 어떤 영향을 줍니까?

Ideation

Your Answer

Q2

What are some of the different reasons why people use the internet?

사람들은 어떤 다른 이유로 인터넷을 사용합니까?

Ideation

Your Answer

Q3

What are disadvantages of not using the internet?

인터넷을 사용하지 않으면 어떤 단점이 있을까요?

Ideation

Your Answer

Q4

Do you think parents should control what internet sites their children visit on the internet?

부모님들은 그들의 아이들이 어떤 인터넷 사이트를 방문하는지 제한해야 한다고 생각합니까?

Ideation

Your Answer

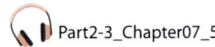
Q1

Well, on the positive side, they can learn as much as they want without putting in much effort. They can just search for information online. But many teenagers become addicted to the internet, so they don't study or read much.

긍정적인 면은, 그들이 원하는 만큼 큰 공을 들이지 않고도 배울 수 있다는 점입니다. 그들은 온라인으로 정보를 검색하기만 하면 되거든요. 하지만, 많은 10대들은 인터넷 중독이 돼서 공부를 안하거나 책을 읽지 않습니다.

Tip! 10대들에게 끼칠 수 있는 영향은 긍정적인 것과 부정적인 것 전부 이야기해도 돼. 한 쪽으로만 말하는 게 쉽다면 그렇게 구성해도 좋아.

Q2

Most people search for information online, and some people use it to learn. Also some people use it mainly for fun, like playing online games or watching something. Online communication can be another reason.

대부분은 온라인으로 정보를 검색할 때 사용하고, 몇몇 사람들은 뭔가를 배우는 데 사용합니다. 또한 온라인 게임을 하거나 뭔가를 보거나 할 때도 사용합니다. 온라인 대화도 하나의 이유가 될 수 있습니다.

Tip! 어떤 이유로 인터넷을 사용하냐고 묻는 문제기 때문에 다양한 이유들을 나열해서 답변을 구성해 보자.

Q3

Well, without the internet, people would face inconvenience as they can't do things online. Also finding out about recent news would be difficult for them.

인터넷이 없으면 사람들은 굉장히 불편해질 것입니다. 왜냐하면 그들은 온라인으로 뭔가를 할 수 없어지거든요. 또한 최신 뉴스를 알게 되는 것도 어렵게 될 것입니다.

Tip! 인터넷을 사용하지 않는 것에 대한 단점들을 생각해 보자. Not using the internet을 다른 의미로 받아들여 오 프토픽이 날 수 있으니 주의하자.

Q4

Yes, definitely. If parents don't control it, children can be exposed to inappropriate contents or websites. Parents should guide them to use relevant and useful websites which are suitable for their children's age.

당연하지요. 만약 부모들이 제한하지 않는다면, 아이들은 부적절한 콘텐츠나 웹사이트에 노출될 수 있습니다. 부모들은 아이들을 그들의 나이에 맞는 유용하고 적절한 웹사이트를 사용할 수 있게 알려 줘야 합니다.

Tip! 내 의견이니 내가 생각하는 바를 자유롭게 답변에 구성해 보자. 왜 그렇게 생각하는지 이유는 꼭 붙여야겠지?

POST-SPEAKING

자, 이제는 실전처럼 면접관의 질문에 답해 볼까?

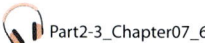 Part2-3_Chapter07_6

Part 2   Sample Answer P. 264

Describe a useful app for a smart phone, computer or tablet that you have used.

● What the app is

● How long you have used it for (or, been using it)

● What you use it for

and explain why you think it is useful.

Ideation

  **Speak**

Sample Answer P. 264

Q1

Do you often download apps?

당신은 종종 앱을 다운로드합니까?

Ideation

Your Answer

Q2

What are benefits of using apps?

앱을 사용하는 이점은 무엇입니까?

Ideation

Your Answer

REVIEW

Computer나 Internet이 이제는 우리 일상에서 빼 놓을 수 없는 것처럼 IT기술과 관련된 문제는 종종 출제가 돼. 이 주제에 관련된 문장들을 따라 읽어 보면서 연습해 보자.

Speaking Practice

Part2-3_Chapter07_7

① **I use the internet** almost every day.
저는 거의 매일 인터넷을 사용합니다.

② Mostly, **I search for information for** my work **on the internet**.
대부분은 일을 할 때 인터넷으로 정보를 검색합니다.

③ Sometimes **I play online game** when I'm free.
가끔 자유시간이 있을 땐 온라인 게임을 하기도 합니다.

④ **There is a ton of information** online.
온라인상에는 굉장히 많은 정보가 있습니다.

⑤ Technological advancement **has led people to** become lazy.
기술의 발전은 사람들이 게을러지게 했습니다.

⑥ Nowadays, **people can use apps to do** their tasks.
요즘 사람들은 앱을 사용해서 일을 할 수 있습니다.

⑦ **All they have to do is** download an app that they need.
그들은 필요한 앱만 다운 받으면 됩니다.

⑧ **I'd like to use** a pay app in the future.
저는 미래에 페이앱을 사용해보고 싶습니다.

⑨ **I'm sure technology** will become more advanced in the future.
저는 미래에 기술이 더 발전할 거라고 확신합니다.

⑩ **I think I was like 15 years old when I had** my first mobile phone.
제 생각에는 제가 처음 핸드폰을 가졌을 때가 15살 정도였던 것 같습니다.

SELF-CHECK
본인이 말한 답변을 Good Example과 비교해서 영역별로 자신의 점수를 체크해 보자.

유창성	문법	어휘	발음
• 질문에 대한 답을 했는가? • 망설임 없이 말했는가? • 적당한 속도로 말했는가? • 답변에 추가적인 설명을 제시했는가?	• 주어 동사를 포함한 완전한 문장을 말하였는가? • 접속사, 관계대명사 등을 사용한 문장을 말하였는가? • 올바른 시제를 사용했는가? • 수일치가 되도록 말하였는가?	• 한 단어를 반복 사용하지 않고 동의어를 사용했는가? • 다양한 어휘를 사용했는가? • 문맥상 정확한 어휘를 사용했는가? • Paraphrasing한 문장을 사용했는가?	• 틀린 발음 없이 정확히 발음했는가? • 정확한 억양을 사용하여 말하였는가? • 강세를 잘 살려 말하였는가? • 본인의 답변을 알아듣기 쉬웠는가?
1 2 3 4 5	1 2 3 4 5	1 2 3 4 5	1 2 3 4 5

1~5	6~10	11~15	16~20	Overall Grade
Limited	**Modest**	**Competent**	**Good**	

영국인들이 은퇴 후 가장 살고 싶다는 '코츠월드'

안녕하세요! ! Manchester에서 유학하고 있는 ed:m 통신원 황승주입니다. 많은 분들이 런던에서 옥스퍼드와 함께 묶어 패키지로 여행 가는 자그마한 시골 동네가 하나 있습니다. 바로 "코츠월드"라는 런던 근교의 아주 작은 동네인데요. 동화 속에서나 나올 것 같은 이 작은 동네는 영국 사람들이 은퇴를 하고서 살고 싶은 동네 1위라고 합니다. 코츠월드는 영어로 "Cotswold"라고 표기를 합니다. 'cots'와 'wold'의 합성어라고 하는데 'cots'는 아기들이 잘 때 쓰는 요람이라는 뜻이고, 'wold'는 구릉지대라는 뜻이라고 합니다. 'wold'라는 단어에서 알 수 있듯이 코츠월드는 구릉지대입니다. 따라서 자동차를 이용해 돌아다니다 보면 굉장히 많은 양 목장을 만날 수 있습니다. 특유의 몸 색깔이 까만 양들을 지나가며 구경하는 재미도 있습니다.

코츠월드는 넓은 지역을 통칭하는 말이고 이 지역 안에 다양한 동네들이 자리를 잡고 있습니다. 먼저 한국인들이 가장 많이 방문을 한다는 Bibury는 아기자기한 집들이 매력인 곳입니다. 이 집들은 외국인들이 매수를 할 수 없게 전부 영국 정부에서 매입해 관리를 하고 있다고 합니다. 관리만 국가에서 할 뿐 실제로 집주인들이 살고 있습니다. 체스터나 요크에서 본 집들도 굉장히 오래되었다는 느낌을 받았는데 코츠월드에 있는 집들은 그보다도 훨씬 오래된 집들입니다. 제가 방문했을 때 실개천이 흐르는 Bibury의 모습은 너무나도 아름다웠습니다. 날씨가 좋으면 인생샷을 건지기 너무나도 좋은 곳이라고 합니다.

혹시 여러분은 스콘을 좋아하시나요? 저는 영국에 오기 전부터 스콘을 굉장히 좋아했습니다. 스콘에는 딸기잼과 함께 클로티드 크림이라는 것을 발라 먹는데 이 클로티드 크림이라는 것이 여간 구하기 힘든 게 아닙니다. 물론 M&S 같은 곳에 가면 작은 통에 4파운드 가까이 주고 살 수 있지만 그렇게 산 클로티드 크림은 정말 빨리 상하기 때문에 한동안 스콘만 먹고 살아야 하는 불상사가 생길 수 있습니다. 그런데 이곳 Bibury는 클로티드 크림으로 꽤나 유명한 곳입니다. Bibury에 있는 자그마한 기념품샵에 방문하면 직접 만든 클로티드 크림을 유리병에 담아 5파운드에 팔고 있습니다. 이 크림은 한번 개봉해도 보관을 오래 할 수 있는 장점이 있습니다. 저도 두 병을 사왔는데 더 사오지 못한 것을 후회하고 있을 정도로 맛도 좋습니다.

모든 곳이 아름다운 코츠월드지만 그중에서도 영국인이 뽑은 최고의 동네는 바로 Lower Slaughter입니다. Slaughter 라는 단어가 그리 좋지 않은 뜻으로 알고 있는데 동네의 분위기는 너무나 고즈넉하고 아름다운 곳입니다. Lower Slaughter는 Bibury보다 훨씬 큰 동네입니다. 동네 안에 호텔도 있고 교회도 있을 만큼 어느 정도 크기가 되는 동네입니다. 게다가 위에서 언급한 영국인들이 은퇴 후 가장 살고 싶은 동네가 바로 이 Lower Slaughter를 두고 하는 말입니

다. 그래서 그런지 동네 주민들은 확실히 은퇴 후 여유를 즐기는 노년들이 많이 보였습니다. 애완견과 함께 산책을 하는 모습들이 특히 보기 좋았습니다. 또한 꽤나 부유한 동네답게 집들과는 조금 이질적인 모습을 보여 주지만 주차장에는 고급 승용차가 가득했습니다. 여유롭게 사는 모습이 참 부럽더라구요. 어느 나라를 가더라도 은퇴를 하고 나서는 복잡했던 도시를 벗어나 조용한 시골로 가고 싶은 마음이 있는 것 같습니다. 런던에서 옥스퍼드와 코츠월드를 묶어 당일치기를 하는 투어가 많으니 한 번쯤 이용하여 방문을 해보셔도 좋을 것 같습니다.

CHAPTER 8

Childhood

Childhood(어린시절)에 관련한 문제들은 여러 가지 주제로 출제 돼. 일반적으로 어린시절이라 하면 초등학교 이전, 초등학생까지 의 연령이라고 생각하고 준비해 보자.

08 CHILDHOOD

Computer & Technology 주제는 크게 둘로 나눌 수 있어. 기계에 관한 문제들과 소프트웨어에 관련된 문제들이지. 어떤 표현들을 써야 하는지 먼저 살펴볼까?

Childhood와 관련된 표현

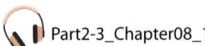
Part2-3_Chapter08_1

Childhood

① **When I was ~ years old,**
제가 ~살 때

 e.g.) When I was 6 years old, I lived in an apartment. 제가 6살 때, 아파트에서 살았습니다.

② **childhood**
어린시절

③ **adolescent**
청소년/청소년기의

④ **a tender age**
어린 나이

⑤ **kindergarten/nursery**
유치원

Activity

⑥ **hang out with friends**
친구들과 시간을 보내다

⑦ **play in a playground**
놀이터에서 놀다

⑧ **playing with dolls**
인형놀이

⑨ **play hide and seek**
숨바꼭질을 하다

⑩ **play on swings**
그네를 타다

Tip! 여기에 나온 표현 외에도 내가 어린시절에 했던 여러 가지 일들을 생각해 보고 어휘를 미리 암기해 두자.

PRE-SPEAKING

어린 시절의 친구에 대해서 이야기해 보는 문제야. 어릴 때같이 놀던 친구들에 대한 이야기나 함께 했던 에피소드를 생각해 보자.

Part 2

Cue card

Describe a childhood friend of yours.

You should say;

● When you met him/her

● Where you met him/her

● What you did with your friend

and explain how you felt about the friend.

Ideation

 SAMPLE ANSWER  Part2-3_Chapter08_2

Well, honestly I don't remember much of my childhood friends, but I can think of one. There was a girl who lived next door to me, I think her name was Yeri. I was like 7 years old when I first met her. We attended the same school and when we realized we lived in the same neighbourhood, we became quite close. Actually there was a playground near my apartment so we used to play on swings, seesaws, and stuff like that. Also we visited each other's houses quite often so we spent time watching animations, eating dinner, and things like that. I used to like her a lot. I only have a younger brother, so it felt like I had a sister. As far as I remember, she and I had lots in common so we liked spending time together. We both liked watching Disney animations, drawing pictures, and so on. Also I remember she was really good at drawing. She used to draw a lot of Disney princesses for me, and every time I received those drawings, I loved it. She was a really good friend of mine indeed.

사실 저는 어린시절 친구들이 잘 기억나진 않지만, 한 명은 기억합니다. 제 옆집에 살던 아이인데, 이름은 예리였던 것 같아요. 제가 처음 그 아이를 만났을 때 7살 즈음이었던 것 같습니다. 저희는 같은 학교에 다녔고, 이웃 지간인 걸 알았을 때 더욱 친해졌어요. 제가 살던 아파트 근처에 놀이터가 있었는데, 저희는 그네도 타고, 시소도 타면서 놀았습니다. 또한 저희는 서로의 집에 가서 애니메이션도 보고, 저녁도 먹고 하면서 시간을 보냈습니다. 저는 그녀를 굉장히 좋아했습니다. 저는 남동생밖에 없어서 여동생이 있는 기분이 들었거든요. 제가 기억하는 한, 그녀와 나는 공통점이 많아서 같이 시간을 보내는 것을 좋아했습니다. 우리 둘 다 디즈니 애니메이션을 좋아하고, 그림 그리는 것을 좋아했습니다. 또 제가 기억하는 것은 그 아이는 그림을 굉장히 잘 그렸다는 것입니다. 그 아이는 절 위해서 디즈니 공주 그림을 많이 그려줬고, 그림을 받을 때마다 정말 좋았던 기억이 납니다. 그녀는 저의 정말 좋은 친구였습니다.

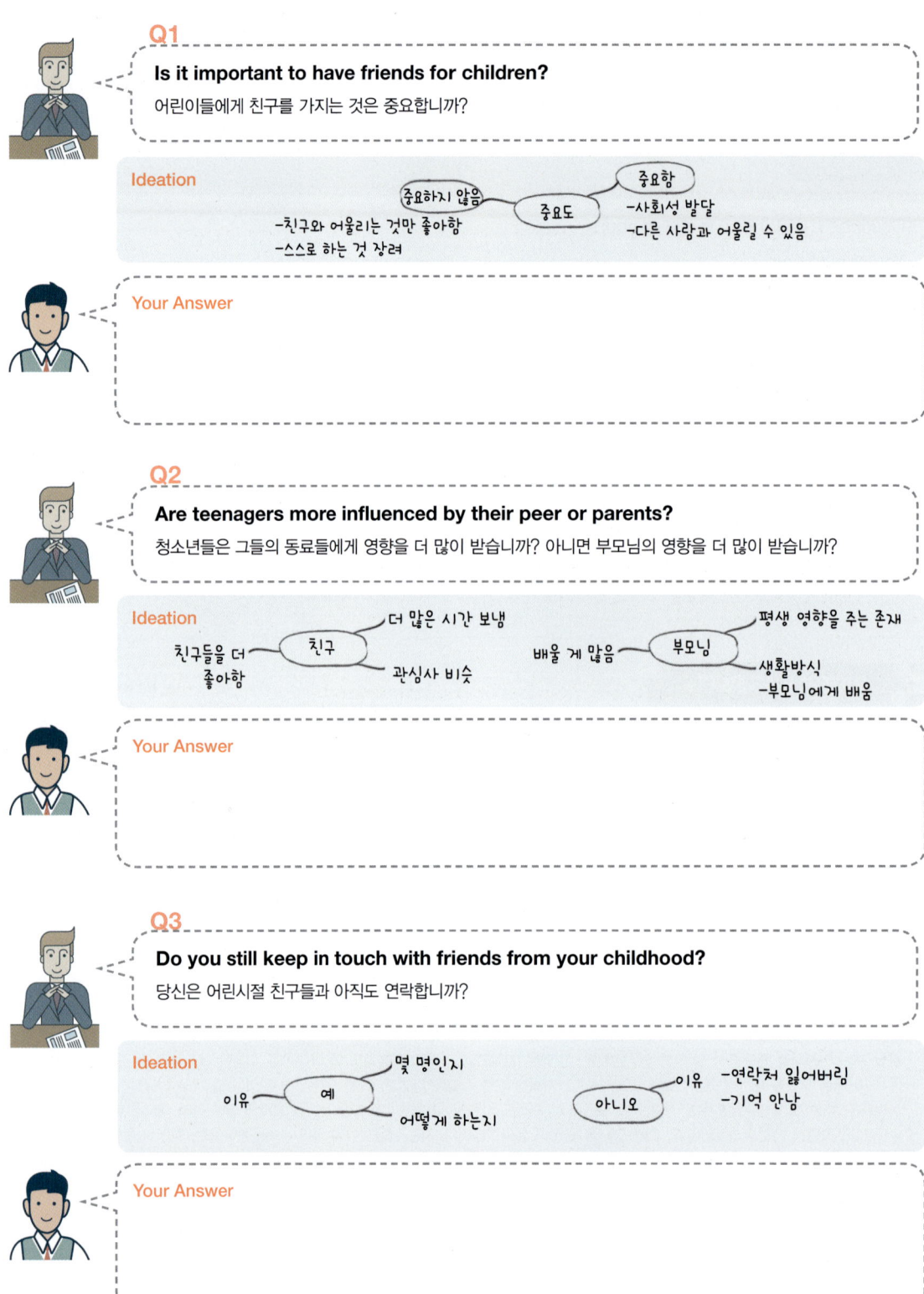

Q1

Is it important to have friends for children?
어린이들에게 친구를 가지는 것은 중요합니까?

Ideation

중요하지 않음 — 중요도 — 중요함
-친구와 어울리는 것만 좋아함   -사회성 발달
-스스로 하는 것 장려   -다른 사람과 어울릴 수 있음

Your Answer

Q2

Are teenagers more influenced by their peer or parents?
청소년들은 그들의 동료들에게 영향을 더 많이 받습니까? 아니면 부모님의 영향을 더 많이 받습니까?

Ideation

친구들을 더 좋아함 — 친구 — 더 많은 시간 보냄 / 관심사 비슷

배울 게 많음 — 부모님 — 평생 영향을 주는 존재 / 생활방식 / -부모님에게 배움

Your Answer

Q3

Do you still keep in touch with friends from your childhood?
당신은 어린시절 친구들과 아직도 연락합니까?

Ideation

이유 — 예 — 몇 명인지 / 어떻게 하는지

아니오 — 이유 -연락처 잃어버림 / -기억 안남

Your Answer

 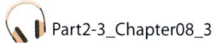

Q1 Is it important to have friends for children?

Yes, of course. By having friends, children naturally learn how to appreciate others and build relationships.

물론 그렇습니다. 친구를 사귀면서 어린이들은 자연스럽게 다른 이를 존중하는 방법과 관계를 형성하는 방법을 배우게 됩니다.

> **Tip!** 이런 문제 유형은 내 의견을 먼저 이야기한 뒤에 이유를 붙여야 해. 왜 친구를 사귀는 게 어린이들에게 중요한지, 중요하지 않은지 논리적으로 말할 수 있는 방법을 생각해 보자.

Q2 Are teenagers more influenced by their peer or parents?

I think peers. Usually teenagers spend lots of time with their friends at schools. They learn from their friends and get influenced by what their friends do and think.

제 생각엔 친구들입니다. 대부분 10대들은 친구들과 학교에서 시간을 많이 보냅니다. 그들은 친구들로부터 배우고, 친구들이 하는 행동이나 생각하는 방식에서 영향을 받습니다.

> **Tip!** 문제에 or 가 나오면 둘 중 하나를 고르는 게 답변을 구성하기는 쉬워. 중립의 입장을 낸다고 하면 양측을 전부 뒷받침할 수 있는 이유를 생각해 보고 구성해 보자.

Q3 Do you still keep in touch with friends from your childhood?

Not really. Actually I can't remember most of them, and I don't have any contact details of them. It's such a shame.

그렇지 않습니다. 사실 저는 대부분의 어린시절 친구들을 기억하지 못하고, 그들의 연락처도 모릅니다. 아쉬운 일이죠.

> **Tip!** 이 문제는 내 상황을 말해 주면 되는 문제 유형이야. Yes/No로 의견을 먼저 제시한 후에 내 상황을 덧붙여 보자. "It's such a shame."과 같이 자신의 감정을 적어주면 더욱 자연스럽겠지?

SPEAKING

이번엔 어렸을 때 가지고 놀던 장난감에 대해서 이야기해 보자. 장난감은 인형, 로봇, 블록 등 여러 가지가 있을 테고 좋아하는 이유에 대해서 나만의 이유를 들어주면 더욱 인상적이겠지?

Part 2

Cue card

Describe a toy you had in your childhood.

You should say;

● When you had the toy

● Who gave you the toy

● What it was like

and explain how you felt about the toy.

Ideation

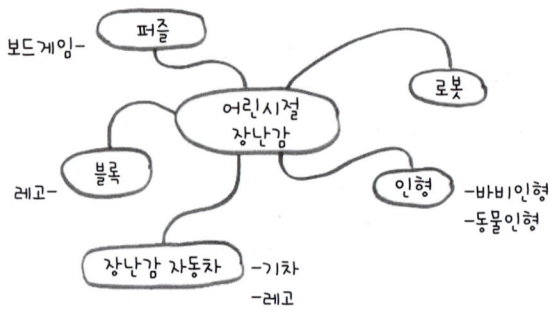

Your Answer

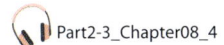

Well I had lots of toys when I was a child, but I can clearly remember a teddy bear which I used to play with. I think I got it when I was like 4 or 5, and kept it until I got into a primary school. I received this doll from my grandfather. He used to travel all around the world when I was little, and bought this teddy bear for me in London. He told me that he wanted to see a big smile on my face, so he brought it as a gift for me. It was really adorable. The teddy bear was white in colour, had a pink dress and big brown nose. It was really fluffy and soft, so I loved stroking it and carried it everywhere. I absolutely loved it because it was a gift from my grandfather. He used to give me a lot of toys but it was the first stuffed animal that he gave me. So I felt really happy and used to play with it a lot. Also this teddy bear looked quite unique. As it was white in colour, it looked quite different to the other ones that my friends had. Mine was absolutely adorable, and I still remember how much I liked it before.

저는 어렸을 때 장난감이 많았었는데, 명확하게 기억나는 것은 제가 4, 5살 즈음에 받았던 곰인형입니다. 저는 그것을 초등학교 들어갈 때까지 가지고 있었습니다. 저는 이 인형을 할아버지께 받았습니다. 저희 할아버지는 제가 어렸을 때 세계 여행을 하셨는데, 이 인형을 런던에서 사오셨습니다. 제가 웃는 모습을 보고 싶어서 선물로 사오셨다고 하셨어요. 그 인형은 굉장히 사랑스러웠습니다. 이 곰 인형은 하얀색이고, 핑크색 드레스를 입었고, 큰 갈색 코를 가지고 있었습니다. 굉장히 푹신푹신했고 부드러워서 쓰다듬는 걸 굉장히 좋아했고, 모든 곳에 가지고 다녔습니다. 저는 그 인형을 정말 좋아했습니다. 왜냐하면 할아버지가 주신 선물이었거든요. 할아버지는 제게 많은 장난감을 주셨지만, 이 곰인형이 처음으로 주신 봉제 인형이었거든요. 그래서 정말 기뻤고, 자주 가지고 놀았습니다. 또한, 이 곰인형은 꽤 독특하게 생겼습니다. 제 곰인형은 하얀색이어서 친구들이 가지고 있는 것과는 달랐거든요. 제 곰인형은 정말 사랑스러웠고, 제가 얼마나 좋아했었는지 아직도 기억납니다.

Q1

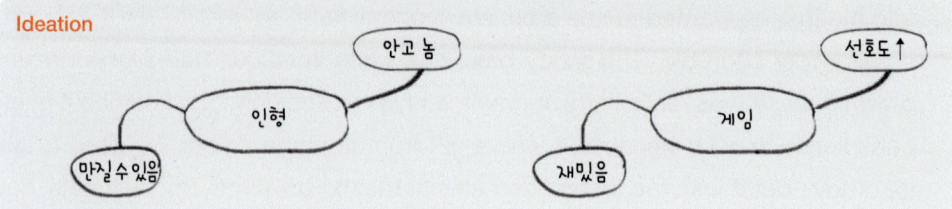

Do children like to play with toys or computer games nowadays?

요즘 아이들은 인형을 가지고 노는 것을 좋아합니까? 컴퓨터 게임을 좋아합니까?

Ideation

안고 놈
인형
만질 수 있음
재있음
게임
선호도 ↑

Your Answer

Q2

What can parents do if they can't afford a toy for their kids?

부모들이 그들의 아이들을 위해 장난감을 사줄 수 없다면 그들은 무엇을 할 수 있을까?

Ideation

같이
시간 보내기
할 수 있는 것
만들어 주기
─어딘가를 방문
─스포츠

Your Answer

Q3

Do girls and boys like the same toys?

여자아이들과 남자아이들은 같은 장난감을 좋아합니까?

Ideation

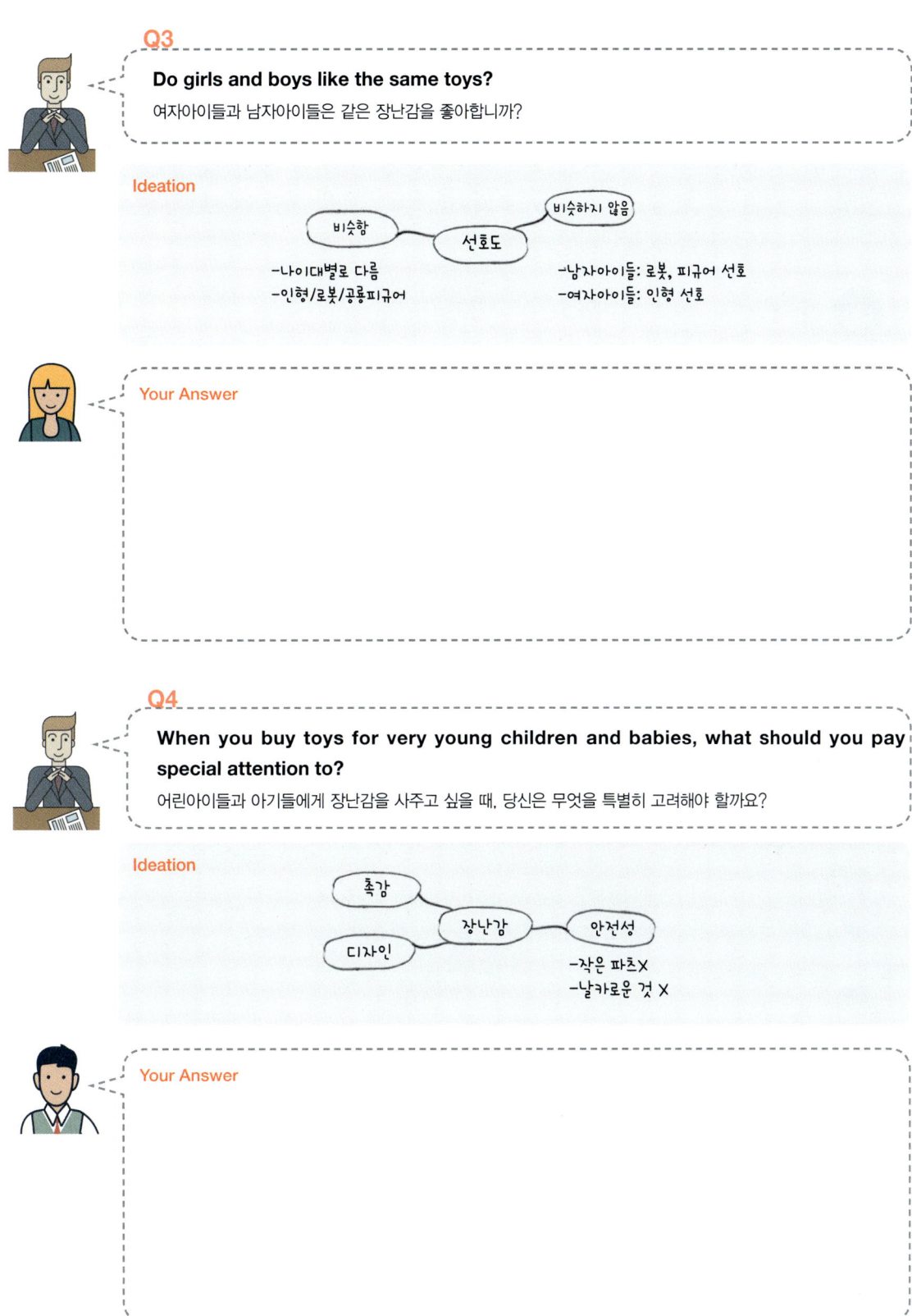

비슷함

선호도

비슷하지 않음

-나이대별로 다름
-인형/로봇/공룡피규어

-남자아이들: 로봇, 피규어 선호
-여자아이들: 인형 선호

Your Answer

Q4

When you buy toys for very young children and babies, what should you pay special attention to?

어린아이들과 아기들에게 장난감을 사주고 싶을 때, 당신은 무엇을 특별히 고려해야 할까요?

Ideation

촉감

디자인

장난감

안전성

-작은 파츠 X
-날카로운 것 X

Your Answer

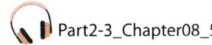
Q1

I think it really depends on their age. If they are really young like 4 or 5 years old, they would prefer having toys to play with. But once they start school, they normally play computer games.

제 생각엔 나이에 따라 다른 것 같습니다. 만약 아이들이 4–5세 정도로 정말 어리다면 장난감을 가지고 노는 것을 선호할 것 같습니다. 하지만 학교에 다닌다면 대부분 컴퓨터 게임을 하고 놉니다.

  요즘의 경향을 물어보는 문제기 때문에 아이들이 어떤 것을 하며 노는 것을 더 선호하는지 이야기해주면 돼.

Q2

Parents can do some outdoor activities like ball games or visit somewhere like museums to spend time with. Spending time together would be better than simply buying toys for children.

부모들은 공놀이나 박물관 같은 곳들을 방문하는 야외 활동을 같이 하면서 아이들과 시간을 보낼 수 있습니다. 함께 시간을 보내는 것이 장난감을 사주는 것보다 좋을 수도 있습니다.

  장난감을 사줄 수 없다면 부모들은 뭘 할 수 있을지 생각해 보고 방안들을 답안에 배치해 보자.

Q3

It seems like up to a certain age, both girls and boys like the same toys such as stuffed animals or dolls, but girls get more into dolls as they grow up, and boys get interested in toy cars or dinosaur figures.

어떤 나이대까지는 여자아이들, 남자아이들 둘 다 봉제인형이나 인형 같은 장난감들을 좋아하는 것 같습니다. 그러나 여자아이들은 자라면서 인형을 더 좋아하고, 남자아이들은 장난감 자동차나 공룡 모형을 더 좋아하는 것 같습니다.

  장난감을 사줄 수 없다면 부모들은 뭘 할 수 있을지 생각해 보고 방안들을 답안에 배치해 보자.

Q4

Well, safety would be the first thing to consider. All the edges mustn't be sharp, and I would buy something with big parts, not small ones in order to prevent children swallowing anything. Also I like giving cute toys to children, so design would be another aspect.

안전이 첫 번째로 고려해야 하는 사항입니다. 모든 모서리는 뾰족해서는 안 되고, 어린이가 삼키는 것을 방지하기 위해서 모든 조각은 커야 됩니다. 또한 저는 어린이들에게 귀여운 장난감을 주는 것을 좋아해서, 디자인도 하나의 고려하는 요소입니다.

  어린이들에게 장난감을 선물한다면 어떤 부분들을 고려해야 할까? 아이디어 정리를 하고 답변을 구성해 보자.

POST-SPEAKING

자, 이제는 실전처럼 면접관의 질문에 답해 볼까?

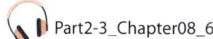 Part2-3_Chapter08_6

Part 2　　　　　　　　　　　　　　　　　　　　　Sample Answer P. 265

Describe a game that you played in your childhood.

You should say;

● What the game was

● When you played it

● Who you played with

and explain how you felt about the game.

Ideation

Your Answer

Sample Answer P. 265

Q1

Why do people play different kinds of games after they grow up?

왜 사람들은 그들이 자라고 난 뒤에 다른 종류의 게임을 할까요?

Ideation

Your Answer

Q2

Do parents in your country encourage children to play games?

당신의 나라의 부모들은 아이들에게 게임을 하도록 독려합니까?

Ideation

Your Answer

이제 어린시절에 관련한 문장들을 다시 한 번 정리하고 연습해 볼까? 꼭 소리내서 읽는 연습을 하도록 하자.

Speaking Practice

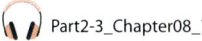 Part2-3_Chapter08_7

① When I was 5 years old, **I used to play** hide and seek with other kids in town.
제가 5살이었을 때, 동네 아이들과 숨바꼭질을 하고 놀았습니다.

② There was **a game called 'Prince of Persia'**, and I loved playing it.
페르시아의 왕자라는 게임이 있었는데, 저는 그 게임을 하는 것을 굉장히 좋아했습니다.

③ **I used to visit my friends' houses** when I was a child.
제가 어렸을 때 친구들 집에 놀러가곤 했습니다.

④ My friend had a huge teddy bear, and **I felt quite jealous**.
제 친구는 커다란 곰인형이 있었는데, 전 그걸 부러워했습니다.

⑤ **Children should make friends.**
어린이들은 친구를 사귀어야 합니다.

⑥ Children can **learn to interact with others** by having friends.
어린이들은 친구를 사귐으로써 다른 사람들과 어울리는 법을 배울 수 있습니다.

⑦ **Playing with toys is good for** developing senses for children.
장난감을 가지고 노는 것은 아이들의 감각 발달에 좋습니다.

⑧ **I always wanted to have** lots of toys.
저는 항상 많은 장난감을 가지고 싶어 했습니다.

⑨ **My friends and I used to** play in the school playground.
저는 친구들과 함께 학교 운동장에서 놀곤 했습니다.

⑩ **There are many toys and teaching aids** in nurseries which help children's development.
유치원에는 아이들의 발달에 도움이 되는 장난감들과 교구들이 많습니다.

SELF-CHECK 본인이 말한 답변을 Good Example과 비교해서 영역별로 자신의 점수를 체크해 보자.

유창성	문법	어휘	발음
· 질문에 대한 답을 했는가? · 망설임 없이 말했는가? · 적당한 속도로 말했는가? · 답변에 추가적인 설명을 제시했는가?	· 주어 동사를 포함한 완전한 문장을 말하였는가? · 접속사, 관계대명사 등을 사용한 문장을 말하였는가? · 올바른 시제를 사용했는가? · 수일치가 되도록 말하였는가?	· 한 단어를 반복 사용하지 않고 동의어를 사용했는가? · 다양한 어휘를 사용했는가? · 문맥상 정확한 어휘를 사용했는가? · Paraphrasing한 문장을 사용했는가?	· 틀린 발음 없이 정확히 발음했는가? · 정확한 억양을 사용하여 말하였는가? · 강세를 잘 살려 말하였는가? · 본인의 답변을 알아듣기 쉬웠는가?
1 2 3 4 5	1 2 3 4 5	1 2 3 4 5	1 2 3 4 5

1~5	6~10	11~15	16~20	Overall Grade
Limited	**Modest**	**Competent**	**Good**	

전 세계 ed:m 통신원들을 통해 유학생활 미리보기

토론토 카페 총정리

안녕하세요: Ded:m 캐나다통신원 JAE 입니다. 저는 한국에서 직장생활을 꽤 오래했어요. (5년 정도) 직장인들은 업무 스트레스를 주로 카페에서 풀곤하는데요! 특히 점심식사 후 마시는 "아이스 아메리카노"가 저희 오랜 직장생활을 이어갈 수 있었던 큰 원동력이 아니었나 싶어요. 그래서 오늘은 토론토에서 분위기 좋고 커피맛 좋은 "Cafe"를 소개해 드리고자 합니다! 커피를 사랑하는 제가 토론토의 카페를 이곳저곳 다니면서 신~중하게 선정한 베스트 카페를 소개해 드리도록 하겠습니다. 그럼 시작해 볼까요? (*지극히 개인적인 추천이니 참고만 부탁드리겠습니다. ^^)

1. Boxcar Social

• 주소 : 1208 Yonge St, Toronto, ON M4T 1W1

TTC를 타고 옐로우라인 North나 South 방향 아무 거나 타시면 "Union Station" 역까지 갈 수 있어요! 거기서 도보로도 이동 가능하고, 아님 트램을 타서 "Horbourfront Centre"를 찾아가시면 누가봐도 "우와! 이쁘다!" 싶을 만한 곳이 있어요. 왜냐하면 겨울 시즌이 되면 낭만적인 스케이팅을 할 수 있는 곳이 카페 앞에 있거든요. (찾기 쉽죠?) 저는 이 카페를 가려고 맑은 날이 오기를 손꼽아 기다렸다가 바로 달려갔어요. 이날은 왠지 달달한 음료가 땡겨 "소이라떼(=두유라떼)"를 주문해 보았습니다! 정말 맛있더라구요! 메뉴판 사진을 못 찍었는데, 특이하게 이 카페는 캐나다 지역의 원두를 직접 고를 수 있더라구요. 저는 Vancouver 원두를 선택해서 주문했어요. (테이블에서 직접 주문을 받아요.) 고소해! ! 너무 맛있어! ! 탄성이 절로 나오더라구요! 따뜻한 날에는 야외 테라스에서 음료 마시면서 스케이팅하는 풍경과 어마어마한 Sunset을 꼭 즐겨주시길 바래요!

2. Demetres Danforth   • 주소 : 400 Danforth Ave, Toronto, ON M4K 1P3

이번에는 디저트카페를 소개해 드리고자 합니다! 이곳은 어학원 선생님이 정말 극찬하는 곳인데요! 한국과 비슷하게 아이스크림 "와플"과 "크레페"를 판매해요. 맛은 꼭 설명 안 드려도 아시겠죠? 무려 쵸콜렛이 누텔라라는 점! 정~말 맛있답니다. 친구 6명과 와플 1개, 크레페 1개를 주문했는데 바닥까지 싹싹 긁어먹고 나왔습니다. 저는 와플이 개인적으로 더욱 맛있었고 딸기가 들어간 누텔라 쵸콜렛 크레페가 진심으로 맛있었어요. (진지) 내부가 아기자기하고 공주가 살 것 같은 인테리어로 꾸며 놓아서 여자 친구들과의 수다타임을 가지기 원하시는 분들 또는 데이트 장소를 찾는 분들에게 추천드립니다!

3. Sud Forno   • 주소 : 132 Yonge St, Toronto, ON M5C 1X3

대망의 카페입니다. 커피맛 + 분위기 + 위치 = The BEST! 다운타운 한가운데 자리잡고 있는(Nathan Phillips Square

랑 가까워요!) 매우 핫한 카페이자 "Dineen Coffee"와 마주보고 있어요! (Dineen Coffee도 커피 맛이 아주 훌륭해요!) 아치형의 둥근 천장이 매우 인상적이고 제가 방문했을 때는 "Christmas"가 한창이라 빨강빨강하고 정말 사랑스럽더라구요! 저는 "아이스 카푸치노"를 시켰습니다. 평소에 아이스아메리카노를 주로 마시지만 이 카페의 아이스 카푸치노는 정말 맛있어요!

사실 더 소개해 드리고 싶은 카페와 맛집이 정말 많지만 오늘은 이렇게 세 곳을 추천드릴게요. 그럼 저는 또 다른 포스팅을 준비해서 찾아뵙도록 하겠습니다. 읽어봐주셔서 감사합니다!

CHAPTER 9

Future plan

이번 챕터에서 배울 내용은 미래에 하고 싶은 일이나, 이루고 싶은 것 등에 대한 문제이 포함된 주제야. IELTS 시험이 유학을 위해 준비하는 경우가 많으니 계획을 물어보는 경우도 종종 있어. 전체적으로 미래 시제를 써줘야 해서 시제 실수를 많이 할 수도 있으니 신경 쓰며 연습해 보자.

09

FUTURE PLAN

PREVIEW

미래에 관련한 주제에서는 여러가지가 나오는데, 일에 관련된 것일 수 있고 관련이 없는 문제가 출제되기도 해. 다양한 주제로 출제가 가능하니 어떤 표현이 있는지 같이 살펴보자.

Future plan과 관련된 표현

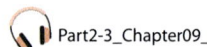 Part2-3_Chapter09_1

work-related

① **run own business**
(본인의)사업을 하다

② **well-paid job**
수입이 좋은 직업

③ **a high-powered job**
중요하거나 영향력이 있는 직업

④ **set a goal**
목표를 세우다

⑤ **work in ~ field/sector (e. g. work in teaching field : 교육분야에서 일하다)**
～ 분야에서 일하다

non work-related

⑥ **learn something (e. g. learn to play the musical instrument : 악기를 배우다)**
무언가를 배우다

⑦ **travel overseas**
해외여행을 하다

⑧ **participate in voluntary work**
봉사활동에 참여하다

⑨ **make friends with foreigners**
외국인 친구를 사귀다

⑩ **live abroad**
외국에 살다

Tip! 미래 계획을 이야기할 때는 미래를 나타내는 'will'이나 'would like to'를 써주거나, 현재와 미래 시제 구분이 없는 'want'를 사용해서 문장을 만들수 있어.

PRE-SPEAKING

이번에는 자신이 해보고 싶은 흥미로운 직업에 대해서 이야기해 보자. 지금 하고 있는 일을 계속 하고 싶을 수도 있고 새로운 분야에 도전하고 싶을 수도 있겠지? 적절하게 시제를 사용해가며 연습해보자.

Part 2

Cue card

Describe an interesting job that you want to have in the future.

You should say;

● What it is

● How you can find this job

● What qualities it requires

and explain why it is an interesting job.

Ideation

 SAMPLE ANSWER

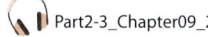 Part2-3_Chapter09_2

At the moment, I'm working as an English teacher, and as I enjoy this job very much, I'd like to carry on teaching in the future as well. To work as an English teacher, it's important to gather some information about different institutions and check requirements. Also it's important to have some work experience in teaching. I think all teachers need to be very enthusiastic and passionate. As the job requires a lot of efforts, it is rather tiring. So without enthusiasm, it is very difficult to carry on with this job. Also as an English teacher, relevant English ability is essential. Well, to be honest, this is the only work I truly enjoy. I worked as a restaurant manager, international officer at university, and also as a consultant, but teaching suits me the best. I like meeting new people and sharing ideas with different students. Also it feels great to see students learning something from me. I feel great when my students get their goal score. Although it's a tough job, I still like this job and I'd like to carry on working as a teacher in the future.

저는 지금 현재 영어 강사로 일하고 있습니다. 이 직업을 굉장히 좋아하기 때문에, 미래에도 계속 가르치는 일을 하고 싶습니다. 영어 강사로 일하려면 다양한 기관에 대한 정보를 수집하고 모집 요강을 확인해야 합니다. 또한, 강사 경력이 중요해요. 제 생각에는 모든 선생님은 열정적이어야 한다고 봅니다. 직업 자체가 많은 노력이 필요하기 때문에 굉장히 피곤하거든요. 그러므로 열정이 없으면 계속하기 어려운 직업이예요. 또한 영어 선생님은 영어 능력이 필수적입니다. 사실 저에게는 이게 제가 즐기면서 할 수 있는 유일한 직업인 것 같습니다. 저는 식당 매니저, 대학의 국제팀에서도 일했었고, 상담직도 해봤는데, 강의가 가장 잘 맞는 것 같아요. 저는 새로운 사람들을 만나고 학생들과 아이디어를 공유하는 것을 좋아하거든요. 또한 학생들이 저에게 무언가를 배운다는 것이 정말 멋진 것 같아요. 저는 제 학생들이 원하는 점수를 받을 때 굉장히 기분 좋거든요. 힘든 일이긴 하지만, 저는 여전히 이 직업이 좋고, 미래에도 계속 하고 싶습니다.

Q1

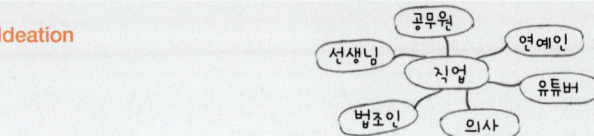

What jobs are most in demand in your country now?
당신의 나라에선 요즘 어떤 직업을 선호하나요?

Ideation

공무원
선생님 직업 연예인
유튜버
법조인 의사

Your Answer

Q2

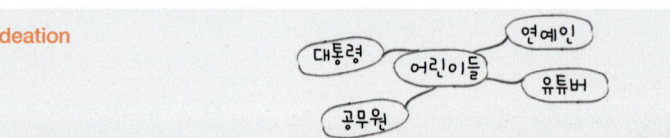

What future jobs do kids in your country dream about when they grow up?
당신의 나라의 어린이들은 어떤 미래의 직업을 꿈꿉니까?

Ideation

연예인
대통령 어린이들 유튜버
공무원

Your Answer

Q3

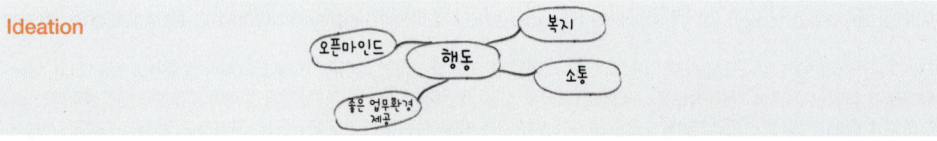

What should a good employer do?
좋은 고용주는 어떻게 행동해야 합니까?

Ideation

복지
오픈마인드 행동 소통
좋은 업무환경 제공

Your Answer

 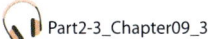

Q1 **What jobs are most in demand in your country now?**

Well, at the moment, lots of Korean people want to become a public officer because of its stability. Many young people spend some years to be one.

지금 현재에는 많은 한국 사람들이 안정성 때문에 공무원을 하고 싶어 하는 것 같습니다. 많은 젊은이들이 공무원이 되려고 몇 년간 공부하거든요.

 'most in demand'라는 표현은 '가장 원하는', '선호하는' 이라는 표현이야. 어떤 직업이 가장 선호되는지 생각해 보자.

Q2 **What future jobs do kids in your country dream about when they grow up?**

Children in my country dream about being a celebrity nowadays. They think singers or actors make huge money, so they really want to be one. Also, they wish to be doctors, lawyers, or public officers.

한국의 많은 어린이들은 요즘 연예인이 되고 싶어합니다. 그들은 가수나 배우들은 많은 돈을 벌 수 있다고 생각해서 되고 싶어하는 것 같아요. 또한, 의사나 변호사, 또는 공무원이 되고 싶어 하기도 합니다.

이번의 대상은 어린이들이지. 어린이들이 미래에 어떤 일을 하고 싶어하는지 아이디어를 정리해보고 이유도 생각해 보자.

Q3 **What should a good employer do?**

Obviously they need to think about how to make employees happy in their organization. Providing adequate benefits to employees is very important. Also they need to communicate with their employees as much as possible.

당연히 그들은 어떻게 직원들을 회사에서 행복하게 할 수 있는지 생각해 봐야 합니다. 적절한 복지를 제공하는 것이 굉장히 중요할 거예요. 또한 직원들과 최대한 많이 소통해야 합니다.

이 문제에서는 여러 가지 아이디어들이 나올 수 있을 거야. 아이디어 정리를 해보고 답안에 배치해 보자.

SPEAKING

이번에는 살고 싶은 장소에 대해서 이야기 해볼까? 해외의 살고 싶거나 일하고 싶은 곳에 대해 말하는 주제니 잘 생각해 보자.

Part 2

Cue card

Describe a place in other countries where you would like to live or work in the future.

You should say:

● Where the country or city is

● Why you want to live or work there

● Who you like to live or work with

and explain what you would do to achieve your dreams.

Ideation

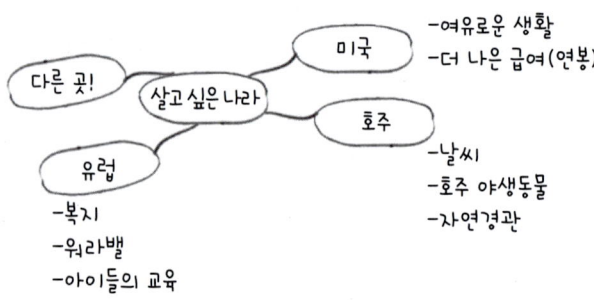

Your Answer

 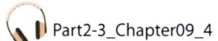

Actually, I've dreamed of living and working in London, England for a long time. I lived in London for several years, but still, I believe there are tons to see and enjoy. It's such a fascinating city for me. When I used to live in London, I couldn't enjoy much as I was a university student. As I'm not a student anymore, I think I can do many things there. Also most of my friends are there, so I'd like to meet them often. I'm not quite sure who I'd live with, but I'd say I'll live with my family. I know it's difficult for me to live alone, so I'd like to take them with me if I get to go there. Well, at the moment, I'm sure I need to have more work experience. To find a job there, I should have more than 5 years of work experience in my desired field. So as to achieve this goal, I should continue working. Also I need to save some money for settling down. From my own experience, I know how hard settling down in another country and how much it costs. So I guess I need to save some money for it. It'd be really nice if I can live and work in London.

사실 저는 영국 런던에 살면서 일하는 것을 오랫동안 꿈꿔왔습니다. 런던에 몇 년간 살았던 경험이 있지만, 그곳은 여전히 보고 즐길 거리가 많은 곳이라고 생각해요. 저에겐 굉장히 흥미로운 도시입니다. 제가 런던에 살았을 때, 대학생이었기 때문에 별로 즐기지 못했어요. 이젠 학생이 아니니까, 저는 많은 것들을 할 수 있을 거라 생각합니다. 또한 제 친구들 대부분이 런던에 있어서 자주 만나고 싶어요. 사실 누구와 살게 될지는 잘 모르겠지만, 가족이랑 살게 될 것 같습니다. 저는 혼자서 살면 너무 힘들다는 것을 알기 때문에, 그곳에 가게 된다면 가족과 함께 가고 싶어요. 지금 현재는 경력을 더 쌓아야 한다고 생각해요. 런던에서 직업을 가지려면 제가 원하는 분야에서 5년 이상의 경력이 필요하거든요. 이 목표를 이루기 위해서는 계속 일을 해야 합니다. 또한 정착하기 위해서 돈을 모아야 하구요. 저는 외국에 정착하는 것이 얼마나 힘들고 돈이 많이 드는지 겪어봐서 돈을 저축해야 할 것 같습니다. 제가 런던에 살면서 일을 할 수 있다면 정말 좋을 것 같습니다.

Q1

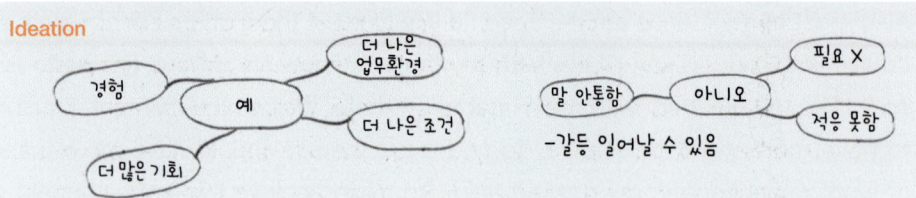

Should young adults work abroad?

젊은 사람들은 꼭 해외에서 일해야 합니까?

Ideation

경험 예 더 나은 업무환경 더 나은 조건 더 많은 기회

말 안통함 아니오 필요 X 적응 못함

－갈등 일어날 수 있음

Your Answer

Q2

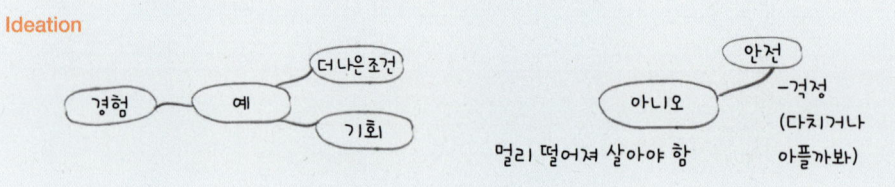

Do parents in your country encourage their children to work abroad?

당신의 나라의 부모들은 그들의 자녀들을 해외에서 일하도록 독려합니까?

Ideation

경험 예 더나은조건 기회

안전 아니오 멀리 떨어져 살아야 함 －걱정 (다치거나 아플까봐)

Your Answer

Q3

What are the advantages of working abroad?

해외에서 일하는 것은 어떤 장점이 있습니까?

Ideation

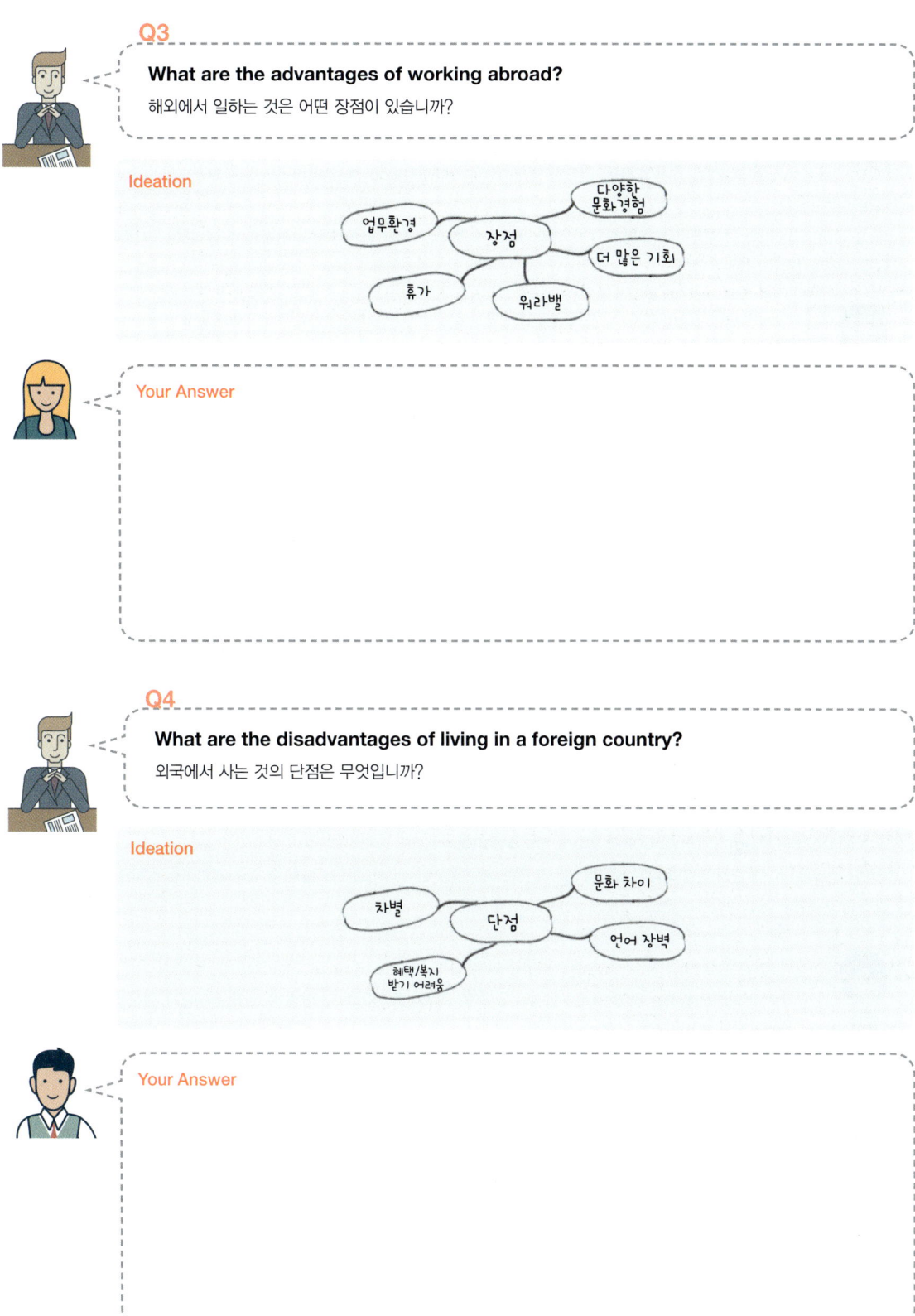

업무환경　　장점　　다양한 문화경험

휴가　　워라밸　　더 많은 기회

Your Answer

Q4

What are the disadvantages of living in a foreign country?

외국에서 사는 것의 단점은 무엇입니까?

Ideation

차별　　단점　　문화 차이

혜택/복지 받기 어려움　　언어 장벽

Your Answer

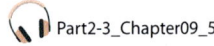

Q1

I'm sure it would be helpful. They can experience loads of things and find out differences to their own country. Also they can broaden their horizons by experiencing those works in foreign countries.

제 생각에는 도움이 될 것 같습니다. 그들은 많은 것을 경험할 수 있고, 그들의 나라와 다른 점을 알게 될 것입니다. 또한, 외국에서 일을 하면서 견문을 넓힐 수 있어요.

  work abroad라는 표현은 해외에서 일하는 것이지. 해외로 취업을 하거나, 외국 지사로 일을 하러 가는 것을 뜻해. 다른 표현과 혼동하지 말자.

Q2

Due to safety issue, no. It seems like more parents encourage their children to study abroad, but they wouldn't tell their children to work overseas because they are afraid of their children being sick or injured there.

안전 문제 때문에 그렇지 않습니다. 더 많은 부모들이 아이들에게 유학을 장려하는 것처럼 보이지만, 아이들이 아프거나 다칠까봐 해외에서 일하는 것을 권장하지는 않는 것 같습니다.

  장난감을 사줄 수 없다면 부모들은 뭘 할 수 있을지 생각해 보고 방안들을 답안에 배치해 보자.

Q3

People can broaden their horizons by experiencing different working environment in different countries as well as people from different backgrounds. Also they are likely to work flexibly, which would enable them to have better work-life balance.

사람들은 다른 나라의 근로 환경과 다른 배경을 가지고 있는 사람들을 만나면서 견문을 넓힐 수 있습니다. 또한 탄력근무제로 인해 일과 삶의 균형이 더 나아질 수 있어요.

 해외에서 일하는 것에는 어떤 장점이 있을까? 이외에도 언어를 더 잘할 수 있게 된다던지, 많은 외국 친구를 만난다던지 하는 이유도 나올 수 있겠지?

Q4

It'd be definitely difficult because of language barriers. Although people learn local language before they go, it's really hard to understand everything in a foreign language. Also understanding different culture would be very difficult, too.

언어 장벽 때문에 굉장히 힘들 거예요. 사람들이 가기 전에 현지 언어를 배운다고 해도, 외국어로 모든 것을 이해하기엔 어렵거든요. 또한 다른 문화를 이해하는 것이 힘들 거예요.

  외국에 사는 것에 단점을 이야기하라고 했으니 단점을 말하는 데에만 집중하자. 장점은 굳이 언급할 필요가 없으니 주의해.

POST-SPEAKING

자, 이제는 실전처럼 면접관의 질문에 답해 볼까?

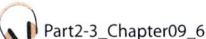 Part2-3_Chapter09_6

Part 2	Sample Answer P. 265

Describe a course that you want to learn.

You should say;

● What this course is

● When you want to learn it

● Where you can learn it

and explain why you want to learn it.

Ideation

Your Answer

Q1

What kinds of courses are useful for university students?
대학생들에게 유용한 수업은 어떤 것들이 있습니까?

Ideation

Your Answer

Q2

Why do some students dislike studying at school?
왜 몇몇의 학생들은 학교에서 공부하는 것을 싫어합니까?

Ideation

Your Answer

REVIEW

이번 챕터에서는 직업, 살고 싶은 곳, 배우고 싶은 교육 과정 등 미래 계획에 대해 공부해 봤어. 이번에는 다양한 문장들을 연습하면서 확실하게 학습하자.

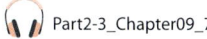
① **I'd like to work as** a veterinarian **in the future**.
저는 미래에 수의사로 일하고 싶습니다.

② **If I have a chance, I'd like to** settle down in Canada.
만약 기회가 있다면, 저는 캐나다에 정착하고 싶습니다.

③ **I want to learn how to** play the piano.
저는 피아노 연주하는 법을 배우고 싶어요.

④ Many European countries **offer good welfare to** their citizens.
많은 유럽 국가들은 국민들에게 좋은 복지를 제공합니다.

⑤ Studying abroad **has become very common nowadays**.
유학을 가는 것은 요즘 굉장히 흔해졌습니다.

⑥ Many people **want to work overseas**.
많은 사람들은 외국에서 일하고 싶어합니다.

⑦ **Showing respect to other countries' cultures** is important.
다른 나라의 문화를 존중하는 것은 중요합니다.

⑧ Salary **is one of the most important aspects when** people choose a job.
사람들이 직업을 선택할 때 월급은 중요한 요소 중 하나입니다.

⑨ **People consider** working environment, colleagues, and salary **when finding a job**.
사람들은 직업을 선택할 때 근로환경, 동료, 그리고 급여를 고려합니다.

⑩ **I'd like to study** a marketing course in the USA.
저는 미국에서 마케팅 과정을 공부하고 싶습니다.

SELF-CHECK

본인이 말한 답변을 Good Example과 비교해서 영역별로 자신의 점수를 체크해 보자.

유창성	문법	어휘	발음
· 질문에 대한 답을 했는가? · 망설임 없이 말했는가? · 적당한 속도로 말했는가? · 답변에 추가적인 설명을 제시했는가?	· 주어 동사를 포함한 완전한 문장을 말하였는가? · 접속사, 관계대명사 등을 사용한 문장을 말하였는가? · 올바른 시제를 사용했는가? · 수일치가 되도록 말하였는가?	· 한 단어를 반복 사용하지 않고 동의어를 사용했는가? · 다양한 어휘를 사용했는가? · 문맥상 정확한 어휘를 사용했는가? · Paraphrasing한 문장을 사용했는가?	· 틀린 발음 없이 정확히 발음했는가? · 정확한 억양을 사용하여 말하였는가? · 강세를 잘 살려 말하였는가? · 본인의 답변을 알아듣기 쉬웠는가?
1 2 3 4 5	1 2 3 4 5	1 2 3 4 5	1 2 3 4 5

1~5	6~10	11~15	16~20	Overall Grade
Limited	**Modest**	**Competent**	**Good**	

현지에서 심카드를 잃어버렸다면?

안녕하세요. ed:m 뉴욕 통신원 임승연입니다! 오늘은 미국 현지에서 유심을 구매하는 법과 한국에서 구입한 심카드를 잃어버렸을 때의 대처방법에 대해 이야기하고자 합니다. 사실 제가 뉴욕에 오기 전에 한국에서 유심을 구매하였는데 그 유심을 잃어버렸거든요. 뉴욕에 도착하기 한 시간 전에 심카드를 바꾸겠다고 비행기에서 움직이다가 어디론가 슝~ 날아가버린 심카드... 비행기 착륙하자마자 열심히 찾았는데 그 조그마한 게 보일 리 없고, 항공사에서 메일 주소를 받아가면서 혹시 찾게 되면 알려주겠다 했는데 결국 찾지 못하였다는 답변만이 돌아왔네요.

학교에서 제공해 주는 픽업서비스를 받기로 한 게 얼마나 다행인지 몰라요. 만약 신청 안했다면 인터넷도 안 터진 채 숙소를 찾아가게 될 뻔 했으니까요. 숙소에 도착하자 마자 룸메이트한테 다짜고짜 인사하고 이래저래 상황 설명을 하니 착한 룸메이트가 심카드를 파는 곳까지 저를 데려가 줬어요!

뉴욕 조금만 돌아다니면 여기저기 심카드를 판매하고 있어서 현지에서 구매하기는 생각보다 쉽습니다. 미국에서는 at&t 그리고 t-mobile이 가장 대표적이에요! 가격은 딱히 비교해 보지는 않았지만 저는 t-mobile에서 구매를 했어요. 핑크색의 매장이 눈에 띄는 매장. 완전 핑크핑크하죠?

들어가면 직원분께서 뭐 필요하냐고 여쭤 보시니까 그때 심카드 구매하려고 왔다고 하면 친절하게 설명해 준답니다. 요금제를 적은 종이를 보여주시니까 그거 보면서 신청하면 빠르게 신청해 준답니다. 저는 일단 30일 플랜 10기가로 신청을 했고 텍스포함 약 45달러였습니다. 원래는 심카드만 사는 것도 돈이 드는 걸로 알고 있어요. 하지만 팜플렛에 적혀 있는 요금제 개념으로 신청을 하게 되면 심카드는 따로 금액을 받지 않더라구요. "심카드 매장이 어딨는지 모르겠어요!" 하시는 분들은 구글맵스 설치하셔서 at&t나 t-mobile만 검색해도 근처 수십 개의 매장이 뜰 거예요! 사실 검색한 거보다 지나다니면 훨씬 많은 통신사들이 보여서 바로 들어가셔서 구입하시면 된답니다.

한국에서 구매한 유심카드를 잃어버렸을 때는 어떻게 하면 좋을까요? 저는 일단 급하게 티모바일에서 30일 플랜을 구매를 했지만 사실 생각할수록 너무 아깝더라구요. 미리 장기간 플랜 60일짜리 심카드를 구매해서 왔던 터라.. ㅠㅠ 그래서 나중에 따로 심카드를 구매한 곳에 카톡을 드렸어요. '심카드를 잃어버렸는데 쓸 수 있는 방법이 없나요?' 하고 여쭤보니 구매했던 통신사의 공카드만 구매를 하면 해결해 준다고 하더라구요!! 그래서 미드타운 근처에 딱 한 군데 있길래

그곳에서 구매했어요! 구매한 뒤 심카드 일련번호를 한국 구매처에 이야기하니 바로 개통해 주셨답니다!

심카드는 대략 20-25$ 정도 들었어요. 월마트에서는 10$ 정도면 살 수 있다 하던데 근처에 월마트가 없으니 어쩔 수 없죠! 만약 저처럼 잃어버렸다면 공카드만 사는 게 나을지 아예 플랜으로 심카드를 사는 게 더 효율적인지 생각해 보시고 구매하시면 좋을 것 같아요!

이상 ed:m 뉴욕 통신원 임승연이었습니다!

CHAPTER 10

Leisure

이제 드디어 마지막 주제야. Leisure는 내가 즐겨하는 행동이나 즐겨가는 곳, 좋아하는 것들을 말하는 주제야. 다른 주제들보다는 쉽게 느껴질 수 있지만 미리 준비하지 않는다면 좋은 점수를 받기 힘드니 함께 공부해 보자.

10 LEISURE

 PREVIEW

휴식시간이나 여가 시간땐 주로 무엇을하니? 평소 여가시간에 하는 행동들을 생각해 보고 아래 표현을 활용해서 영어로 답변하는 방법을 미리 준비해 보자.

Leisure와 관련된 표현

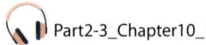 Part2-3_Chapter10_1

Hobby & Leisure

① **reading a book**
독서

② **watching a film/movie**
영화 감상

③ **listening to music**
음악 감상

④ **work out**
운동(건강/몸매 관리 등을 위해서)

⑤ **go shopping**
쇼핑하다

⑥ **travelling (within the country/overseas)**
(국내/해외)여행

⑦ **visiting famous restaurants**
맛집 탐방

⑧ **hiking**
등산

⑨ **attending a one-day class**
원데이 클래스 참석

⑩ **cooking**
요리

 Tip! 이외에도 내가 즐겨하는 여가 활동이 있다면 시험관에게 더 나은 점수를 받을 수 있도록 아이디어를 생각해 보자.

PRE-SPEAKING

친구들과 자주 방문하는 장소에 대해서 이야기해 보자. 쇼핑몰이나 카페처럼 함께 이야기하고 즐길 수 있는 장소를 생각해 봐.

Part 2

Cue card

Describe a place in your city or town that you like to visit with your friends.

You should say;

- Where this place is
- When was the last time you went there
- Who you like to go with

and explain why you like to go there.

Ideation

 SAMPLE ANSWER 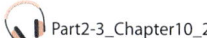Part2-3_Chapter10_2

Actually there's a really big shopping mall near where I live and I often visit there with my friends. It's called a 'Starfield'. I visited there a month ago, but I frequently go there. There are lots of shops, restaurants, cafes, a really big game centre, and a cinema, so it's really nice to do everything in one place. I normally go there with my friends. I have some close friends who live near my place, so whenever we meet each other, we always go there. Also sometimes I visit there with my family. As I said before, there are lots of shops and facilities, so my friends and I can enjoy lots of things there. Whenever we go there, we always go to the game centre and play some games, sometimes we watch a film, and mostly we get to do some shopping. It's super fun to spend time there. Also my friends and I really like shopping. Not just buying something, we really like window shopping, too. So we don't get bored whenever we visit there. It's a nice place indeed.

제가 사는 곳 근처에 '스타필드'라는 굉장히 큰 쇼핑몰이 있는데, 저는 그곳에 친구들과 자주 방문합니다. 한 달 전에도 방문했었는데 저는 그곳을 자주 가는 편입니다. 그곳에는 많은 상점과 음식점, 카페들이 있고, 굉장히 큰 게임센터와 영화관도 있어서 한 장소에서 모든 것을 할 수 있어서 좋아요. 저는 대부분 친구들과 그곳을 방문해요. 제가 사는 곳 근처에 사는 친한 친구가 몇 명 있는데, 저희가 만날 때마다 그곳에 갑니다. 또한 가끔 가족과 가기도 합니다. 제가 언급했듯이, 많은 상점과 시설들이 있어서 제 친구들과 많은 것들을 즐길 수 있어요. 그곳에 방문할 때마다 저희는 항상 게임 센터에 가서 게임을 하고, 가끔은 영화도 보고, 대부분은 쇼핑을 합니다. 그곳에서 시간을 보내는 것은 정말 즐겁습니다. 또한 제 친구들과 저는 쇼핑을 정말 좋아합니다. 뭔가를 사는 것뿐만 아니라 구경만 하는 것도 좋아하거든요. 그래서 그곳에 가면 지루하지가 않습니다. 정말 좋은 곳입니다.

Q1

Where do people in your country like to travel?

당신의 나라 사람들은 어디로 여행을 합니까?

Ideation

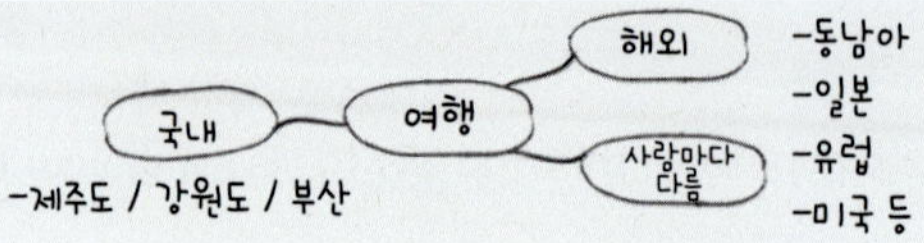

국내 — 여행 — 해외 — 동남아
ー제주도 / 강원도 / 부산   ー일본
                        사람마다   ー유럽
                        다름   ー미국 등

Your Answer

Q2

Is there a difference between young people's preference and old people's preference?

젊은 사람들의 취향과 나이 많은 사람들의 취향은 다릅니까?

Ideation

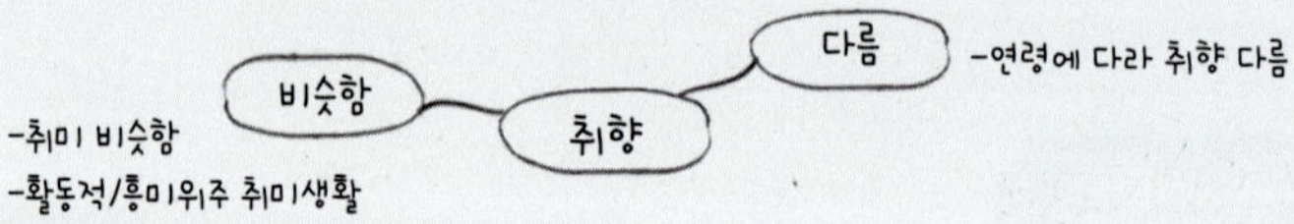

비슷함 — 취향 — 다름   ー연령에 따라 취향 다름
ー취미 비슷함
ー활동적/흥미위주 취미생활

Your Answer

Q3

What kind of group activities are popular in your country?

당신의 나라에선 어떤 종류의 그룹 활동이 인기가 있습니까?

Ideation

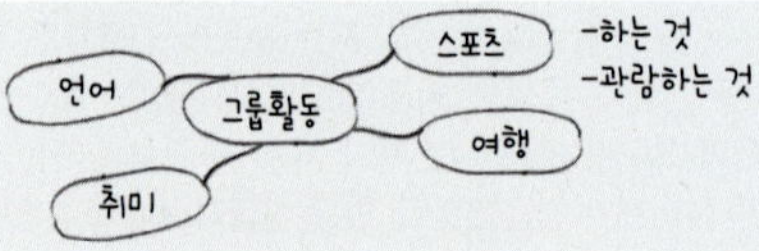

언어 — 그룹활동 — 스포츠   ー하는 것
            여행   ー관람하는 것
    취미

Your Answer

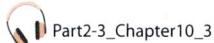

Q1 **Where do people in your country like to travel?**

It depends on the people, but I think most Korean people like travelling overseas nowadays. South East Asia and Japan are famous holiday destinations.

사람들마다 다릅니다. 하지만, 제 생각엔 요즘 대부분의 한국 사람들은 해외 여행을 좋아하는 것 같습니다. 동남아시아나 일본은 휴가지로 유명하구요.

Tip! 우리 나라 사람들의 대체적인 여행 경향을 이야기해 주면 되는 문제야. 제주도, 유럽 등 우리 나라 사람들에게 유명한 장소들을 이야기해 보자.

Q2 **Is there a difference between young people's preference and old people's preference?**

Well, some interests might be different, but I think both young and old people like doing something fun and active nowadays.

몇몇 관심사는 다를 수 있지만 제 생각엔 요즘은 젊은 사람이나 나이가 드신 분들도 뭔가 재미있거나 활동적인 것을 하는 걸 좋아하는 것 같습니다.

Tip! 연령대에 따른 선호도를 묻는 문제인데, 어떤 선호도인지 명확하게 출제되지 않았어. 이럴 경우에는 내 답안에는 어떤 것을 배치해도 맞는 답이니 걱정 말고 어떤 선호도를 이야기할 건지 먼저 생각해 보자.

Q3 **What kind of group activities are popular in your country?**

Playing sports is really popular in Korea. There are lots of sports clubs and people like participating in those group activities. Also, hobby related activities are popular.

한국에서는 스포츠를 하는 것이 굉장히 인기 있습니다. 스포츠 동아리들도 많고, 사람들은 이런 그룹 활동에 참여하는 것을 좋아합니다. 또는 취미와 관련한 활동들도 인기 있습니다.

Tip! 아이디어들을 나열하면 되는 문제 유형이야. 어떤 그룹 활동이 인기 있는지 생각해 보고 답변을 구성해 보자. 예시를 들어도 좋겠지?

SPEAKING

Leisure 주제 중에서 책에 관련된 문제는 굉장히 흔하게 출제가 돼. 약간씩 문제가 바뀌기는 하지만 한 번만 정리해 두면 아이디어를 계속 활용할 수 있으니 같이 연습해 보자.

Part 2

Cue card

Describe a book you want to read again.

You should say;

● What it is

● What it is about

● When you read it for the first time

and explain why you want to read it again.

Ideation

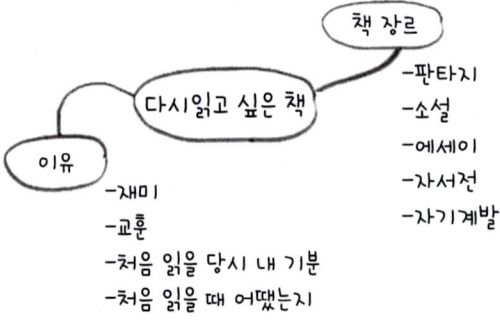

Your Answer

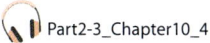

Well, if I have another chance, I'd read the 'Harry Potter' series again. I've spent my teenage years with this book, and the series was also released as movies. It's a novel, based on a magical world. The main character, Harry Potter is a person who survived from the attack of a dark wizard, Lord Voldemort, and throughout the story, Harry goes on an adventure to defeat him. Actually I read it quite a lot of times, but I first read it when I was 14 years old. This book was sensational at that time, and I got so into it. I really loved reading the Harry Potter series. This book is so famous and I love fantasy novels in general. This one is one of my favourites since it's really thrilling. I got always surprised whenever I read new books, and I remember it was always interesting. Also it reminds me of my school life. I used to read this book with my friends at school, and we used to talk about it a lot. I think reading it again would remind me of my friends and my teenage. It was great fun. I really want to read it again as soon as possible.

만약 다시 기회가 있다면, 저는 해리포터 시리즈를 다시 읽을 겁니다. 저는 10대를 이 책과 함께 보냈고, 이 시리즈는 영화로도 만들어졌어요. 이 책은 마법 세계를 기반으로 쓰여진 소설입니다. 주인공인 해리포터는 볼드모트라는 어둠의 마법사의 공격으로부터 살아남았고, 이야기가 진행될수록 해리는 볼드모트를 무찌르는 모험을 하게 됩니다. 사실 저는 이 책을 여러 번 읽었는데, 처음으로 읽었을 때는 14살 때였던 것 같습니다. 그 당시에 이 책은 선풍적이었고 저는 책에 완전히 빠져들었습니다. 저는 해리포터 시리즈를 읽는 것을 정말 좋아합니다. 이 책은 정말 유명하고 저는 대부분의 판타지 소설을 사랑합니다. 이 책은 정말 흥미진진해서 제가 제일 좋아하는 것 중에 하나입니다. 새 책을 읽을 때마다 항상 놀라웠고, 항상 재밌었던 것으로 기억합니다. 또한 이 책은 제 학창시절을 상기시켜 줍니다. 저는 학교에서 친구들과 이 책을 읽곤 했고, 이 책에 대해 이야기를 많이 했습니다. 제 생각엔 이 책을 다시 읽으면 제 친구들과 제 10대 시절이 다시 생각날 것 같아요. 정말 즐거웠거든요. 저는 최대한 빨리 이 책을 다시 읽고 싶습니다.

Q1

How often do you read?
얼마나 자주 당신은 책을 읽습니까?

Ideation

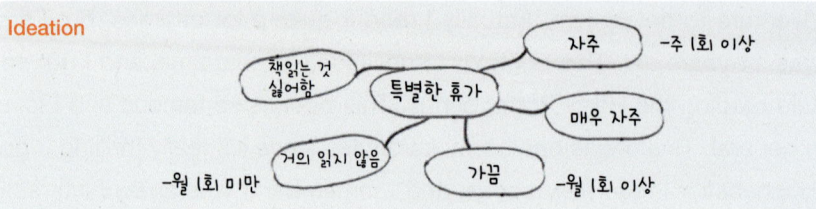

Your Answer

Q2

What do people in your country like to read?
당신의 나라의 사람들은 책 읽는 것을 좋아합니까?

Ideation

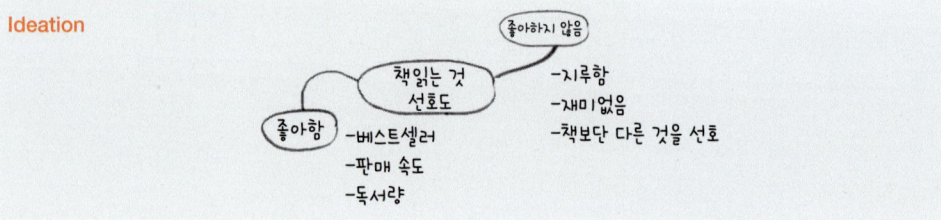

Your Answer

Q3

What can people learn from classical literature?

고전적인 문학으로부터 사람들은 무엇을 배울 수 있습니까?

Ideation

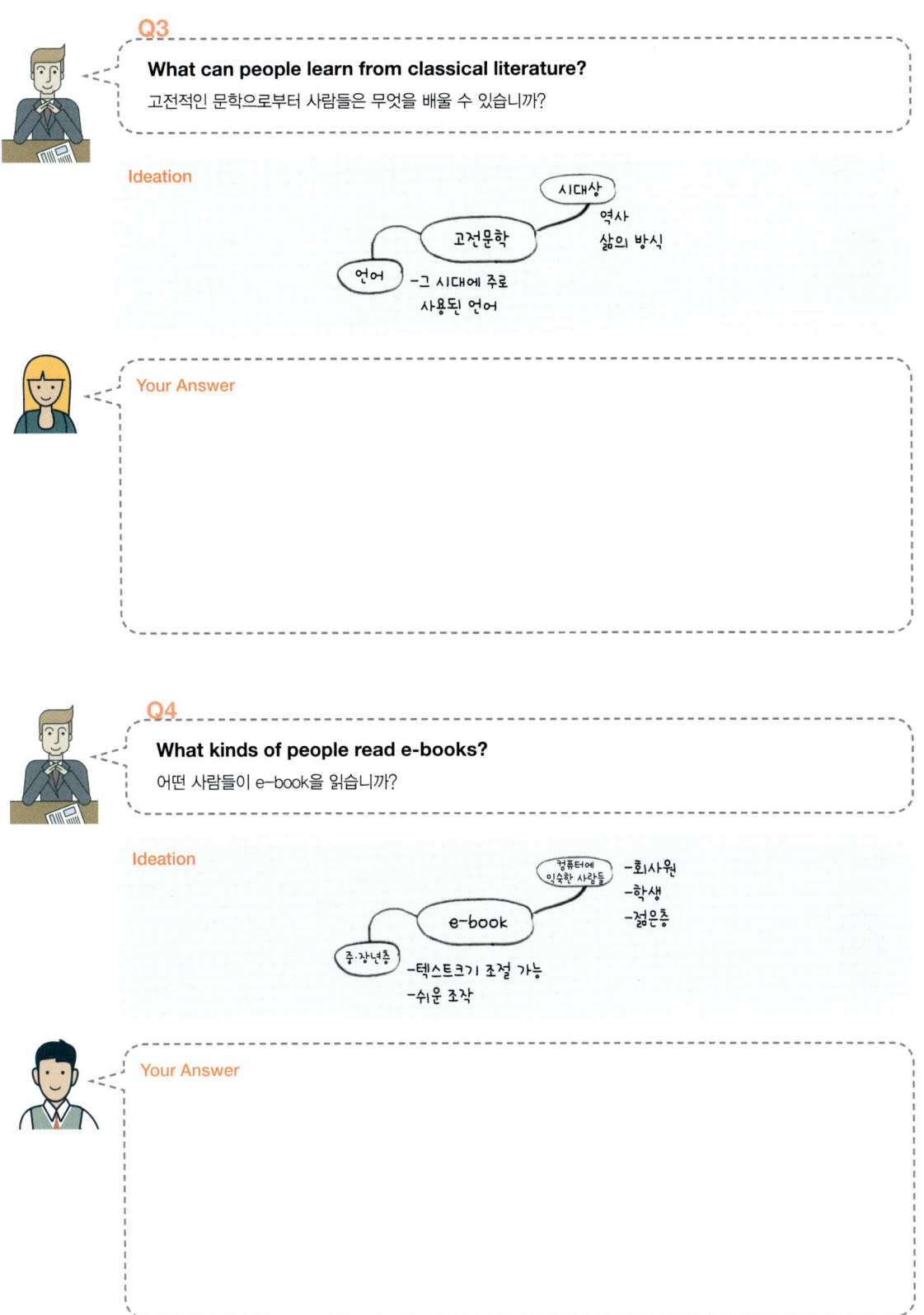

Your Answer

Q4

What kinds of people read e-books?

어떤 사람들이 e-book을 읽습니까?

Ideation

Your Answer

**SAMPLE ANSWER**

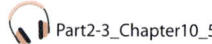

Q1

Well, I read books quite frequently, almost every weekend. I read around 5 or 6 books every month.

저는 책을 자주 읽습니다. 거의 주말마다 읽는 것 같아요. 저는 한 달에 5권에서 6권 정도의 책을 읽습니다.

 frequently, often, every와 같은 빈도를 나타내는 표현을 써서 내가 얼마나 자주 책을 읽는지를 표현해 주자.

Q2

Well, most Korean people like reading novels, and self-improvement books. They are always quite popular and usually become best-sellers.

대부분의 한국 사람들은 소설책이나 자기계발서를 읽는 것을 좋아합니다. 그 책들은 항상 꽤 인기 있고, 종종 베스트셀러가 되기도 합니다.

 어떤 종류의 책들을 사람들이 좋아하는지 전반적인 경향을 이야기해 주자. 주변 사람이나 나의 예시를 들어도 좋을 거야.

Q3

Well, I think people can understand history and culture in context. Normally classical literature shows what it was like at a specific period in the past, so people can learn about it.

제 생각엔 사람들이 문맥에서 역사나 문화를 이해할 수 있다고 봅니다. 대부분의 고전 문학들은 어떤 특정한 과거의 기간 동안 어떤 상황이 있었는지 보여 주고, 사람들이 그것을 배울 수 있습니다.

 고전 문학은 어느 시대의 생활상이나, 역사나 문화 등을 간접적으로 보여 주지. 고전문학을 통해 사람들이 배울 수 있는 것들을 생각해 보고 답변해 보자.

Q4

I read an article saying some elderly people prefer to read e-books by using electronic devices as they can enlarge the text when it's too small. Also people who are used to electronic devices prefer reading e-books.

제가 기사를 읽었는데, 몇몇 노인들이 글자가 너무 작으면 확대할 수 있기 때문에 전자기기를 통해 e-book을 읽는 것을 선호한다고 합니다. 또한, 전자기기에 익숙한 사람들은 e-book을 읽는 것을 선호하는 것 같구요.

 Kinds of people이 문제에 출제되면, 여러 가지로 나눌 수 있어. 직업이나 성별, 연령대로도 아이디어를 낼 수 있으니 어떤 카테고리가 적절한지 생각해 보고 답변을 구성해 보자.

POST-SPEAKING

자, 이제는 실전처럼 면접관의 질문에 답해 볼까?

 Part2-3_Chapter10_6

Part 2	Sample Answer P. 266

Describe an activity you would do when you are alone in your free time.

You should say;

● What the activity is

● How often you do it

● Where/How you do it

and explain why you like to do this activity.

Ideation

 **Your Answer**

Sample Answer P. 266

Q1

How do you usually plan your free time?

당신은 휴식시간을 어떻게 계획하나요?

Ideation

Your Answer

Q2

Do you think it's important for people to have leisure time?

당신은 여가시간을 갖는 것이 사람들에게 중요하다고 생각합니까?

Ideation

Your Answer

REVIEW

여가 시간에 하는 행동들이나, 취미 생활 등을 문장으로 연습해보자. 꼭 소리내서 읽어보면서 발음 연습을 해보자.

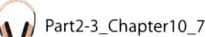
① **I like** play**ing** computer games.
저는 컴퓨터 게임을 하는 것을 좋아합니다.

② **When I have spare time, I usually** watch a movie.
여가 시간이 있을 때, 저는 대부분 영화를 봅니다.

③ Many people play sports **on weekends**.
많은 사람들이 주말에 스포츠를 합니다.

④ My friends and I go shopping **once a month**.
제 친구들과 저는 한 달에 한 번 쇼핑을 합니다.

⑤ **After work, I usually** go to the gym to work out.
저는 퇴근을 하면 체육관으로 운동을 하러 갑니다.

⑥ **There are many people who** travel overseas nowadays.
요즘에는 해외 여행을 하는 사람이 많습니다.

⑦ Most old generations **go hiking** with their friends.
대부분의 노년층은 친구들과 등산을 갑니다.

⑧ **People need to have some break time to relieve their stress.**
사람들은 스트레스를 해소하기 위해 휴식 시간을 가져야 합니다.

⑨ **I'd like to travel** to Vietnam **when I have spare time**.
여가시간이 있을 때 베트남 여행을 해보고 싶습니다.

⑩ **Lots of Korean people go camping on weekends nowadays**.
요즘 많은 한국 사람들은 주말에 캠핑을 갑니다.

SELF-CHECK   본인이 말한 답변을 Good Example과 비교해서 영역별로 자신의 점수를 체크해 보자.

유창성	문법	어휘	발음
· 질문에 대한 답을 했는가? · 망설임 없이 말했는가? · 적당한 속도로 말했는가? · 답변에 추가적인 설명을 제시했는가?	· 주어 동사를 포함한 완전한 문장을 말하였는가? · 접속사, 관계대명사 등을 사용한 문장을 말하였는가? · 올바른 시제를 사용했는가? · 수일치가 되도록 말하였는가?	· 한 단어를 반복 사용하지 않고 동의어를 사용했는가? · 다양한 어휘를 사용했는가? · 문맥상 정확한 어휘를 사용했는가? · Paraphrasing한 문장을 사용했는가?	· 틀린 발음 없이 정확히 발음했는가? · 정확한 억양을 사용하여 말하였는가? · 강세를 잘 살려 말하였는가? · 본인의 답변을 알아듣기 쉬웠는가?
1 2 3 4 5	1 2 3 4 5	1 2 3 4 5	1 2 3 4 5

1~5	6~10	11~15	16~20	Overall Grade
Limited	**Modest**	**Competent**	**Good**	

주말 야시장 Miami Marketta를 소개합니다!

안녕하세요? 호주 골드코스트 ed:m 통신원 김영주입니다. 오늘은 골드코스트에서 가장 유명한 주말 야시장 마이애미 마케타(Miami Marketta)를 소개할게요. 골드코스트에서 가장 유명한 야시장으로는 헬렌즈베일과 마이애미가 있었는데요! 이번 주부터 헬렌즈베일 야시장은 더 이상 열리지 않게 되었답니다. (슬퍼요.) 그래서 마이애미 마케타를 소개해 드리려구요!

마이애미 마케타는 오후 5시부터 오후 10시까지 5시간 동안 운영되는 야시장으로 마이애미 비치 근처에 위치하고 있어요. :) 버스정류장과도 가까워서 오시기 편할 것 같아요. 마이애미 마케타의 입구에 있는 간판은 정말 예뻐요. 밤이 되면 더 예뻐진답니다. 이곳에서는 각 나라의 음식들과 라이브 공연을 즐길 수 있어요. 이탈리아, 그리스, 일본, 중국, 호주, 터키 등등 다양한 음식들을 만날 수 있는데요. 그중 가장 대박인 사실은 한국식 치킨도 있다는 거예요!

가게 이름은 서울 시스터즈 키친인데요. 오리지널 치킨 / 간장치킨 / 양념치킨 세 종류의 치킨이 있고, 부위는 윙과 텐더를 선택할 수 있어요! 사이드로는 감자튀김 / 샐러드 / 밥 세 가지 종류로 나누어져 있고 치즈스틱과 각종 음료수도 판매하고 있어요. 제가 쭉 돌아보니까 서울 시스터즈의 음료수 가격이 제일 저렴했어요. 그리고 또 하나! 양념반, 후라이드반 / 양념반, 간장반 같이 반반 선택이 가능하답니다. 호주에서 한국 치킨을 먹을 수 있다니! ! 정말 감격스러웠어요.

양념치킨과 간장치킨의 샘플도 있어요! 제가 갔을 땐 손님이 너무 많아서 샘플이 몇 개 없었네요. 하지만 계속 새로운 샘플을 잘라 주셨답니다! 저희는 간장반 양념반 라지사이즈를 주문했어요! 친구들과 정말정말 맛있다며 허겁지겁 먹었어요. 맥주도 술술 들어가고. 정말 강추 드려요! 마이애미 마케타에서는 맥주, 와인, 샴페인, 양주 등등 다양한 종류의 술과 음료수들을 팔고 있어요.

또 하나의 재미, 핸드메이드인지는 모르겠지만 곳곳에 소품샵이 있어요! 그리고 소품샵이 있는 곳에 디저트 가게들이 있어요! 친구들과 이것저것 구경도 하고, 맛있는 것도 먹고, 수다도 열심히 떨다 보니 어느덧 해가 지고 야시장에 사람들이 많아지기 시작했어요. 워낙 유명한 야시장이다 보니 사람들이 정말 많았어요! 길목뿐만 아니라 안쪽으로 들어가면 테이블과 의자들이 많으니 앉을 걱정은 크게 안 하셔도 돼요! 라이브 공연은 매주 출연자가 바뀌는 걸로 알고 있어요. 좋은 연주, 노래를 계속 들을 수도 있어서 정말 좋았구요!

여러분들도 마이애미 마케타 꼭 들러보세요! 수, 금, 토 밤에 열리고 아무래도 주말에 제일 사람들이 많이 와요. 음식은 현금 결제가 대부분이니 현금을 꼭 챙겨오세요! 이상 마이애미 마케타 소개 글이었습니다!

부록

- Actual Test
- IELTS Speaking 필수 어휘 및 숙어
- 정답 및 해석

PART 1

The examiner asks the candidate about him/herself, his/her home, work of studies and other familiar topics.

Home Town or City
- Tell me about where you live. Is it a town or a city?
- Is it famous for anything in your country?
- Is it a good place for walking or cycling?
- How do you think it has changed most in the past 10 or 20 years?

Games
- I'd like to talk to you about games you played as a child. Did you have a favourite game you played as a child? [What was it?]
- Do you still enjoy any of the games you played when you were young?
- Do you think it is important for children to play games?
- Do you think there is a big difference between computer or online games and card or board games?

PART 2

I'd like you to tell me about a special event that you have attended.
You should say:

What the event was

Who was there

What happened

and explain how you felt when you were at the event.

You will have to talk about the topic for 1 to 2 minutes. You have one minute to think about what you're going to say. You can make some notes to help you if you wish.

PART 3

Discussion topics :

Celebrating

Do you think young people in your country prefer to celebrate with their family or friends?

Do you think people spend too much money on celebrations?

Some people think that celebrations have become too commercial. Do you agree with this?

Work/life balance

Do the government in your country try to promote and facilitate a healthy work life balance?

Some people argue that we should spend an equal amount of our waking time working and not working, do you agree with this?

PART 1

The examiner asks the candidate about him/herself, his/her home, work of studies and other familiar topics.

Work or Study

- Do you enjoy your work?
- Do you expect to do the same work for a long time?
- What do you expect to do after you finish your studies?
- What aspect of your studies would you most like to change? [Why?]

Holidays

- What was your favourite place to go on holiday when you were a child? [Why?]
- Are there any very popular holiday destinations in your country?
- Do you prefer to go on holiday with family or friends?
- Do people from your country like to travel abroad for their holidays,or do they stay in the country?

PART 2

I'd like you to tell me about a time when someone older that you helped you in some way.
You should say:

Who this person is

How you know this person

What this person did to help you

and explain how you felt about receiving help from this person.

You will have to talk about the topic for 1 to 2 minutes. You have one minute to think about what you're going to say. You can make some notes to help you if you wish.

PART 3

Discussion topics :

Helping friends and family

Do you think young people in your country more often turn to family or friends when theyneed help?
What sort of situations are there where help from the family is very important?
Some people today turn to the online world for help or advice. Do you think this is a positive or negative development?

Government assistance

Do you think health care should be paid for by the government?
Does government assistance to businesses generally have a positive or negative effect on the economy?

Common Phrasal verbs(잘 쓰이는 동사구들)

1. ~ up

Phrasal Verbs	의미	예문
break up 웃음이 (빵) 터지다	start laughing (informal) 웃기 시작하다 (비격식)	My friends and I broke up when we saw a comedy show. It was hilarious. 친구와 나는 개그 쇼를 보고 웃음이 터졌다. 그것은 정말 재미있었다.
bring someone up 양육하다, 기르다	raise a child 아이를 양육하다	My grandparents brought me up when I was a child. 내가 어릴 때, 조부모님이 나를 키워주셨다.
bring something up 화제를 꺼내다	start talking about a subject 어떤 주제에 대해 이야기를 시작하다	My friend suddenly brought up yesterday's football match. 친구가 갑자기 어제 축구시합에 대해 이야기를 꺼냈다.
call someone up ~에게 전화를 걸다	phone 전화하다	I called my friend up to ask something 나는 무엇 좀 물어보려고 친구에게 전화를 했다.
catch up 따라잡다	get to the same point as someone else 누군가와 같은 지점에 도달하다	I missed last week's writing lesson so it was really difficult to catch up today's one. 나는 지난주 쓰기 수업에 빠져서 오늘 수업을 따라잡기가 정말 힘들다.
catch up with someone 특정 기간 동안의 일을 공유하다	see someone in a while and talk over what happened 오랜만에 만난 사람과 그 동안 있었던 일에 대해서 이야기하다.	I couldn't see my friends for a long time so I have lots to catch up with them. 나는 친구들을 오랫동안 만나지 못해서, 그들과 나눌거리가 많다
cheer up 격려하다	become happier 더 행복해지다	My mother always cheers me up when I'm depressed. 어머니는 내가 우울해 있으면 늘 힘을 주신다.
clean something up 정리하다, 청소하다	tidy, clean 깔끔한, 깨끗한	The room was huge, so it took me some time to clean it up. 그 방은 넓어서, 정리하는 데 꽤 시간이 걸렸다.
dress up 옷을 차려 입다	wear nice clothing 좋은 옷을 입다	My friends and I were all dressed up for the party. 내 친구와 나는 파티에 가기 위해 옷을 차려입었다.
end up 결국 (어떤 처지에) 처하게 되다	eventually reach/do/decide 결국 도달하다/하다/결정하다	We ended up having dinner instead of going for a film. 우리는 영화를 보러가는 대신에 결국 저녁을 먹게 되었다.

Phrasal Verbs	의미	예문
get up 일어나다	get out of bed 잠자리에서 일어나다	I got up early today to study for my exam. 나는 시험 공부를 하기 위해서 오늘 아침에 일찍 일어났다.
give something up 그만두다	quit a habit 습관을 끊다	I am giving up drinking as of January 1st 나는 1월 1일부로 술을 끊기로 했다.
give up 포기하다	stop trying 애쓰던 것을 그만하다	My maths homework was too difficult so I gave up. 수학 숙제가 너무 어려워서 포기했다.
grow up 성장하다	become an adult 성인이 되다	I thought I'd be an actor when I grow up. 나는 커서 배우가 되고 싶다고 생각했다.
keep something up ~한 상태를 유지하다	continue at the same rate 동일한 정도로 지속하다	If you keep those results up you will get into a great college. 네가 이런 성적을 계속 유지하면, 너는 좋은 대학교에 진학할 것이다.
look something up 찾아보다, 정보를 검색하다	search and find information in a reference book or database 참고문헌이나 데이터베이스에서 정보를 찾는다	I looked tourist attractions in London up on the internet. 나는 인터넷으로 런던의 관광명소를 검색하였다.
look up to someone ~를 우러러보다	have a lot of respect for 존중하다	My little sister has always looked up to me. 나의 여동생은 언제나 나를 우러러보았다.
make up 화해하다	forgive each other 서로 용서하다	We were angry last night, but we made up at breakfast. 우리는 어젯밤에 화났었지만, 오늘 아침밥 먹으면서 서로 화해했다.
mix something up ~와 혼동하다	confuse two or more things 두 개나 그 이상의 것과 혼동하다	I mixed up the twins' names again! 나는 그 쌍둥이들의 이름이 또다시 헷갈렸다.
put up with someone/something ~을 참고 견디다	Tolerate 인내하다	I don't think I can put up with three small children in the car. 어린 아이 세 명과 함께 차에 타는 것을 나는 못 참을 것 같아
set something up (어떤 일이 있도록) 준비하다, 마련하다	arrange, organize 마련하다. 정리하다	I set a meeting up for my team members on Friday. 나는 금요일에 팀원들과의 모임을 잡았다.
turn up (잃어버린 물건 등을)찾게 되다	appear suddenly 갑자기 나타나다	Our cat turned up after we put posters up all over the neighbourhood. 온 동네에 포스터들을 붙인 후에야 우리 고양이가 나타났다.
wake up 일어나다	stop sleeping 잠자기를 멈추다	We have to wake up early for work on Monday. 우리는 직장에 가기 위해 월요일에는 일찍 일어나야 한다.

Phrasal Verbs	의미	예문
warm up 준비 운동을 하다	prepare body for exercise 운동하기 위해 몸을 푸는 것	I always warm up by doing sit-ups before I go for a run. 나는 달리기를 하기 전에 언제나 윗몸 일으키기로 몸을 푼다.

2. ~ out

Phrasal Verbs	의미	예문
check someone/ something out ~을 (주의깊게) 확인하다, 조사하다	look at carefully, investigate 주의 깊게 살펴보다, 조사하다	The company checks out all new employees 그 회사는 모든 신입 사원들을 조사하였다.
eat out 외식하다	eat at a restaurant 식당에서 식사하다	I really didn't feel like cooking so we ate out last night. 내가 정말 요리하고 싶지 않아서, 우리는 어제 저녁에 외식을 했다.
figure something out ~을 알아내다, 이해하다	understand, find the answer 이해하다, 답을 찾아내다	It wasn't difficult to figure out what to buy for my bedroom. 침실에 사야 할 것이 무엇인지 생각해 내기는 어렵지 않았다.
fill something out (양식, 서식) 작성하다	to write information in blanks (N.Amer.) 빈칸에 정보를 기입하다	The form must be filled out in capital letters. 그 서식은 대문자로 작성하여야 한다.
fill something in (서식을) 작성하다	to write information in blanks (Br.E.) 빈칸에 정보를 기입하다	Please fill in the form with your name, address, and phone number. 이 양식에 당신의 이름, 주소, 전화번호를 기입하시오.
find out 알아내다, 알게 되다	discover 발견하다	I found out I'm going on a business trip next month today. 나는 한 달 후에 출장을 가게 되었다는 것을 알게 되었다.
give something out (많은 사람들에게 ~을) 나눠주다	give to many people (usually at no cost) 많은 사람들에게 주다 (주로 무료로)	They were giving out free perfume samples at the department store. 그들은 백화점에서 향수 샘플을 무료로 나누어 주었다.
go out 외출하다	leave home to go on a social event 사교 모임에 가기 위해 외출하다	We're going out for a movie tonight. 우리는 오늘 밤에 영화를 보러 나간다.
hand something out 물건을 나누어 주다	to distribute to a group of people 사람들에게 나누어 주다	We will hand out the invitations at the door. 우리는 문 앞에서 초대장을 나눠 줄 것이다.

Phrasal Verbs	의미	예문
hang out 어울리다, 함께 시간을 보내다	spend time relaxing (informal) 여유롭게 시간을 보내다. (비격식)	I usually hang out with my friends at weekends. 나는 주말에는 주로 친구들과 어울린다.
pick something out 고르다, 선발하다	choose 선택하다	I picked out where to go for summer holiday. 나는 여름 휴가지를 정했다.
sort something out 정리하다, 처리하다	organize, solve a problem 정리하다. 문제를 해결하다	We need to sort the bills out before the first of the month. 우리는 매달 1일 이전에 고지서들을 처리해야 한다.
try something out ~을 시험해 보다	test 시험하다, 테스트하다	I am going to try this new brand out. 나는 이 새로운 브랜드를 시험해 볼 거야.
work out 운동하다	exercise 운동하다	I work out at the gym three times a week. 나는 일주일에 세 번 체육관에서 운동을 해.
work out 특정 방식이나 성공적인 방식으로 일을 진행되다	be successful 성공하다	Our plan worked out fine. 우리의 계획은 잘 마쳤다.

3. Other common ones(기타)

Phrasal Verbs	의미	예문
bring someone down 우울하게 만든다	make unhappy 기분 나쁘게 만들다	This sad music is bringing me down. 이 슬픈 음악이 나를 우울하게 만든다.
call something off 취소하다, 철회하다	cancel 취소하다	I had to call my meeting off because of heavy rain. 폭우 때문에 모임을 취소해야만 했다.
calm down 진정시키다	relax after being angry 화가 난 후에 안정을 찾는 것	It took me a while to calm down after I went through it. 그 일을 겪은 후 마음을 진정시키는데 꽤 시간이 걸렸다.
not care for someone/ something ~을 좋아하지 않는다	not like (formal) 좋아하지 않는다 (격식)	I don't care for his behaviour. 나는 그의 행동이 맘에 들지 않는다.
chip in 한 무리가 무언가를 사기 위해 돈을 조금씩 내다, (돈을) 각출하다	help 돕다, 거들다	If everyone chips in we can get the kitchen painted by noon. 만약 모든 사람이 함께한다면, 정오까지 부엌의 페인트를 칠할 수 있다.
come across something ~을 우연히 발견하다	find unexpectedly 기대하지 않았던 발견	I came across these old photos when I was tidying the closet. 옷장을 정리할 때 우연히 이 옛날 사진들을 찾게 되었다.

Phrasal Verbs	의미	예문
come apart 부서지다, 흩어지다	separate 분리되다	The top and bottom come apart if you pull hard enough. 만약 당신이 힘껏 당기면 위 아래가 분리될 것입니다.
cut back on something ~을 줄이다	consume less 적게 소비하다	My doctor wants me to cut back on sweets and fatty foods. 의사는 내가 단 음식과 기름진 음식을 줄이라고 한다.
get something across/over 의미가 전달되다, 이해되다	communicate, make understandable 의사 소통하다. 이해가 되도록 하다	I tried to get across with my supervisor, but I failed. 나는 수퍼바이저를 이해시키려 노력했지만, 잘 안되었다.
get along/on 잘 지내다	like each other 서로 좋아하다	I get along so well with my friend. 나는 친구와 아주 잘 지낸다.
get around 돌아다니다, 이동하다	have mobility 이동하다	I can get around anywhere if I take the bus in Seoul. 서울에서는 버스만 탈 수 있으면 어디든지 이동할 수 있다.
get away 휴가를 가다	go on a vacation 휴가를 가다	We worked so hard this year that we had to get away for a week. 우리는 올 해 일을 너무 열심히 했어, 일주일은 휴가를 가야 돼.
get back 돌아오다	return 되돌아오다	We got back from our vacation last week. 우리는 지난주에 휴가에서 돌아왔다.
get something back ~을 돌려받다	receive something you had before 당신이 전에 가지고 있었던 것을 받다	Liz finally got her Science notes back from my room-mate. Liz는 마침내 내 룸메이트에게서 과학 필기노트를 돌려 받았다.
get back into something 다시 (~을) 시작하다	become interested in something again (~것에) 흥미를 되찾다	I finally got back into my novel and finished it. 나는 마침내 소설을 다시 집어 들었고, 다 읽었다.
get on something 승차하다	step onto a vehicle 자동차에 타다	When I got on the bus, I saw my colleague. 버스에 탔을 때, 내 동료를 보았다.
get over something (질병, 충격 등에서) 회복하다	recover from an illness, loss, difficulty 질병, 이별, 어려움에서 회복되다	I just got over the flu. 나 겨우 독감에서 나았어.
get over something ~을 극복하다	overcome a problem 문제를 이겨내다	The company will have to close if it can't get over the new regulations. 그 회사는 새로운 규제들을 극복하지 못하면 문 닫을 거야.

Phrasal Verbs	의미	예문
go after something ~을 추구하다, 얻으려고 하다	try to achieve something ~을 얻으려고 하다	I went after my dream and now I am an IELTS teacher 나는 꿈을 이루려고 했고, 지금 나는 IELTS강사이다.
go ahead 진행하다, 일어나다	start, proceed 시작하다, 전진하다	You should go ahead to achieve your goal. 목표를 이루기 위해 당신은 전진해야 합니다.
go back 돌아가다	return to a place 장소로 되돌아가다	I have to go back home and get my lunch. 나는 집에 되돌아가서 점심을 먹어야 한다.
go over something 점검하다, 검토하다	review 검토하다	Please go over your answers before you submit your test. 시험을 제출하기 전에 당신의 답변을 검토하세요.
hand something in 제출하다, 내다	submit 제출하다	I have to hand in my essay by Friday. 나는 금요일까지 에세이를 제출해야 한다.
hang in 버티다, 견디다	stay positive (N.Amer., informal) 긍정적인 자세를 취하다 (美, 비격식)	Hang in there. I'm sure you'll find a job very soon. 참고 견디세요. 나는 당신이 곧 직업을 찾을 거라 확신해요.
hang on 잠깐 기다리다	wait a short time (informal) 짧게 기다리다 (비격식)	Can you hang on a second? 잠깐만 기다려 주실래요?
hold on 기다려	wait a short time 짧게 기다리다	Please hold on while I transfer you to the Sales Department. 제가 판매부서로 연결시킬 동안 잠깐만 기다리세요 (통화중)
let someone down 기대를 저버리다, 실망시키다	fail to support or help, disappoint 지지하거나 돕지 못하다, 실망시키다	I didn't want to let my parents down. 나는 부모님을 실망시키고 싶지 않았다.
look after someone/ something ~을 돌보다	take care of 돌보다	I had to look after my brother when I was younger. 나는 어렸을 때, 남동생을 돌봐야 했다.
look down on someone ~을 낮춰보다, 얕보다	think less of, consider inferior 덜 생각하고, 열등하다고 여기다	I felt really offended since my boss looked down on me. 내 상관이 나를 얕본 후로 정말 화가 났다.
look for someone/ something ~을 찾다, 구하다	try to find 찾으려고 하다	I'm looking for a red dress for the wedding. 나는 결혼식에 입을 빨간 드레스를 찾고 있어.
look forward to something ~을 고대하다	be excited about the future 미래에 대해 기대하다	I'm looking forward to the Christmas break. 나는 크리스마스 휴가를 고대하고 있어.

Phrasal Verbs	의미	예문
look into something ~을 조사하다	Investigate 조사하다	We are going to look into the price of snowboards today. 우리는 오늘 스노우보드 가격을 조사할 거야.
put something off 연기하다, 미루다	postpone 연기하다	We are putting off our trip until January because of the hurricane. 허리케인 때문에 여행을 1월까지 연기할 것이다.
run into someone/ something ~와 우연히 만나다	meet unexpectedly 기대하지 않았는데 만나다	I ran into an old school-friend at the mall. 쇼핑센터에서 옛 친구를 우연히 만났어.
shop around (상품의 가격, 품질을 비교하며) 가게를 돌아다니다	compare prices 가격을 비교하다	I want to shop around a little before I decide on these boots. 이 부츠로 결정하기 전에 가격을 조사하러 좀 더 돌아다니고 싶어.
show off 자랑하다, 으스대다	act extra special for people watching (usually boastfully) 사람들에게 과하게 특별한 행동을 하다. (주로 자랑하면서)	He always shows off on his skateboard. 그는 언제나 자기 스케이트보드를 자랑해.
stick to something (어려움을 참고) ~을 계속하다.	continue doing something, limit yourself to one particular thing 어떤 일을 계속하다, 특정한 한가지 일에 자신을 제한시키다	I really don't like changes, I prefer sticking to what I'm used to. 나는 정말로 변화를 좋아하지 않아. 내게 익숙한 것을 계속하고 싶어.
take after someone ~를 닮다. (특히 부모를 닮은 경우)	resemble a family member 가족과 닮았다	I take after my mother. We are both very well-organised. 나는 엄마를 닮았어. 우리는 둘 다 정리를 아주 잘해.
think something over (결정을 내리기 전에) 심사숙고하다	consider 고려하다, 숙고하다	I'll have to think this job offer over before I make my final decision. 최종 결정을 내리기 전에, 나는 이 일자리 제의에 대해 심사숙고 해야 해.
throw something away 버리다, 없애다	dispose of ~을 없애다, 처리하다	We threw our old furniture away when we won the lottery. 복권에 당첨되었을 때, 우리는 오래된 가구들을 버렸어.

Common idioms which can be used as a part of a sentence
문장 속에 삽입되어 쓰이는 숙어들

1. **a blessing in disguise :** a good thing that seemed bad at first
   인간만사 새옹지마 : 좋은 일이 처음에는 나쁜 일처럼 보이는 것

2. **a dime a dozen :** something common
   매우 평범한 : 흔한 것

3. **bite the bullet :** to get something over with because it is inevitable
   고통을 참다, 이를 악물고 하다 : 피할 수 없기 때문에 극복하려고 하다

4. **call it a day :** stop working on something
   ~을 그만두기로 하다 : 하던 것을 그만두다

5. **make a long story short :** tell something briefly
   긴 이야기를 줄여 말하다 : 간략하게 이야기하다

6. **miss the boat :** too late
   이젠 너무 늦다, 호기를 놓치다 : 너무 늦었다

7. **to get bent out of shape :** to get upset
   화를 내다 : 화가 나다

8. **to make matters worse :** make a problem worse
   설상가상으로 : 문제가 더 나쁘게 되다

9. **under the weather :** sick
   몸이 좀 안 좋은 : 아픈

10. **over the moon :** very happy
    하늘을 둥둥 떠다니는 듯한 : 너무 행복한

11. **as fit as a fiddle :** very healthy
    컨디션이 매우 좋아 : 매우 건강한

12. **recharge one's batteries :** rest or relax for a period of time to feel energetic
    휴식을 취하다, 재충전하다 : 다시 에너지를 회복하기 위해 일정 시간 동안 쉬거나 휴식을 취하다

13. **add insult to injury :** to make a bad situation worse
    한 술 더 뜨다, 일이 더 꼬이게 만들다 : 나쁜 상황을 더 악화시키는 것

14. **barking up the wrong tree** : to be mistaken, to be looking for solutions in the wrong place

    잘못 짚다, 헛다리를 짚다 : 실수하다, 잘못된 답을 찾다

15. **break the ice** : make people feel more comfortable

    서먹서먹한 분위기를 깨다 : 사람들이 더 편안한 기분을 느끼게 하다

16. **costs an arm and a leg** : very expensive

    엄청난 돈이 들다 : 매우 비싼

17. **once in a blue moon** : rarely

    극히 드물게 : 매우 드문

18. **saving for a rainy day** : saving money for later

    어려울 때를 위해 아껴두다 : 나중을 위해 돈을 아껴두다

19. **think outside of the box** : think differently, unconventionally

    고정관념, 전통에서 벗어나라 : 다르게, 상투적이지 않은

20. **the best thing since sliced bread** : a really good invention

    기가 막히게 좋은 것 : 아주 탁월하게 좋은 것

Common idioms which can be used by itself
독립되어 쓰이는 숙어들

1. **Speak of the devil.** : the person we were just talking about
   호랑이도 제 말하면 온다 : 방금 이야기에 올랐던 사람

2. **Your guess is as good as mine.** : I have no idea
   모르기는 피차 나도 마찬가지 : 나도 모른다

3. **A penny for your thoughts.** : tell me what you're thinking
   무슨 생각을 하고 있나 (생각에 잠긴 사람에게 쓰는 말) : 네가 무슨 생각을 하는지 말해줘

4. **You can't judge a book by its cover.** : don't judge something or someone by how it looks
   겉보기로 판단해서는 안 된다 : 겉보기로 어떤 사람이나 사물을 평가하지 말아라

5. **Actions speak louder than words.** : believe what people do, not what they say
   말보다는 행동, 백문이 불여일견 : 사람의 말을 믿기보다는 그의 행동을 보고 판단하라

6. **It's a piece of cake.** : it's easy
   식은 죽 먹기 : 쉽다

7. **It's raining cats and dogs.** : it's raining hard
   비가 억수같이 내리다 : 비가 거세게 내리다

8. **Someone's sitting on the fence.** : can't make up one's mind
   태도가 어정쩡 하다, 양다리를 걸치다 : 결정할 수가 없다

9. **Cheap as chips.** : inexpensive
   매우 저렴한 : 비싸지 않은

10. **Keep your chin up!** : be confident!
    기운 내! 용기를 내! : 자신감을 가져!

Part 1

CHAPTER 1. SELF-INTRODUCTION

Pre-Speaking

(1) Vocabulary

Pop Quiz. (page. 22)

I really like my job because there are lots to learn. It **motivates** me a lot.

해석 나는 배울 것이 많기 때문에 내 직업을 정말 좋아한다. 나에게 큰 **동기부여**가 된다.

graduate 졸업하다 **motivate** 동기부여하다 **attend** 참석하다

(2) Key Expression

Pop Quiz. (page. 24)

I **am into** watching movies nowadays. I go to a cinema every weekend.

해석 나는 요즘 영화를 보는 것에 **푹 빠져** 있다. 나는 주말마다 영화관에 간다.

look forward to 기대하다 **major in** 전공하다 **am into** ~에 관심이 있다

(3) Sample Sentences

Pop Quiz. (page. 26)

I really enjoy **jogging**. I usually go to Han river park after work.

해석 나는 **조깅**하는 것을 정말 좋아하다. 나는 보통 퇴근 후에 한강공원을 간다.

jog 조깅하다

Post-Speaking

Sample Answer

Q. What do you usually do on weekends?

A. I usually spend time with my family on weekends. Usually we go somewhere like a cinema and a shopping mall. If I get to do something alone on weekends, I just play computer games.

해석 나는 보통 주말에 가족들과 함께 시간을 보낸다. 보통 우리는 영화관이나 쇼핑몰 같은 곳에 간다. 주말에 혼자 뭔가를 하게 되면, 컴퓨터 게임만 한다.

Review

Vocabulary

정답

1. graduated
2. into
3. enjoy, interesting

1. I graduated from a university last year.

해석 나는 작년에 대학을 졸업했다.

2. I am into as a doctor for five years.

해석 나는 5년 동안 의사로 있다.

3. I enjoy my job because it is very interesting.

해석 나는 내가 하는 일이 매우 흥미롭기 때문에 즐겁다.

Expressions

정답

1. between
2. experience
3. interested

1. I'm between jobs right now because I'm studying for IELTS.

해석 나는 현재 IELTS를 공부하고 있기 때문에 실직상태이다.

2. I enjoy working because I want to experience many things.

해석 나는 많은 것을 경험하고 싶기 때문에 일하는 것을 즐긴다.

3. I'm interested in listening to K-pop music.

해석 나는 K-pop 음악을 듣는 것에 관심있다.

CHAPTER 2. HOMETOWN AND ACCOMMODATION

Pre-Speaking

(1) Vocabulary

Pop Quiz. (page. 36)

My house is on 7th floor in a 20-**storey** apartment.

해석 우리 집은 20**층**짜리 아파트에 7층에 있다.

house 집 **flat** 아파트식 주거지 **storey** 건물의 층

(2) Key Expressions

Pop Quiz. (page. 38)

I'm going to have a **house-warming party** next weekend. Hope you can make it!

해석 나는 다음 주에 **집들이**를 할 거야. 꼭 와주길 바래!

house-warming party 집들이 **urban area** 도심지역 **studio flat** 원룸아파트

Post-Speaking

Sample Answer

Q. What do you dislike about your hometown?

A. I really don't like heavy traffic jam, especially on weekends. There are lots of people visiting my hometown on weekends, so it's always very crowded.

해석 교통체증이 심한 것을, 특히 주말에, 정말 싫어해. 주말이면 고향을 찾는 사람이 많아서 늘 붐빈다.

Review

Vocabulary

정답

1. storey
2. spacious
3. convenient

1. I live on 7th floor of a 20 storey building.

   해석 나는 20층짜리 건물의 7층에서 산다.
2. My room is very spacious so I have enough room for myself.

   해석 내 방은 매우 넓어서, 나 혼자만의 공간이 충분해.
3. There are so many convenient facilities like shopping malls in my town.

   해석 우리 마을에는 쇼핑몰과 같은 편리한 시설들이 아주 많다.

Expressions

정답

1. in
2. settle
3. dream

1. I moved in from my previous house about 2 years ago.

   해석 약 2년 전에 이전 집에서 이사했다.
2. I try to settle down in Melbourne.

   해석 나는 멜버른에 정착하려고 노력한다.
3. My dream home is a spacious house in the countryside.

   해석 나의 꿈의 집은 시골에 있는 넓은 집이다.

CHAPTER 3. TRANSPORTATION

Pre-Speaking

(1) Vocabulary

Pop Quiz. (page. 54)

The subway **fare** is really cheap in Korea.

해석 한국의 지하철 **요금**은 정말 싸다.

cost 비용 fare 요금 price 가격

(2) Key Expressions

Pop Quiz. (page. 55)

He was caught in a **rush hour** traffic jam yesterday.

해석 그는 어제 **러시아워** 교통체증에 걸렸다.

rush hour 혼잡한 시간대 trouble 문제 private 사적인

Post-Speaking

Sample Answer

Q. What will become the most popular means of transportation in your country in the future?

A. I think the subway. There are lots of subway lines in Korea now, and I'm sure there will be more lines going to different destinations in the future.

해석 지하철인 것 같다. 지금 한국에는 많은 지하철 노선이 있고, 미래에는 다른 목적지로 가는 노선이 더 많아질 것이라고 확신한다.

Review

Vocabulary

정답

1. destination
2. coach
3. commute

1. Buses always go by designated destination.

   해석 버스는 항상 지정된 목적지로 간다.
2. I travelled by a coach when I went to Oxford.

   해석 옥스포드에 갔을 때 나는 코치를 타고 여행했다.
3. It's difficult for me to commute by the subway.

   해석 지하철로 통근하기가 어렵다.

Expressions

정답

1. stuck in traffic
2. Rush hour

1. I hate getting stuck in traffic, it's a waste of time.

   해석 교통체증에 갇혀 있는 것을 정말 싫어한다. 시간 낭비다.
2. Rush hour in Seoul is normally at around 7 in the morning.

   해석 서울의 러시아워는 아침 7시경이다.

CHAPTER 4. HABITS

Pre-Speaking

(1) Vocabulary

Pop Quiz. (page. 72)

I really like shopping because it's **fun**.

해석 나는 쇼핑이 **재미있기** 때문에 정말 좋아한다.

fun 신나는 exhausted 지친 excited 신난

(2) Key Expressions

Pop Quiz. (page. 74)

I work out every day to keep myself fit.

해석 나는 건강을 유지하기 위해 매일 **운동을 한다**.

stay up 평소보다 늦게까지 깨어 있다 work overtime 야근하다 work out 운동을 하다

Post-Speaking

Sample Answer

Q. Is it necessary to take a nap every day?

A. I think so. Taking a nap is a good way of recharging

people's batteries so if it's possible, people should take a nap to refresh themselves.

해석 그런 것 같다. 낮잠을 자는 것은 사람들의 배터리를 충전하는 좋은 방법이다. 그래서 가능하면 사람들은 몸을 상쾌하게 하기 위해 낮잠을 자야 한다.

Review

Vocabulary
정답
1. sleep
2. exhausted
3. nap

1. Having a good sleep is important.
   해석 잠을 잘 자는 것은 중요하다.
2. I get really exhausted after work.
   해석 일이 끝나면 정말 지친다.
3. My mother always takes a nap at around 1 in the afternoon.
   해석 어머니는 항상 오후 1시쯤에 낮잠을 잔다.

Expressions
정답
1. work out
2. wrap up

1. I work out with my friends on weekends to keep ourselves fit.
   해석 나와 내 친구들은 건강을 유지하기 위해 주말에 같이 운동을 한다.
2. OK, let's wrap up this meeting now, it's already 6:30.
   해석 자, 이제 이 회의를 마칩시다. 벌써 6:30입니다.

CHAPTER 5. TECHNOLOGY

Pre-Speaking

(1) Vocabulary

Pop Quiz. (page. 90)

People can communicate instantly by using **the Internet**.

해석 사람들은 **인터넷**을 사용해 즉시 의사소통을 할 수 있다.

handy 편리한 **the Internet** 인터넷 **electronic** 전자의

(2) Key Expressions

Pop Quiz. (page. 92)

Cutting edge technology has led people to do everything conveniently.

해석 **최첨단** 기술은 사람들이 모든 것을 편리하게 할 수 있게 만들었다.

cutting edge 최첨단의 **Social Networking Service** 온라인 인맥 강화서비스 **old-fashioned** 구식의

Post-Speaking
Sample Answer

Q. What kinds of apps would you like to use in the future?
A. As I've never used pay apps, I'd like to use it. It seems really convenient since I don't have to carry my wallet with me. Also, there are a lot of handy translating apps which I don't need to type anything, so I want to try them out.
   해석 유료 앱을 사용해 본 적이 없기 때문에 사용하고 싶다. 지갑을 가지고 다니지 않아도 되니 정말 편리해 보인다. 또한 타이핑을 할 필요가 없는 편리한 번역 앱이 많이 있어서, 한번 사용해 보고 싶다.

Review

Vocabulary
정답
1. online
2. handy

1. People can do everything online.
   해석 사람들은 온라인에서 모든 것을 할 수 있다.
2. It's very handy to send pictures through e-mails.
   해석 이메일로 사진을 보내면 매우 편리하다.

Expressions
정답
1. Social networking service
2. social media

1. Social networking service like Facebook is very famous nowadays.
   해석 페이스북과 같은 SNS 서비스는 요즘 매우 유명하다.
2. The use of social media enabled people to communicate anytime.
   해석 소셜 미디어의 사용으로 사람들은 언제든지 소통할 수 있게 되었다.

Part 2-3

CHAPTER 1. POPULAR PERSON

Post-Speaking
Sample Answer

PART 2

I'm going to talk about Na-rae Park, a Korean comedy actress. She's really famous nowadays and shows up on various TV programmes. I think I saw her for the first time on a really famous TV programme which is broadcast at prime time on every Friday. It's called 'Living alone'. She has performed in many comedy episodes. She performed in some SNL shows, and ones called Comedy Big League, and Gag Concert, which are very famous comedies in Korea. Also, she showed up on some variety shows. She's popular because she's really funny. Whenever she's on some shows, she stands out as she has a real good sense of humour. I like watching shows which she's on because they are just hilarious. Also, she seems really friendly. On some variety shows, she's always friendly to other people. I think she's really kind and friendly. Lots of people like her because of her personality. As she's one of leading comedians in Korea, she will become more famous later. I really like her.

해석 한국 코미디 배우 박나래에 대해 이야기할 것이다. 그녀는 요즘 정말 유명하고 다양한 TV 프로그램에 출연한다. 나는 그녀를 매주 금요일 황금시간대에 방송되는 정말 유명한 TV프로그램에서 처음 본 것 같다. 이름은 '나 혼자 산다'이다. 그녀는 많은 코미디 쇼에서 공연했다. 그녀는 한국에서 매우 우명한 코미디들인 몇몇 SNL 쇼와, 코미디빅리그, 그리고 개그콘서트에 출연했다. 또한 그녀는 몇몇 예능 프로그램에 출연했다. 그녀는 정말 웃겨서 인기가 많다. 그녀는 어떤 쇼에 출연할 때마다 유머 감각이 뛰어나서 눈에 띈다. 나는 그녀가 정말 웃겨서 그녀가 출연하는 쇼를 보는 것을 좋아한다. 또한, 그녀는 정말 다정해 보인다. 몇몇 예능 프로그램에서 그녀는 항상 다른 사람들에게 친근하다. 나는 그녀가 정말 상냥하고 다정하다고 생각한다. 많은 사람들이 그녀의 생각때문에 그녀를 좋아한다. 그녀는 한국에서 가장 유명한 코미디언 중 한명이기 때문에 나중에 더 유명해질 것이다. 난 그녀를 정말 좋아한다.

PART 3

Q. What influences do actors and actresses have on young people?

A. Young people tend to wear things that actors and actresses wear in movies or dramas, so I presume they have an impact on young people's fashion.

해석 젊은이들은 영화나 드라마에서 배우들이 입는 옷을 입는 경향이 있기 때문에, 배우들이 젊은이들의 패션에 영향을 미친다고 추측한다.

Q. Are there many people in your country who want to work as an actor?

A. I'm sure there're hundreds of them. Lots of Korean people dream about being an actor, especially some youngsters.

해석 그런 사람들이 아주 많다고 생각합니다. 많은 한국 사람들, 특히 청소년들은 배우가 되고 싶어합니다.

CHAPTER 2. WEATHER & SEASON

Post-Speaking
Sample Answer

PART 2

When I was living in London, one of my friends visited me for the first time, so we planned to visit tourist attractions and spend some time together. Of course, I was hoping for very pleasant and warm weather for her to enjoy on her trip to England. As it was around summer, I thought it would be possible. Unfortunately, there was a heavy storm which changed my plan. Actually, the biggest storm in England in 30 years was about to hit, and right after she landed at Heathrow airport, it started raining cats and dogs. It was like a disaster. I felt really frustrated as I had planned to take her to lots of tourist attractions while she was there. I wanted her to have a great holiday and she wanted to visit as many places as she could but because of the weather, everything we had planned was impossible in the end. And as I'm the kind of person who really doesn't like changing plans, it made me quite stressed. I want everything to go as I plan and get really upset whenever I have to change something from my plan even though it's because of the weather. So it wasn't a good experience actually.

해석 런던에서 살 때 제 친구가 처음으로 절 보러 온 적이 있습니다. 그래서 우리는 함께 관광지를 둘러보며 시간을 보내기로 했습니다. 물론, 저는 친구가 영국 여행을 즐길 수 있도록 쾌적하고 따뜻한 날씨이길 바랐습니다. 그때가 여름쯤이었기 때문에 충분히 가능하다고 생각했습니다. 운이 없게도, 폭풍우 때문에 제 계획을 바꾸게 되었습니다. 30년 만에 오는 큰 폭풍이 영국을 강타한다는 것이었습니다. 제 친구가 히드로 공항에 도착한 직 후 비가 쏟아지기 시작했고 정말 끔찍했습니다. 저는 친구가 와 있는 동안 여러 관광지를 데려가려고 했었기 때문에 정말 낙심했습니다. 저는 친구가 좋은 휴가를 보내기 바랐고 친구도 와 있는 동안 최대한 많은 곳을 가고 싶어했지만 날씨 때문에 저희의 계획했던 모든 것은 결국 소용없게 되었습니다.

그리고 저는 계획이 변경 되는 것을 좋아하지 않는 사람이라서 많이 스트레스를 받았습니다. 저는 모든 것이 제가 계획한대로 되길 원합니다 그리고 날씨 때문이라고 해도 계획을 바꿔야 할 때마다 화가 납니다. 그래서 사실 그렇게 좋은 경험은 아니었습니다.

PART 3

Q. What kinds of clothes do people wear in summer?

A. As it's boiling hot in summer in Korea, people always wear short sleeves, sleeveless tops, and shorts. It's impossible to wear long sleeves.

해석 한국의 여름은 찌는 듯이 덥기 때문에 사람들은 항상 반팔이나 민소매 상의와 짧은 바지를 입습니다. 긴 팔 옷을 입는 것은 불가능합니다.

Q. Would you prefer to live in a place with one season all year round, or four different seasons?

A. I prefer to live somewhere there are four different seasons. I'd like to see the seasons changing and want to enjoy different activities related to seasons.

해석 저는 사계절이 있는 곳에서 사는 것을 선호합니다. 계절이 바뀌는 것을 보고 싶고 계절마다 다른 활동들을 즐기고 싶습니다.

CHAPTER 3. BUILDING & PLACE

Post-Speaking
Sample Answer

PART 2

If it's possible, I'd really like to have a sports centre, where I can play various sports. I want it to be near my house. I get demotivated to play sports late at night, so I want to pop in there when I get back home. Well, obviously I will visit there mainly on weekends. It's really difficult for me to do sports on weekdays, so it'd be nice if I can do it on weekends. I'd be really pleased if there's a sports centre in my town. Actually, there are lots of gyms for people to work out in, but there's no sports centre. I'm sure I'd be more motivated to play sports if there were a sports centre. Also it would be nice as there would be more chances for me to play sports. I want to learn to play many kinds of sports in my spare time. So, it'd be nice if there were a new sports centre in my town.

해석 만약 가능하다면 다양한 운동을 즐길 수 있는 스포츠 센터가 있었으면 좋겠습니다. 스포츠 센터가 집 근처에 있었으면 좋겠습니다. 늦은 밤에는 운동 할 의욕이 잘 안 생기기 때문에 집에 갈 때 들르고 싶습니다. 음, 확실히 주말에 가게 될 것 같습니다. 주중에는 운동하는 게 힘듭니다. 그래서 주말에 하는 게 좋을 것 같습니다. 제가 사는 곳에 스포츠 센터가 있다면 정말 좋을 것 같습니다. 사실 운동을 할 수 있는 헬스장은 많지만 스포츠 센터는 없습니다. 스포츠 센터가 있다면 운동할 때 더 동기부여가 될 거라고 생각합니다. 그리고 여러 스포츠를 할 수 있는 기회가 있다면 좋을 것 같습니다. 여가시간에 운동하는 것뿐만 아니라 다양한 운동을 배우고 싶습니다. 그래서 제가 사는 곳에 새로운 스포츠 센터가 생기면 좋을 것 같습니다.

PART 3

Q. What do young people do for fun?

A. Depends on what they like to do, really. Young people usually have a chat with their friends, watch movies, go to clubs, and they do things they like for fun.

해석 무엇을 하는 걸 좋아하는지에 따라 다릅니다. 젊은 사람들은 보통 친구들과 이야기하거나 영화 보고 클럽에 가거나 그들이 좋아하는 것을 합니다.

Q. What kinds of leisure facilities are popular in your country?

A. The most popular ones would be multiplex facilities, such as a shopping mall with a cinema, a cinema with a game centre, and so on. Korean people tend to enjoy many things in a single place so there are lots of those facilities.

해석 가장 인기 있는 곳은 쇼핑몰과 영화관이 함께 있고 영화관과 게임센터가 같이 있는 멀티플렉스입니다. 한국 사람들은 한 곳에서 여러 가지를 즐기는 경향이 있습니다. 그래서 이런 멀티플렉스가 많습니다.

CHAPTER 4. HOLIDAY

Post-Speaking
Sample Answer

PART 2

Well, if I have a chance, I'd really like to spend some weeks travelling Italy. I'm very keen to visit Italy nowadays, especially Vatican City. Actually, I really want to go there as soon as possible. I suppose I'll go there with my mum. I like travelling with her in fact as we have lots in common. Also, she's quite fond of Italy as well, so it'd be great if I can go there with her. When I get there, I will visit many different cities like Rome, Venice, Milan, and so on, and of course, Vatican City. I'll do sight-seeing, shopping, as well as visit local restaurants and markets. I'm quite sure it'd be a perfect holiday for me because I've been dreaming of visiting Italy for many years. I'm very much into Italian paintings and architecture and I'm sure I will enjoy seeing them there. Also travelling with my mother would be wonderful. Just like me, she has always wanted to visit Italy and Vatican City, so it'll be marvelous if I can visit there with her. So, I'd like to make it happen in the next few years.

해석 만약 기회가 있다면 이탈리아에서 몇 주간 여행을 하고 싶습니다. 최근에 이탈리아, 특히 바티칸 시티에 정말 가고 싶습니다. 사실은 되도록 빨리 가보고 싶습니다. 엄마와 같이 갈 거라고 생각합니다. 사실 엄마랑 많은 공통점이 있기 때문에 저는 엄마랑 여행하는 것을 좋아합니다. 엄마도 이탈리아를 좋아하시기 때문에 엄마랑 같이 간다면 정말 좋을 것입니다. 거기에 가면 로마, 베니스, 밀라노, 그리고 당연히, 바티칸 시티 같은 많은 도시들을 방문할 것입니다. 현지 음식점이랑 마켓에 갈 뿐 아니라 관광과 쇼핑도 할 것입니다. 몇 년 동안 이탈리아에 가는 걸 꿈꿔 왔기 때문에 저에게는 완벽한 휴가가 될 거라고 확신합니다. 저는 이탈리아의 그림과 건축에 관심이 많습니다 그래서 거기서 그림과 건축을 보며 즐길 수 있을 것입니다. 또한, 엄마와 함께 여행하는 것도 정말 좋을 것 같습니다. 저처럼 엄마도 이탈리아와 바티칸 시티를 항상 가고 싶어 하셨습니다. 그래서 엄마와 함께 이탈리아에 갈 수 있으면 정말 멋질 것 같습니다. 그래서 몇 년 후에 꼭 가고 싶습니다.

PART 3

Q. What's the most popular tourist attraction in your country?

A. I could probably say some old palaces in Seoul such as Kyungbok Palace, Deoksu Palace and so on. Those palaces are outstanding and have been maintained very well until now, so many people enjoy visiting them.

해석 저는 서울에 있는 경복궁, 덕수궁 같은 고궁을 말할 것 같습니다. 이런 궁들은 뛰어나고 지금까지 보존도 잘 되어 있습니다. 그래서 많은 사람들이 즐겨 찾습니다.

Q. Do you think modern lifestyles give people enough time for leisure?

A. I don't quite think so. People are too busy working or studying, so they don't really have time to take a break or rest. It seems like people just constantly work throughout the week.

해석 저는 그렇게 생각하지 않습니다. 사람들은 일하거나 공부하느라 너무 바빠서 쉴 수 있는 시간이 별로 없습니다. 사람들이 한 주 동안 쉬지 않고 일하는 것 같습니다.

CHAPTER 5. SHOPPING

Post-Speaking
Sample Answer

PART 2

Well, I don't really save money but I can remember an occasion. It was quite some time ago, like 8 or 9 years, when I was studying at university. At that time, I needed a new laptop because the one I had was not working properly. I didn't want to ask my parents to help me. So, I decided to get a part-time job and save some money to buy a new one. Actually, I saved around 550 pounds. It was a lot of money for me at that time, so I think I worked for like 3 months. It was kind of difficult for me since it was my first time to save money for something. Since I was a child, I had never tried to save money and have always spent money within budgets so saving more than 500 pounds was definitely difficult for me. But in a way, I was quite proud of myself. Even though there were lots of things I wanted to buy at that time, I managed to save money and bought a new laptop. I felt like I did something good.

해석 저는 저축을 잘 하지 않습니다. 그러나 저축 했던 적이 한 번 기억납니다. 좀 오래 전인데, 8~9년 정도 전에 대학교에서 공부를 할 때였습니다. 그때 저는 원래 쓰던 노트북이 잘 되지 않

아서 새로운 노트북이 필요했습니다. 저는 제 부모님께 도와달라고 부탁하고 싶지 않았습니다. 그래서 파트 타임으로 일을 해서 새 노트북을 살 돈을 모아야겠다고 결정했습니다. 사실 550파운드 정도 모았습니다. 그때 저에게는 큰 돈이었습니다. 3달 정도 일하면서 모은 것 같습니다. 돈을 저축 해 본 것이 그때가 처음이었기 때문에 힘들었습니다. 어렸을 때부터 돈을 저축하려고 해본 적이 없고 항상 예산 안에서 돈을 썼기 때문에 500파운드 이상의 돈을 모으는 일은 정말 어려웠습니다. 그렇지만 어떤 면에서는 저는 제가 자랑스러웠습니다. 그때 많은 것을 사고 싶었지만 돈을 모아서 새 노트북을 샀습니다. 저는 제가 좋은 일을 한 것처럼 느껴졌습니다.

PART 3

Q. Why do some people like to save money?

A. Maybe because they prefer to save for the future. Most people who save money constantly prepare for the future or incidents. Or they just save it because they don't like blowing their money.

해석 아마 미래를 위해 저축하는 것을 선호한다고 생각합니다. 저축을 하는 대부분의 사람들은 지속적으로 미래나 어떤 일을 준비하기 위해 저축을 합니다. 혹은 돈을 낭비하고 싶지 않기 때문에 저축을 합니다.

Q. Why many young people waste their money on shopping?

A. I think it's because there are lots of things they want to buy. They are very interested in fashion, so they just buy lots of clothes, make-up, and stuff like that. Also, maybe because they don't know how to manage money.

해석 그 이유는 그 사람들이 사고 싶은 것이 많기 때문이라고 생각합니다. 패션에 관심이 많기 때문에 그들은 많은 옷, 화장품 등을 구매합니다. 그리고 아마도 돈을 어떻게 관리해야 할지 모르기 때문이라고 생각합니다.

CHAPTER 6. ANIMALS & PLANTS

Post-Speaking
Sample Answer

PART 2

When I was living in London, one of my friends visited me for the first time, so we planned to visit tourist attractions and spend some time together. Of course, I was hoping for very pleasant and warm weather for her to enjoy on her trip to England. As it was around summer, I thought it would be possible. Unfortunately, there was a heavy storm which changed my plan. Actually, the biggest storm in England in 30 years was about to hit, and right after she landed at Heathrow airport, it started raining cats and dogs. It was like a disaster. I felt really frustrated as I had planned to take her to lots of tourist attractions while she was there. I wanted her to have a great holiday and she wanted to visit as many places as she could but because of the weather, everything we had planned was impossible in the end. And as I'm the kind of person who really doesn't like changing plans, it made me quite stressed. I want everything to go as I plan and get really upset whenever I have to change something from my plan even though it's because of the weather. So it wasn't a good experience actually.

해석 한국에서 흔히 볼 수 있는 다람쥐에 대해 얘기하겠습니다. 다람쥐는 갈색이고 등에 두 세 개의 줄무늬가 있고 꼬리는 털로 뒤덮였습니다. 솔직히 말하자면 다람쥐는 어디에나 있습니다. 하지만 가장 흔히 볼 수 있는 곳은 산입니다. 다람쥐는 보통 산에서 자라는 야생 딸기와 견과를 먹습니다. 다람쥐는 나무를 오르락 내리락 하는 것과 견과를 숨기는 것을 좋아하는 것처럼 보입니다. 최근에 저는 다람쥐에 관련한 흥미로운 다큐멘터리를 보다가 재미있는 사실을 알게 되었습니다. 다람쥐는 어디에 견과를 숨겨놓는지 자주 잊는다고 합니다. 그래서 만약 산에 다람쥐가 많으면 숲이 더 울창해집니다. 정말 귀여운 이야기라고 생각합니다. 또한, 다람쥐가 볼 안에 음식을 저장할 때 통통한 볼을 하는 것을 보는 것도 정말 재밌습니다. 모든 설치류는 볼 주머니를 갖고 있습니다. 그렇지만 저는 다람쥐가 가장 큰 볼 주머니를 갖고 있다고 생각합니다. 다람쥐의 볼 주머니가 꽉 차 있고 클 때 정말 사랑스럽게 보입니다. 다람쥐는 정말 재미있고 귀엽습니다. 그리고 저는 다람쥐를 많이 좋아합니다.

PART 3

Q. Do you think keeping endangered animals in the zoo is a good idea?

A. I think it is ideal. There are adequate facilities where animals can be protected safely, and zookeepers who look after them. With appropriate care, the number of animals would increase, and it may not result in the extinction of a species.

해석 저는 이것이 이상적이라고 생각합니다. 동물들이 안전하게 보호받고 동물원 사육사가 동물들을 돌봐주는 적당한 시설이 있습니다. 적절한 보살핌을 받으면 동물의 수가 증가할 것이고 그렇다면 멸종하지 않을 것입니다.

Q. What are the advantages of keeping animals in the zoo?

A. Well, obviously animals can be protected in a safe place, with good care. They will be fed well and looked after precisely. Also, zoos play a crucial role in protecting endangered species.

해석 음, 동물들은 안전한 곳에서 좋은 보살핌을 받으면서 보호받을 수 있습니다. 동물들은 잘 먹고 신중하게 돌봄 받을 것입니다. 동물원은 멸종 위기에 처한 종을 보호하는 데에 중요한 역할을 합니다.

CHAPTER 7. COMPUTER & TECHNOLOGY

Post-Speaking
Sample Answer

PART 2

I'd like to talk about an app called 'busuu' which is a language learning app. On the app, there are more than 30 languages to choose from. I've been using this app for about 2 months now. At that time, I wanted to learn a new language, so I googled it and downloaded it. I'm using it to learn Japanese nowadays. There are lots of vocabulary and many sentence exercises on the app so I can study Japanese very conveniently. It's a really useful app for me because I don't have to attend classes to learn a language. I don't have time to learn a language at a language school on weekdays, but by using this app, I can just spend some time learning Japanese anytime and anywhere. Also, it's really convenient. As there are lots of learning resources, I don't need to buy any extra books when studying. I think I'm going to use this app for a long time.

해석 'busuu'라는 외국어를 배우는 앱에 대해 이야기하고 싶습니다. 그 앱에서는 30개 이상의 외국어를 고를 수 있습니다. 저는 두 달 동안 이 앱을 쓰고 있습니다. 그때 저는 새로운 언어를 배우고 싶어서 검색해 보고 다운 받았습니다. 최근에는 일본어를 배우려고 이 앱을 쓰고 있습니다. 앱에서 많은 단어와 문장연습을 할 수 있어서 매우 편리하게 일본어를 공부할 수 있습니다. 이 앱은 외국어를 배우기 위해 수업을 듣지 않아도 되기 때문에 매우 유용합니다. 주중에는 어학원에 가서 언어를 배울 수 있는 시간이 없습니다. 그러나 이 앱을 쓰면 저는 언제 어디서나 일본어를 공부할 수 있는 시간을 낼 수 있습니다. 그리고 이 앱은 정말 편리합니다. 많은 교육 자료가 있어서 공부 할 때 별도로 책을 사지 않아도 됩니다. 저는 이 앱을 오래 쓸 것 같습니다.

PART 3

Q. Do you often download apps?

A. Yes, of course. I like trying new things out, so whenever I see a new app or when I hear a particular app is good, I download it to try out. Sometimes I find really useful ones, so I keep downloading apps.

해석 네, 당연합니다. 저는 새로운 것을 시도하는 것을 좋아합니다. 그래서 새로운 앱을 보거나 특정한 앱이 좋다는 말을 들으면 다운받아서 써봅니다. 가끔 정말 유용한 앱을 찾기 때문에 저는 계속 앱을 다운받습니다.

Q. What are the benefits of using apps?

A. The best thing about using apps is they are really handy. All I have to do is carry my smart phone and tap the screen. Also, I don't get unnecessary information that I don't want, so I don't waste time.

해석 앱을 쓸 때 가장 좋은 점은 편리하다는 것입니다. 스마트폰 스크린을 탭 하기만 하면 됩니다. 그리고 원하지 않는 불필요한 정보는 얻지 않기 때문에 시간을 낭비하지 않게 됩니다.

CHAPTER 8. CHILDHOOD

Post-Speaking
Sample Answer

PART 2

I'd like to talk about a board game called Monopoly. I used to play it a lot when I was a child. Whenever my younger brother and I felt bored, we played the game. There were loads of board games in my house when I was younger, but this one was our favourite. I normally played it with my brother. Sometimes we invited our friends to play it with us. It was actually more fun to play when there were many people. I've always liked this game. As the game involves buying a city, I kind of felt like I was rich or something. I remember that my brother and I were so keen on owning expensive cities. Also, Monopoly was really thrilling. I still think it's kind of a strategic game. When I played it, I had to think about what cities to buy to win the game. Anyway, it was real fun, and I liked it a lot.

해석 모노폴리라는 보드게임에 대해 이야기하고 싶습니다. 제가 어렸을 때 자주 이 게임을 했습니다. 제 남동생이랑 저는 심심할 때마다 이 게임을 했습니다. 제가 어렸을 때 집에 여러 가지 보드게임이 있었는데 모노폴리를 제일 좋아했습니다. 보통은 남동생과 게임을 했습니다. 가끔 친구들을 초대해서 같이 하기도 했습니다. 이 게임은 사실 많은 사람과 할 때 더 재밌습니다. 오랫동안 이 게임을 좋아했습니다. 게임에서는 도시를 사기도 했는데 제가 부자가 된 것 같아서 좋아했습니다. 남동생과 제가 비싼 도시를 갖는 것에 대해 푹 빠졌던 것이 기억납니다. 또한, 모노폴리는 정말 스릴 있습니다. 저는 아직도 그 게임은 전략적인 게임이라고 생각합니다. 그 게임을 할 때는 어떤 도시를 사야지 게임을 이길 수 있는 지 생각했어야 했습니다. 어쨌든 정말 재미있고 많이 좋아한 게임이었습니다.

PART 3

Q. Why do people play different kinds of games after they grow up?

A. Because their preference changes, I presume. When they grow up, they might seek for more interesting games in different genres. The ones they've played in their childhood may not be as interesting as they used to be.

해석 제가 생각했을 때는 선호하는 게 바뀌기 때문인 것 같습니다. 그들이 자라면서 다른 장르에 더 재미있는 게임을 찾을지도 모릅니다. 어렸을 때 했던 게임은 그때만큼 재미있지 않을

수 있습니다.

Q. Do parents in your country encourage children to play games?

A. Not really. Parents are keener about encouraging children to do something more productive like reading or studying. From my surrounding, most parents tell their children not to play games.

해석 딱히 그렇지는 않은 것 같습니다. 부모님들은 자녀들이 독서나 공부 같이 좀 더 생산적인 것을 하도록 더 격려를 합니다. 제 주변에서도 대부분의 부모님들은 아이들에게 게임을 하지 말라고 말합니다.

CHAPTER 9. FUTURE PLAN

Post-Speaking
Sample Answer

PART 2

Well, I'd choose a language course that I'd like to learn, especially Spanish. I've dreamt of learning it for a while but have not many chances to actually try it out. I'm actually planning to learn it quite soon, presumably within 6 months. I just want to sort my work out first before I start learning it. In order to learn it, I'd like to join a class, probably at language school near my workplace. When learning a language, I really need a teacher who can tell me how to pronounce certain words and correct my mistakes. I've tried learning languages through Youtube, and it never worked out for me. Honestly, it's been quite some time that I've wanted to learn Spanish since I was a secondary school student. So, I'd like to challenge myself by learning another language. Also, I'm quite interested in Spanish culture, arts, and people. Most Spanish people that I've met in my life were so kind and friendly, so I got interested in learning about their language, culture and stuff like that. I just want to know more about Spanish culture. So, I want to learn Spanish language in the near future.

해석 저는 제가 배우고 싶은 언어, 특히 스페인어 수업을 선택할 것 같습니다. 스페인어를 배우는 것을 꿈 꿔왔지만 그럴 수 있는 기회가 없었습니다. 사실은 6개월 안에 빨리 배우려고 계획 중입니다. 배우기 시작하기 전에 일을 좀 정리하고 싶을 뿐입니다. 스페인어를 배우기 위해서 직장 근처에 있는 어학원에서 수업을 듣고 싶습니다. 언어를 배울 때 저는 단어의 발음을 알려주고 실수를 고쳐줄 수 있는 선생님이 필요합니다. 유튜브에서 언어를 배우려고도 해봤지만 저에게는 별로 효과가 없었습니다. 저는 솔직히 오래 전 중등학교 때부터 스페인어를 배우고 싶었습니다. 그래서 저는 다른 언어를 배우는 도전을 해보고 싶습니다. 그리고 저는 스페인 문화, 예술, 그리고 사람들에 관심이 있습니다. 제

가 살면서 만난 많은 스페인 사람들은 친절하고 다정했습니다. 그래서 저는 그들의 언어와 문화를 배우는 데에 관심이 생겼습니다. 정말로 스페인의 문화에 대해 더 알고 싶습니다. 그래서 가까운 시일 내에 스페인어를 배우고 싶습니다.

PART 3

Q. What kinds of courses are useful for university students?

A. Probably language courses, as they help students to learn a language in depth and using various languages is always beneficial to anyone. Also, I'd say business related courses such as Business Management or Accounting are quite useful as those courses make students know how markets work.

해석 언어 수업이라고 생각합니다. 언어 수업은 학생들이 언어를 더 깊게 배우게 해줍니다. 그리고 다양한 언어를 배우는 것은 항상 누구에게나 도움이 됩니다. 또한, 경영 관리나 회계 같은 비즈니스에 관련된 수업도 학생들에게 시장이 어떻게 돌아가는 지 알려주기 때문에 유용하다고 생각합니다.

Q. Why do some students dislike studying at school?

A. Well, some students might find it difficult to concentrate at school as there are too many students in one class. They can be easily distracted. Also, maybe they just can't stand with strict school rules like wearing uniform, regulating their hair-style and so on. They might think it interferes their individuality as they are young.

해석 몇몇 학생들에게는 한 수업에 너무 많은 학생들이 있기 때문에 수업에 집중하는 것이 매우 어렵게 느껴집니다. 그들은 쉽게 산만해질 수 있습니다. 또한, 그들은 유니폼을 입고 헤어스타일을 규제하는 등의 엄격한 학교의 규칙을 견디지 못 할 수도 있습니다. 그들은 어리기 때문에 이런 것들이 그들의 개성에 간섭하는 것이라고 생각할 수 있습니다.

CHAPTER 10. LEISURE

Post-Speaking
Sample Answer

PART 2

Well, when I get to spend my free time on my own, I always spend time watching films. It's simple but the most effective way of relieving my stress. Recently, I don't do it that often, only like once a month. But whenever I get to watch movies, I think I spend more than 5 hours doing it. Usually I watch films in cinemas, because there is my favourite cinema right in front of my apartment, but when there's no new films that I want to watch, I just spend time at home watching films on Netflix. Actually, I'm a huge movie fan. I feel really excited and relaxed while I watch films, so whenever I have some time, I tend to do it. It's the best way for me to get rid of stress in a short span of time. Also, I think I like it because I can just clear my mind. Whenever I watch films, I don't have to worry about anything. All I have to do is focus on what's going on in the film. So, it's like the best way of spending free time for me.

해석 여유 시간을 혼자 보낼 때는 저는 항상 영화를 봅니다. 간단하지만 제 스트레스를 해소할 수 있는 가장 효과적인 방법입니다. 최근에는 자주 보지 못하고 한 달에 한 번 정도만 봅니다. 그러나 영화를 볼 때마다 5시간 정도 보는 것 같습니다. 아파트 바로 앞에 제가 가장 좋아하는 극장이 있기 때문에 보통은 극장에서 영화를 봅니다. 그렇지만 제가 보고 싶은 새로운 영화가 없으면 집에서 넷플릭스로 영화를 보며 시간을 보냅니다. 사실은 저는 영화의 광 팬입니다. 영화를 볼 때면 정말 즐겁고 편안합니다. 그래서 시간이 있을 때마다 영화를 보곤 합니다. 저에게는 짧은 시간 내에 스트레스를 해소 할 수 있는 가장 좋은 방법입니다. 또한, 제 머릿속을 비울 수 있기 때문에도 좋아한다고 생각합니다. 영화를 볼 때마다 저는 아무것도 걱정하지 않아도 됩니다. 영화에서 무슨 일이 있는 지만 집중하기만 하면 됩니다. 그래서 저에게는 여가시간을 보내는 가장 좋은 방법입니다.

PART 3

Q. How do you usually plan your free time?

A. Well, I just try to figure out what I have to do or what I want to do and check how much time I can spend on doing something.

해석 글쎄요, 제가 뭘 해야 하는지 혹은 뭘 하고 싶은지를 생각해 보고 그것을 하는 데 얼만큼의 시간이 걸리는지 체크할 것 같습니다.

Q. Do you think it's important for people to have leisure time?

A. Yes, of course. People must have some time to relax and recharge their batteries to enhance their motivation and productivity. Also, by having some time off to enjoy, they can refresh themselves which can lead them to be in a better condition both physically and mentally.

해석 네, 당연합니다. 사람들은 동기부여와 생산성을 위해 꼭 휴식을 취하고 그들의 배터리를 다시 충전할 시간이 필요합니다. 또한, 즐기는 시간을 가지면서 신체적으로나 정신적으로 더 좋은 컨디션을 되찾게 될 수도 있습니다.

ed:m
아이엘츠
SPEAKING

ACADEMIC/GENERAL